대학생을 위한 학습전략의 실제

교수용 지침서

LAMP WORKBOOK

대학생을 위한 학습전략의 실제

교수용 지침서

LAMP WORKBOOK

박동혁 저

학지사

머리말

12년의 공교육 기간과 입시라는 절차를 통과해 대학에 발을 디딘 대학생들은 해당 전공의 전문적 지식을 습득할 수 있는 기본 능력을 갖춘 것으로 가정됩니다. 하지만 현실은 매 학기 수백 명의 학사경고자와 전국 평균 5% 이상의 중도탈락률이 반영하듯 무언가 충분하지 않습니다.

대학에서의 학업성취도 차이는 수십 가지의 요인에 의해 결정됩니다. 교육학자들에 의해 연구된 대학생 학업성취도 영향 요인 분석 결과에 따르면, 이전의 성취수준, 학업적 효능감, 인지적 욕구, 학습동기, 정서지능 등이 가장 중요한 요소인 것으로 밝혀졌습니다. 반면, 부모의 사회경제적 지위(socioeconomic status: SES)와 IQ로 표현되는 지능은 통계적 영향력이 크지 않은 것으로 확인되었습니다.

이러한 사실은 학업성취가 명백히 '능력'보다 '태도'에 의해 결정된다는 점에서 알 수 있습니다. 아무리 머리가 좋고 이상적인 여건을 갖추고 있어도, 공부하고자 하는 의지와 동기가 뒷받침되지 않으면 앞의 조건은 별 의미가 없다는 것입니다. 최근 학습에 있어 가장 중요한 요소로 인식되고 있는 '자기주도적 학습'은 '능력'의 문제가 아니라 '태도'의 문제를 강조하고 있음을 기억해야 합니다.

동기와 태도라는 것이 무조건 열심히 하는 것을 뜻하는 것은 아닙니다. 공부를 열심히 하는 것은 좋은 일이지만, 무엇이 효과적인 방법인지 모른 채 무조건 열심히 하는 것은 사막에서 나침반 없이 탈출하려 시도하는 것과 같을지 모릅니다. 열심히 하려는 의욕도 중요하지만, 자신에게 주어진 시간, 노력, 재능, 흥미 등 수많은 자원의 습관적인 활용 방법은 사람마다 전혀 다른 결과를 가져다줄 수 있습니다. 다시 말해, '어떻게' 노력하고 있는지가 중요한 것입니다.

공부에 있어 학습의 효율성은 학습전략이 좌우합니다. 학습전략은 지능과 달리 선천적인 것이 아니며, 일정 기간의 훈련이나 연습에 의해 상당한 변화가 가능합니다. 오른손잡이가 다음 날 왼손잡이가 되는 것 같은 변화는 일어나지 않지만, 연습을 통해 오른손이 하던 일을 왼손이 조금 더 잘 보완하는 것은 가능합니다. 처음에는 힘들고 어색하지만, 효과적인 방법이 무엇인지 이해한 후 그것을 습관이 될 때까지 꾸준히 적용하면 자신의 삶에 분명한 결과를 가져다줍니다.

이 프로그램은 대학생들의 공부습관과 학습전략을 향상시키기 위한 목적으로 만들어졌으며, 한 학기 동안 진행될 수 있도록 총 13차시의 주제로 구성되었습니다. 이 프로그램의 내용은 개인의 성공담을 토대로 한 것이 아니며, 오랜 연구를 통해 심리학적으로 검증된 보편타당한 원리를 기반으로 합니다. 『대학생을 위한 학습전략의 실제–교수용 지침서』는 학습상담을 운영할 때 참고할 수 있는 예시들을 포함하고 있습니다. 약간의 상담 훈련을 받고 MLST 기반의 학습전략을 이해한다면 대학생들의 자기주도학습능력 향상에 큰 도움을 줄 수 있습니다.

마음은 배움의 힘을, 배움은 마음의 힘을 키워 줍니다. 우리는 그 힘을 믿습니다.

심리학습센터 '마음과배움' 박동혁 원장

차례

프로그램의 이론적 배경

1 동기 이론

1 동기란 무엇인가?

라틴어 'movere(움직이게 하다)'를 어원으로 하는 동기(motivation)는 우리로 하여금 행동하게 하고 특정한 방향으로 향하도록 하며 특정한 활동들을 지속하도록 하는 내적인 상태다. 우리에게 무엇인가를 배울 수 있는 능력과 기회가 주어지면, 학습에 필요한 행동과 인지 과정이 자발적이고 우리의 통제 아래 있을 경우, 즉 동기가 있을 경우에 우리는 그것을 실제로 학습할지의 여부와 정도를 결정한다. 더욱이 우리가 무엇인가를 하는 방법을 학습하면, 우리가 그것을 지속할지는 대부분 동기가 결정한다.

1) 동기의 일반적인 영향

우리가 항상 의식적으로 동기를 인식하지는 못하지만, 동기가 미치는 영향은 우리의 행동을 통해서 지속적으로 드러난다.

- 동기는 개인의 에너지와 활동 수준을 증가시킨다.
- 동기는 개인으로 하여금 특정한 목표를 지향하도록 한다.
- 동기는 활동의 추진력과 지속력을 증진한다.
- 동기는 개인이 과제에 들이는 학습전략과 인지 과정에 영향을 미친다.

2) 동인[1]에 대한 이해

(1) 의지(will)

철학자인 Descartes는 의지를 이해할 수 있으면 동기를 이해할 수 있다고 생각했다. 의지는 행위를 유발하여 특정 행위로 향하게 하고, 이것은 행위를 할지 여부와 무엇을 할지를 선택한다. 신체적 요구, 열정, 쾌락 및 통증은 행위를 위한 충동을 일으키지만 이 충동들은 오직 그 의지를 활성화시킨다. 그 의지는 선택의 힘을 숙련하여 미덕과 구원을 위한 신체적 욕구와 열정을 통제하는 정신의 능력이다. Decartes는 유일한 동기적 힘은 의지라는 동기에 대한 최초의 이론을 제공하였다.

Descates는 의지가 이해되면 그 다음에 동기의 이해는 필연적으로 밝혀진다고 생각하였으며, 그 결과 상당한 철학적 에너지가 의지의 연구에 투입되었다. 그러나 궁극적으로 두 세기 동안의 철학적 분석은 실망스러운 결과를 내었으며, 철학자들은 의지에 의해 발생한다고 가정한 동기만큼이나 의지가 불가사의하고 설명하기 어렵다는 것을 발견하였다. 이런 이유로 1870년대에 출현한 새로운 심리과학에 관여하였던 학자들은 덜 수수께끼 같은 동기원리를 탐색하였고, 한 가지를 발견하였다. 그러나 이는 철학이 아닌 생리학을 바탕으로 한 것으로, 바로 본능(instinct)이다.

인간의 사고와 계획, 행동에 있어 마음(의지)이 중요한 것은 부인할 수 없는 사실이다. 그러나 의지만으로는 모든 것을 설명할 수 없음을 알 수 있게 해 주는 두 가지 실험이 있다.

실험 1

학령 전 아동이 먹음직스러운 쿠키가 놓여 있는 테이블 앞에 혼자 앉아 있다. 실험자는 아이에게 지금 하나의 쿠키를 먹을 것인지 아니면 20분 후에 두 개의 쿠키를 먹을 것인지를 선택하도록 한다. 아이들은 자신의 의지력(즉, 극기, 단호한 결심)을 불러일으키기보다는 좌절을 주는 기다림을 좀 더 참을 만하거나 즐거운 어떤 것(즉, 게임을 하기, 노래하기 혹은 낮잠 자기)으로 전환함으로써 성공적으로 유혹에 저항하고 만족을 지연시킨다. 의도적으로 그런 책략을 사용하는 아이들은 유혹에 저항하는 반면에 그런 책략을 사용하지 않는 아이들은 당장 앞에 놓인 쿠키를 먹는 등 충동적으로 행동한다.

---

1) 동인(動因): 행동을 촉발하는 내적 원인의 총칭

실험 2
시험을 보는 대학생들을 대상으로 연구자는 그들이 시험을 얼마나 잘 볼 것인가 혹은 못 볼 것인가를 예언하려고 노력하였다. 연구자는 각각의 학생들의 목표(희망하는 성적)와 공부 방법을 기록하였고, 분명한 계획과 세련된 공부법을 가진 학생들만이 자신들이 희망한 만큼 시험을 잘 보았음을 발견하였다.

위의 두 가지 실험을 살펴보면 개인적인 의지력이 아니라 목표와 책략이 효과적 수행을 산출함을 알 수 있다. 그러므로 현대의 동기 연구에서 연구자들은 수수께끼 같은 의지의 극기와 단호한 결심보다는 계획, 목표, 책략과 같은 심리과정을 연구한다.

(2) 본능(instinct)

McDougall은 본능을 어떤 사람에게 특정 목표를 향하게 하는 비이성적이고 충동적인 동기적 힘으로 간주하였다. 본능은 개인에게 어떤 대상을 지각하고, 주의집중하고, 대상을 지각함에 따라 특정 성질의 정서적 흥분을 경험하고 그리고 그것에 대해 특정 방식으로 행위를 하도록 하거나 혹은 최소한도 그런 행위를 하도록 하는 충동을 경험하는 것을 결정해준다. McDougall에 의하면, 모든 인간의 동기는 그 기원을 전적으로 유전적으로 타고난 본능들에 의존한다.

그러나 이러한 본능 이론은 곧 그 한계가 드러나게 되었는데 바로 순환적 설명의 문제다. 예를 들어, 사람들이 싸움 본능을 갖고 있다는 유일한 증거는 그들이 공격적으로 처신한다는 것이다. 이러한 설명은 원인이 행동을 설명하나(본능 → 행동), 행동이 원인에 대한 유일한 증거(행동 → 본능)가 되는 순환론에 빠지게 된다. 본능 이론의 또 다른 한계점은 행동의 개인차를 설명하지 못한다는 것이다. 이러한 문제점들로 인해 심리학은 다시 행동의 의도적 성질을 설명하기 위한 대안적 동기 개념을 탐색하게 된다.

(3) 추동(drive)

본능을 대체하기 위해 만든 동기 개념은 추동이다. 추동은 유기체 내부에 있는 내적 욕구 상태를 의미한다. 즉, 배고픈 것, 목마른 것, 추운 것 등과 같이 최적의 기능을 위해 필요한 것이 없는 상태에서 나타나는 욕구를 말한다. 유기체는 이러한 욕구를 감소시키기 위해 행동할 뿐 아니라 그러한 욕구를 즉시 감소시키는 것이 불가능한 경우라면 욕구를 감소시키는 자극을 접하게 해 주는 활동을 증가시킨다. 즉, 당장 목이 마른데도 물을 마실 수 없다면 물이 있을 만한 곳으로 움직여 보거나 물을 마시기 위한 행동을 하게 될 것이다. 추동 이론은 사람과 동물(유기체)이 신체적 항상성을 유지하려고 한다는 견해에 기반을 두고 있는 것으로, 인간은 자신의 신체를 최적의 기능 상태로 유지하려고 한다는 것이 추동 이론의 핵심이다.

이러한 추동 이론은 행동주의적 관점에서는 강화물과 밀접한 관련성을 가진다. 즉, 어떤 행동을 하도록 하기 위해 필요한 강화물은 욕구상태를 감소시키는 것이며 동시에 추동을 감소시키는 수준에서만 효과적으로 작용한다. 예를 들어, 물을 마시는 것은 유기체가 목마를 때만 강화되며, 온기는 유기체가 추울 때만 강화된다. 욕구상태를 감소시키는 행동, 즉 강화가 되는 행동은 이후 동일한 욕구가 나타날 때 반복될 가능성이 있다.

행동의 강도 = 습관 × 추동 × 유인가

(4) 욕구 위계

1960년대와 1970년대에 주목을 받은 인본주의 심리학자인 Maslow는 인간의 행동에 대한 자신의 개인적인 관찰을 종합하면서, 사람들이 다섯 가지의 욕구체계를 가지고 있다고 주장하였다.

① 다섯 가지의 욕구

- 생리적 욕구: 사람은 음식, 물, 산소, 온기, 운동, 휴식 등 신체적인 생존과 관련된 욕구를 충족하도록 동기화되어 있다. 예를 들어, 오랫동안 교실에 앉아 있었다면 조바심이 나고 까다로워진 자신의 모습을 발견할 것이고, 배가 고프다면 교수의 강의보다 배 속에서 꼬르륵거리는 소리에 더욱 신경 쓰게 될 것이다.
- 안전 욕구: 사람은 환경 속에서 안전함을 느끼려는 욕구를 가지고 있다. 가끔은 놀랍고 신기한 일을 즐길 수도 있지만 대체로 생활 속에서 체계와 질서를 찾고 싶어 한다. 즉, 대부분의 학생들은 선생님이나 부모님이 자신에게 기대하는 것이 무엇인지

를 알고 싶어 하며, 생활 속에서 예측 가능한 일을 선호한다.

- 사랑과 소속의 욕구: 사람은 타인과 온정적인 관계를 맺고 싶어 하며 그들이 소속된 집단의 일원으로 수용 받고 있다는 느낌을 좋아한다. 가령 9세 아동은 또래들 속에서 친구를 갖는 것에 매우 큰 비중을 두며, 청소년들 역시 또래집단으로부터 인정과 승인을 받고자 하는 욕구가 매우 크다. 그래서 유행에 민감한데, 대중적으로 인기가 있고 같은 또래 청소년들이 선호하는 헤어스타일을 하거나 특정한 브랜드를 입으려고 한다.
- 자존감 욕구(자기존중감에 대한 욕구): 사람은 자신에 대하여 좋게 생각하려는 욕구를 가지고 있고, 다른 사람들이 자신을 좋게 느낀다고 믿으려는 욕구(타인으로부터 존중을 받으려는 욕구)를 가지고 있다. 사람들은 긍정적인 자기존중감을 발달시키기 위해서 성취하고 어떤 일에 숙달되고자 노력한다. 자존감과 타인의 존경을 얻기 위해 인정, 감사 그리고 명성을 얻는 방향으로 행동한다. 고등학생들은 학생위원회에 참여하거나 유명한 운동선수가 됨으로써 타인으로부터의 인정과 존중을 받으려고 하며, 초등학생들이라면 스카우트 활동을 통해 특별한 배지를 달음으로써 사람들로부터 인정을 받으려고 하기도 한다.
- 자기실현의 욕구: 사람들은 가능한 한 자신을 발달시키고자 하는 욕구가 있다. 즉, 자기실현을 위해 노력하는 사람들은 시야를 넓히려고 새로운 활동을 추구하며, 배움 그 자체를 위해 공부하고 싶어 한다. 자기실현을 추구하는 사람은 특정한 주제에 관해 그들이 할 수 있는 모든 것을 배우려는 호기심에 의해 추동된다.

Maslow는 이러한 5개의 욕구체계는 위계를 이룬다고 주장하였다. 즉, 이 욕구 중 2개 이상이 충족되지 않을 때 사람들은 정해진 순서대로 충족시키려는 경향이 있으며, 가장 낮은 욕구인 생리적 욕구부터 충족시키기 시작하여, 다음으로는 안전의 욕구 등으로 나아간다고 하였다. 높은 위계의 욕구는 낮은 욕구가 충족되고 난 후에만 나타난다.

② 결핍욕구와 성장욕구

- 결핍욕구(deficiency needs): 상술한 다섯 가지 욕구 중 첫 네 가지 욕구인 생리, 안전,

사랑과 소속, 자존감의 욕구는 개인에게 부족했던 것으로부터 연유한다. 개인이 속한 환경이나 발생한 사건이나 사람 등의 외적 자원에 의해서만 충족이 될 수 있다. 또한, 일단 충족이 되면 더 이상 만족시켜야 할 필요가 없다.

- 성장욕구(growth needs): 욕구의 위계 중 가장 높은 단계에 있는 자기실현은 성장욕구다. 성장욕구는 개인의 생활 속에서 결핍에 초점을 맞춘다기보다는 개인의 성장과 발달을 고양하기 때문에 완벽하게 만족되는 일이 드물다.

2 학습과 동기: 외재적 동기와 내재적 동기

1) 외재적 동기(extrinsic motivation)

외재적 동기란 원하는 결과나 보상을 얻기 위해서 어떤 일을 하는 것이다. 즉, 내가 좋아하거나 원하기 때문이 아니라 어떤 목적을 위해서 하는 것으로, 이때의 동기는 목적 달성을 위한 하나의 수단이 되는 것이다. 환경적 유인과 결과들로부터 발생하는 것으로 피고용자들이 상여금을 타기 위해, 할당량을 채우기 위해, 혹은 동료에게 좋은 인상을 주기 위해 수시간 동안 일을 할 때, 그들의 행동은 외재적으로 동기화된 것이다. 외재적 동기는 "이것을 하면 저것을 얻을 것이다."라는 동기로부터 발생하고 그것은 수단적(in order to) 동기("저것을 얻기 위하여 이것을 하라."에서 처럼)로 존재하게 된다.

종종 내재적으로 그리고 외재적으로 동기화된 행동들은 동일한 것으로 보이기도 한다. 내재적으로 동기화된 사람이 독서를 하거나, 그림을 그리거나 혹은 학교나 직장에 가는 것과 마찬가지로 외재적으로 동기화된 사람들 역시 그러한 행동을 한다. 그래서 어떤 사람의 행동만 관찰하고 그가 내재적으로 동기화가 되었는지, 외재적으로 동기화되었는지를 구분하기는 쉬운 일이 아니다. 다만, 내재적 동기는 유기체적인 욕구와 그 활동이 제공하는 자발적인 만족으로부터 출현하는 데 반해 외재적 동기는 관찰된 행동에 수반되는 유인물, 보상으로부터 출현하게 된다.

외재적 동기는 받기로 한 외적 보상이 사라질 경우 그 행동도 함께 중단될 가능성이 매우 높다. 하지만 내재적 동기는 어떤 행동이 가져다줄 외적인 결과에 상관없이 자신의 가치와 선택에 따라서 지속적으로 행동하게 하는 힘으로 행동의 지속성, 일관성 및 몰입도에 상당히 중요하고도 핵심적인 요소라고 할 수 있다.

외재적 동기의 한계

Deci와 Ryan(1985)은 보상에 대한 재미있는 연구를 하였다. 그들이 연구를 시작하게 된 것은 바로 'A라는 사람이 자발적으로 어떤 활동에 참여하고 있는데, 그것에 대해서 돈과 같은 외재적 보상이 주어지기 시작한다면, 그 활동에 대한 그의 내재적 동기는 어떻게 변화될 것인가?'에 대한 의문 때문이었다. 상식적으로 생각해 보면, 내가 좋아서 하는 일에 돈과 같은 강력한 외적 보상이 주어진다면, 그 일에 대한 동기는 더욱 증가하게 될 것이다. 하지만 연구 결과는 그러하지 않았다. 오히려 내재적으로 흥미로운 활동에 외재적 보상을 부과하는 것은 종종 앞으로의 내재적 동기를 깎아내리는 경우가 많았다. Lepper와 Greene(1978)은 이러한 현상을 '보상의 숨겨진 대가'라고 표현하였다.

가령 과학 공부가 흥미롭고 재미있어서 열심히 하는 학생에게 그런 모습이 기특해서 혹은 열심히 하고자 하는 의욕을 북돋우기 위해, 용돈을 주거나 게임기나 휴대폰을 사 주는 것과 같은 외적 보상을 주는 행위, 혹은 더 매진해서 공부하라고 마감시한을 정해 주거나 공부하는 모습을 감독하는 것과 같은 외적으로 통제하는 행위는 모두 학생의 내적인 동기를 감소시킨다. 왜냐하면, 외적인 보상이나 통제가 주어질 경우, 그 일을 하게 된 이유를 스스로의 결정 때문이라고 생각하지 않고 외적인 이유 때문이라고 생각하게 되기 때문이다. "내가 이걸 왜 했지?"라는 물음에 "아, 엄마가 책을 다 읽으면 돈을 주니까." "내가 이걸 다 하면 칭찬을 받잖아. 그래서 하는 거지."라고 잘못된 식으로 정당화를 하게 된다. 이를 과잉정당화라고 하는데, 이렇게 무언가를 하는 목적이 외적인 보상 때문이라고 인식하게 되면, 학생의 관심과 흥미는 과제에서 보상으로 바뀌게 되기 때문에 동기가 저하되는 것이다. 즉, 외적인 보상을 제공하거나 통제를 가하게 되면, 아이가 열심히 하던 과학 공부의 동기가 내재적인 것에서 외재적인 것으로 바뀌게 될 가능성이 커지게 된다는 것이다.

2) 내재적 동기(intrinsic motivation)

내재적 동기란 자신의 흥미와 욕구 때문에 어떤 일을 하는 것이고, 그렇게 하는 중에 만족감과 성취감을 경험하는 것이다. 즉, 누가 시키지 않아도 그 일을 하는 것이 좋기 때문에 자발적으로 그 일을 하는 것이다. 내재적 동기는 자신의 흥미에 따르고 역량을 기르고 그렇게 하는 중에 적정 도전을 추구하고 숙달하려는 선천적인 경향성이다(Deci & Ryan, 1985a).

사람들은 선천적인 유기체적 심리적 욕구를 갖고 있기 때문에 흥미로운 활동에 참여함으로써 얻는 자발적 만족을 경험하는 수단들을 내부에 가지고 있다. 사람들은 과제를 수행할 때 자신에게 이 과제를 수행할 능력이 있다고 느끼고, 과제를 수행하는 과정에서 스스로 결정할 때, 외재적 보상이나 외적 압력이 없는 상태일 때 내재적 동기를 경험하게 된다. 즉, 개인적으로 흥미를 추구해서 기술과 역량을 연습하고 발전시키는 데 필요한 노력을 하도록 선천적인 동기를 제공한다.

(1) 내재적 동기의 장점

- 재촉이나 유혹을 받지 않고 자기주도로 과제를 추구한다.
- 과제에 인지적으로 참여한다. 즉, 과제에 대한 주의력을 유지한다.
- 과제에서 더 도전적인 역할을 맡는다.
- 학습 자료를 진정으로 이해하려고 한다. 즉, 단순 학습보다는 의미학습에 몰두한다.
- 개념상의 변화가 필요할 때 변화를 감수한다.
- 수행할 때 창의성을 보여 준다.
- 실패하더라도 지속한다.
- 하고 있는 일에서 즐거움, 심지어는 흥분도 경험한다.
- 자신의 진전을 때로는 자신만의 기준을 사용하여 규칙적으로 평가한다.
- 과제를 추구할 수 있는 기회를 더 찾는다.
- 높은 성취를 이룬다.

(2) 내재적 동기 활성화하기

① 내재적 동기의 발달을 촉진하는 조건

- 지나치게 많은 학습적 자극을 주지 않는다.

  너무 많은 자극을 제공하면 오히려 학습에 대한 흥미가 떨어질 수 있고, 제대로 시작도 하기 전에 압도당하는 느낌을 받을 수 있다.

- 따뜻하고, 수용적이고, 민감하고, 지지적인 환경의 맥락에서 공부할 수 있도록 한다.

  이러한 환경 속에서 공부할 때, 학생은 자신의 환경에 있는 중요한 다른 사람들과 관련되어 있다는 느낌과 관심을 갖는다.

- 학생에게 자율성을 부여한다.

  학생의 행동을 주로 지시하는 사람들인 부모와 교사는 학생의 자기 결정성을 극대화하기 위해 필요 이상의 통제를 하지 않는다.

- 어느 정도의 구조 속에서 작업을 할 수 있게 한다.

  환경은 기대되는 행동에 대한 정보와 그 행동들이 왜 중요한지에 대한 정보를 제공한다. 반응–결과 조건관계가 명백하게 확인된다.

② 내재적 동기 향상에 도움이 되는 말들

학생이 공부하는 모습, 즉 노력하고 있는 과정 자체를 주목하고 칭찬한다. 부모나 선생님이 너무 학습의 결과만을 중시하게 되면, 학생은 좋은 학업 성적을 받는 것에만 신경을 쓰게 될 것이고, 그렇게 되면 공부하는 과정에서 즐거움이나 성취감을 느끼기 어려울 것이다.

- "학교에서 배운 내용을 꼼꼼하게 복습하고 있다니 참 대견하다."
- "이번 시험 성적이 떨어지긴 했지만 그동안 열심히 준비했잖아. 선생님은 그것으로도 충분히 훌륭하다고 생각해."
- "수학 문제를 풀기 위해 답안지를 보지 않고 애쓰는 모습이 대단하구나!"

3 동기의 유형

동기는 개인이 어떤 목표를 추구하는지에 따라 크게 네 가지 유형으로 나누어 볼 수 있다. 아래의 네 유형 중에서 숙달 접근 동기는 성공에 대하여는 관심이 있지만 실패에 대하여는 걱정하지 않는 유형이다. 이들은 학습을 가능하게 하는 행동과 인지 과정 자체에 몰두하기 때문에 가장 효과적인 학습자라고 볼 수 있다.

구분		지향성: 숙달	지향성: 수행
상태	접근	• 목표: 과제의 숙달, 학습, 이해 • 판단기준: 자기증진, 진보, 과제의 심층 이해	• 목표: 뛰어남, 우월함, 남보다 똑똑함 • 판단기준: 남보다 높은 성취 최고 등급, 일등
	회피	• 목표: 과제의 비숙달, 비학습, 오해의 회피 • 판단기준: 과제를 틀리지 않기, 부정확하게 수행하지 않기	• 목표: 열등감 회피, 남보다 어리석어 보이지 않기 • 판단기준: 최하 등급이나 꼴찌를 벗어남

1) 숙달 접근 동기

숙달 접근 동기는 숙달 접근 목표를 지향하는 경향성으로써 표현된다. 숙달 접근 목표를 가진 학생들은 학습에 도움이 되는 활동 자체에 몰두하는 경향이 있다. 이들은 더욱 잘 기억하기 위해 또는 실수로부터 배우기 위해 정보처리 과정에 주의를 기울이고 수업을 잘 들으려는 태도를 보인다. 또한, 이러한 목표를 가진 학생들은 학습, 노력 및 실패에 관한 건강한 관점을 가지고 있으며, 학습에도 후퇴가 있을 수 있고, 실패가 있다고 해도 열심히 하고 인내해야 하는 과정으로 생각하는 경향이 강하며, 기본적인 관심사는 '성장하는 자기'가 된다.

사람들은 무엇인가를 학습하는 것에 흥미가 있거나 높은 자기 효능감을 느끼거나 혹은 낙관적인 생각을 가질 때 숙달 접근 목표를 가지는 경향이 있는데, 이러한 성취 목표는 교사들의 격려나 수행 지지와 같은 교수 환경으로 인해 생겨날 수도 있다.

2) 수행 접근 동기

수행 접근 동기는 수행 접근 목표를 지향하는 경향성으로써 표현된다. '내가 똑똑한 사람이라는 것을 보여 주고 싶어서' '부모님이나 선생님에게 인정받고 싶어서' 공부를 한다면 수행 접근 목표를 가지고 있는 사람이다. 수행 접근 목표는 남들에게 좋게 보이고 좋은 평판을 얻고자 하는 욕구로서, 기본적 관심사는 내가 지금 하고 있는 과제 그 자체보다는 '보여 주고 싶은 자기'가 된다. 이 목표는 경우에 따라 성취를 자극하는 긍정적인 효과를 갖는다. 그러나 너무 결과만을 중시하는 환경에 놓이게 된다면(부모님이 성적을 지나치게 강조하는 환경이라면) 단지 결과 획득을 위한 피상적인 학습 전략, 최소한의 노력, 부정행위 가능성 또한 함께 상승된다. 특히, 나이가 어리고 능력이 부족하고, 효능감이 낮은 경우에는 과도한 수준의 목표를 제시하는 것이 오히려 그 개인의 능력의 발달을 저해하는 요인이 되기도 한다.

3) 수행 회피 동기

수행 회피 동기는 수행 회피 목표를 지향하는 경향성으로써 표현된다. 수행 회피 목표를 갖고 있는 사람은 '실패하면 비난 받을 것 같아서' '무능하다는 소리를 듣는 것이 두려워서' 공부한다. 수행 회피 목표는 무능함, 나쁜 평판을 피하려는 욕구로서 기본적인 관심사는 과제보다 '열등한 자기'가 된다. 그래서 이러한 사람들은 새로운 기술을 숙달하는 데 도움이 될 도전적인 과제를 피하려고 한다.

수행 회피 목표가 높은 사람은 시험이나 수업 과제들에 대해 심한 불안을 경험하기도 한다. 즉, 자신의 부족함이나 실패가 드러날 수 있기 때문에 그러한 평가 상황 자체를 회피하고 싶어 한다. 이러한 태도들은 결국 우수한 학업 성취를 방해할 뿐 아니라 결국 낮은 성적을 받게 하는 요인으로 작용한다.

4) 숙달 회피 동기

숙달 회피 동기는 숙달 회피 목표를 지향하는 경향성으로써 표현된다. 숙달 회피 목표를 갖고 있는 사람은 자신이 보유하고 있는 기술 또는 능력이 감소하거나 무능해질 수 있는 부정적인 가능성을 회피하는 데 중점을 두게 되며, 기본적 관심사는 '완벽한 자기'가 된다. 숙달 회피 목표를 지향하는 사람들은 수업과제를 습득하지 못하거나 잘못 이해하는 것을 피하기 위해, 회사에서 일을 처리하는 데 있어서 실수하지 않기 위해, 농구 게임에서 자유투를 실패하지 않기 위해, 이미 배운 것을 잊어버리지 않기 위해, 개인의 신체적 또는 지적 능력을 잃지 않기 위해 노력한다. 보통 완벽주의자나, 자신의 전문영역이나 인생에서 후반부에 위치하고 있는 개인들이 주로 이러한 목표를 지향한다. 연구에 따르면 숙달 회피 목표는 실패에 대한 두려움, 낮은 자기결정성과 관련이 있으며 비조직적인 학습전략과 시험불안에 대한 정적인 예측변수로 작용한다. 이러한 결과는 숙달 회피 목표가 숙달 접근 목표보다는 부정적인 결과 패턴을 보이며 수행 회피 목표보다는 긍정적인 패턴을 나타내는 것을 보여 준다.

5) 숙달 목표의 발달

숙달 목표는 내부로부터 나온다. 즉, 외부에서 주어지는 보상물로 인해 형성되는 부차적인 것이 아니다. 그렇기 때문에 사람들이 무엇인가를 학습하는 것에 흥미를 가지거나 높은 자기 효능감을 느끼거나 낙관적인 생각을 가질 때 숙달 목표를 갖는 경향이 있다.

또한, 학습 상황에서 교사가 무조건 암기하라고 하기보다는 이해를 강조할 때 숙달 목표가 형성되기 쉽다. 학령기 이전의 아이들은 호기심도 많고 배우는 것 자체를 재미있게 여기는 등 숙달 목표를 가지는 것을 좋아한다. 하지만 학교에 들어가게 되면 이러한 목표에 변화를 겪게 된다. 왜냐하면 자신의 수행이 어느 정도인지 그 수준과 위치를 보여 주는 비교 대상(또래)이 존재하고, 어른들이 암묵적으로 경쟁을 시키거나 비교를 하기도 하며, 시험과 같은 지적 과제에 대한 수행 압력이 높아지게 된다.

이처럼 학교 장면에서는 수행 목표가 자극되는 환경이다 보니 학업 자체를 즐겁게 경험하기보다는 '해내야 하는 것, 잘해야 하는 것'으로 인식하게 되면서 흥미가 점차적으로 감소하게 된다.

따라서 아이들을 지도할 때에는 숙달목표를 지향하도록 아이의 흥미와 가치를 잘 판단하고 그에 따른 피드백을 주는 것이 매우 중요하다.

2 목표와 동기

1 목표 설정

목표란 개인이 성취하려고 노력하는 것이다. 목표는 개인의 주의를 그들의 현재 성취수준과 이상적인 성취수준 간의 불일치에 집중시킴으로써 동기를 생성해 낸다.

1) 목표 설정의 중요성

일반적으로 말해서 목표가 있는 사람들이 목표가 없는 사람들보다 수행을 더 잘한다. 그리고 같은 사람도 목표가 있을 때 목표가 없을 때보다 수행을 더 잘한다. 그래서 자신이 목표를 세우거나 혹은 다른 사람들이 세워 준 목표를 수용하는 사람이 목표를 세우지 않거나 이러한 목표를 수용하지 않는 사람보다 수행을 더 잘한다.

실험
초등학생들에게 2분 동안 윗몸일으키기를 하도록 한 후, 한 집단에게는 자신들이 2분 동안 얼마나 많은 윗몸일으키기를 할 것인가에 대한 목표를 세우도록 한 반면, 다른 학생들은 미리 정한 목표 없이 그냥 윗몸일으키기를 하도록 했다. 실험 결과 목표 설정 집단 학생들이 목표 없는 집단 학생들보다 유의하게 더 많은 윗몸일으키기를 완수했다.

위의 실험에서 첫 번째 집단에 속한 학생들이 다른 집단의 학생들보다 더 건강하거나 운동을 더 잘하는 학생은 아니었다. 그보다는 목표가 있는 상황이 목표가 없는 상황에서는 가능하지 않은 다양한 방식으로 그들의 윗몸일으키기 수행에 활력을 주고 방향을 제시해 준 것이다.

2) 장기목표와 단기목표

(1) 장기목표

여러 분야에서 성공한 사람들을 조사해 보면 한 가지 공통점을 찾을 수 있는데, 그들은 하나같이 확고한 목표와 목표에 대한 집요함을 가지고 있었다는 것이다. 목표가 없으면 성공은 불가능하다. 성공이 무엇인지 정해 놓지 않으면 결코 거기에 도달할 수 없다. 그래서 가야 할 곳을 안다는 것은 정말 중요한 일이다.

장기적인 목표 설정의 장점

- 선택에 대한 확실한 지침을 제공해 준다.

  목표는 우리가 원하는 것을 달성할 수 있는 활동에만 초점을 맞추게 하며, 가치 없는 일에 시간을 낭비하지 않게 도와준다.

- 역경 속에서도 쉽게 포기하지 않게 한다.

  정신과 의사 Viktor Frankl은 자신의 저서『죽음의 수용소』에서 나치 수용소에서 끝까지 살아남은 사람들에 대해 이렇게 말했다. "그들은 가장 건강한 사람도, 가장 영양 상태가 좋은 사람도, 가장 지능이 우수한 사람도 아니었다. 그들은 살아야 한다는 절실한 이유와 살아남아서 해야 할 구체적인 목표를 가진 사람들이었다. 목표가 강한 의욕과 원동력을 지속적으로 제공했기 때문이다."

- 지겨움을 줄여 주고 성취감을 갖게 한다.

  목표 없이 하는 일은 달성 여부를 확인할 수 없기 때문에 쉽게 지겨워진다.

- 효과적인 해결 방법을 찾게 해 준다.

  목표를 정하면 주변의 사물들을 목표와 관련지어 새롭게 인식하게 되고, 필요한 정보들이 눈에 띄며, 새로운 아이디어가 떠오르게 된다. 우리의 뇌에는 흥미를 느끼는 정보에만 선택적으로 관심을 기울이게 하는 필터가 있기 때문이다. 심리학에서는 이를 '선택적 주의' 현상이라고 한다.

(2) 단기목표

목표가 항상 수행을 증진하는 것은 아니다. 도전해 볼 만하다고 느껴질 정도로 어렵고 구체적인 목표여야 수행 증진으로 연결될 수 있다. 구체적인 목표는 주의집중을 가능하게 한다. 목표는 수행자로 하여금 어디에 집중하고 구체적으로 무엇을 해야 할지를 알려 주고 개인의 주의를 현재 진행 중인 과제에 집중하게 함으로써 부차적인 과제에는 관심을 두지 않게 한다. 또한 구체적인 목표는 전략적 계획을 세울 수 있게 한다. 수행자로 하여금 전략적 행동 방향을 계획하도록 촉구하고, 자신들의 과제 지식과 전략들을 사용하도록 유도한다. 학생들이 마음속에 구체적인 목표를 가지고 있는 경우, 처음 수행에서 성공하지 못하면 그 전략은 버리고 새롭고 향상된 전략을 만들어 냄으로써 전략을 수정하는 경향이 있다.

목표를 구체적인 형태로 바꾸는 방법 중 하나는 장기목표까지 이르는 일련의 단기목표를 설정하는 것이다. 특히 진로와 같이 장기적인 목표를 추구하는 사람들은 수행 피드백과 정적 강화를 받을 기회가 부족하기 때문에, 단기목표들을 설정함으로써 끈기를 유지해야 한다. 예를 들어, 의사가 되려는 사람은 '먼저 높은 성적 받기, 의과대학에 입학하기, 의과대학을 졸업하기, 인턴 과정, 전문의가 되기 위한 과정과 시험에 통과하기' 등으로 목표를 쪼개 볼 수 있다. 단기목표는 장기목표가 제공할 수 없는 목표달성 후 강화를 받는 기회들을 반복적으로 제공한다. 단기목표는 또한 수행자로 하여금 수행이 목표 수준에 있는지, 그 이상에 있는지, 그 이하에 있는지를 평가할 수 있게 하는 피드백을 받을 기회를 반복적으로 제공한다. 전국 챔피언 되기와 같은 장기목표를 위해 노력하는 운동선수들은 매주 있는 경기에서 이기기와 같은 단기목표를 향해 노력하는 운동선수에 비해 매일매일의 피드백을 받을 수 있는 기회가 거의 없다.

단기목표와 장기목표가 내재동기의 형성에 미치는 영향에 대한 연구결과, 목표 설정의 영향력은 과제에 대한 흥미 정도에 따라 다르게 나타나는 것으로 밝혀졌다. 먼저, 흥미 없는 과제에서 단기목표는 긍정적 피드백을 위한 기회, 진전을 보이는 경험, 그리고 유능감을 증진할 수 있는 방안들을 만들어 내는데, 이 모든 것들은 내재동기를 향상시킨다. 그러나 흥미 있는 과제에서는 장기목표만이 내재동기를 촉진한다. 높은 흥미를 가진 수행자들에게 단기목표는 불필요하고, 방해가 되며, 통제적인 것으로 받아들여진다. 반대로 사람들은 장기목표를 자기들 방식대로 추구하는 것을 선호하며, 이러한 자율감은 왜 장기목표가 내재동기를 증진할 수 있는지를 설명한다.

3) 진로와 동기

사실 '동기'라는 항목은 짧은 시간 안에 어떤 방법이나 기법을 통해서 순간적으로 변화시킬 수 있는 성질의 것은 아니다. 하지만 전혀 방법이 없는 것도 아니다. 실제로 학습상담이나 컨설팅이 가장 필요한 아이들은 바로 공부에 대한 동기가 부족하거나 없는 아이들일 것이다. 아이들이 학습 동기를 높여 줄 수 있는 여러 방법 중의 하나는 바로 자신의 진로에 대해 관심을 갖고 탐색해 보는 것이다. '공부'나 '학습'보다는 덜 무겁고 좀 더 재미있는 '나의 미래'에 대해 생각해 봄으로써, 인생의 로드맵을 그려 볼 수도 있고, 그런 과정에서 공부에 대한 필요성이나 관심을 갖게 될 수도 있기 때문이다.

한 사람의 진로 특성이 어떻게 발달되고 성숙되는지에 대해서는 다양한 이론들이 존재한다. 정신분석이론부터 시작해서 욕구이론, 인성이론, 특성이론, 진로발달이론 및 의사결정이론, 사회학습이론 등이 있으며, 최근 들어서는 인지적 정보처리 접근과 가치중심적 진로접근 등의 이론이 주목받고 있다.

2 진로 목표 설정의 핵심요소

1) 적성(aptitude)

적성은 개인에게 내재되어 있는 능력으로서, 어떤 분야에 적성이 있다는 것은 그 분야에 소질이 있어 일을 효율적으로 성취할 능력이 있다는 것을 의미한다. 일반적으로 적성은 개인이 가지고 있는 일반 능력인 지능과 구별되는 특수한 능력을 의미하며 개인이 어떤 직무를 성공적으로 수행할 수 있을지를 예측하게 해 준다.

그렇다면 어떻게 자신의 적성을 알 수 있을까? 어떤 사람은 운 좋게 특정 분야에서 일찍 두각을 나타내게 되어 적성을 쉽게 찾는 경우도 있지만, 많은 사람들은 뚜렷하게 나타나는 소질이 없어 진로 선택에 혼란을 겪기도 한다. 자신의 적성을 알아내기 위해서는 여러 가지 경험을 통하여 자신이 무엇을 잘하는지 찾아보는 것이 좋다. 다양한 분야를 접해 본 사람만이 자신의 잠재 능력이 발휘될 기회를 가질 가능성이 높기 때문이다. 그렇지 못할 경우는 자신을 잘 알고 있는 친구나 선생님과 같은 주위 사람들의 평가를 들어 보거나 적성 검사를 실시해 보는 방법 등이 있다. 하지만 한 가지 방법만으로 적성 여부를 판단하기보다는 다양한 방법을 통하여 공통되는 특성을 찾아내는 것이 더 객관적이고 정확하다. 또한 적성은 선천적인 경향이 강하지만 학습에 의하여 길러지기도 하므로 꾸준한 노력을 통해 적성을 계발하도록 해야 한다.

적성 검사는 과업 수행 능력의 가능성 수준을 보여 주기 때문에 미래의 교육과정이나 직업훈련에서 성공할 가능성을 예상할 때 주로 사용된다. 적성검사는 만일 자신이 적성에 맞는 직업만 찾을 수 있다면 그 직업에서 성공할 수 있을 것이라 믿는 사람에게 아주 매력적인 검사다. 그러나 안타깝게도 적성검사는 많은 일반적 적성을 측정하는 것으로 개인의 궁극적인 성공에 대한 확신을 예상하는 데 필요한 정확성을 확보하고 있지 않다.

진로상담에서 활용 가능한 적성검사 목록

검사명	대상	형태	발행처
청소년용 적성검사	중, 고	인터넷, 지필	워크넷
성인용 직업적성검사	성인	인터넷, 지필	워크넷
직업적성검사	중, 고	인터넷	커리어넷
이공계전공적합도 검사	대학생, 성인	인터넷	커리어넷
CET 진로탐색검사	초, 중, 고, 대학생, 성인	인터넷, 지필	학지사 심리검사연구소
CATA 적성검사	중, 고	지필	학지사 심리검사연구소

2) 흥미(interest)

흥미란 어떤 종류의 활동 또는 사물에 대하여 특별한 관심이나 주의를 가지게 하는 개인의 일반화된 행동 경향을 말한다. 적성이 유전적이고 선천적인 경향이 강하다면 흥미는 좀 더 후천적인 경향이 강하여 경험과 학습으로 변화하는 특성을 보인다. 보통 어릴 때의 흥미는 단편적이고 유동적인 경향을 보이지만 성장함에 따라 단편적인 것에서 종합적인 것으로, 유동적인 것에서 안정적인 것으로 변한다.

진로상담에서 활용 가능한 흥미검사 목록

검사명	대상	저자	발행처	발행년도
SDS 자기탐색 검사	대, 성인	Holland	한국가이던스	2000
Strong 직업흥미검사	대, 일반	김정택 외	한국심리검사연구소	2001
Strong 진로탐색검사	중, 고	김정택 외	한국심리검사연구소	1999
홀랜드 진로발달검사	초	안현의, 안창규	학지사 심리검사연구소	2014
홀랜드 진로적성검사	중, 고	안현의, 안창규	학지사 심리검사연구소	2014
홀랜드 계열적성검사	고1	안현의, 안창규	학지사 심리검사연구소	2014
홀랜드 전공적성검사	고	안현의, 안창규	학지사 심리검사연구소	2014
직업흥미검사	중2~고	노동부	노동부	1994
흥미검사	중, 고	행동과학연구소	행동과학연구소	1992
KIB흥미검사	중, 고	행동과학연구소	행동과학연구소	1992

흥미와 적성 중 진로를 결정하는 데 있어 무엇이 더 중요한가를 말하기는 매우 어렵다. 보통은 적성과 흥미가 대체로 일치해서 나타나는데 사람들은 자기가 잘하는 일을 좋아하고, 좋아하는 일을 잘하기 때문이다. 처음에는 좋아서 한 일도 성공을 거두려면 피나는 노력을 해야만 한다. 노력 없이는 어떤 분야에서도 성공하기가 힘들며, 끈질기게 노력할 수 있는 힘은 자신이 좋아하는 일을 할 때 안정적인 상태를 유지한다. 또 좋아하는 일을 하면 일에 대한 성취감과 만족감이 더 크기 때문에 흥미가 있는 일을 한다는 것은 개인의 행복과 직업적 만족을 얻는 데 매우 중요하다.

3) 가치(value)

기차관이란 개인이 특정 상황에서 선택이나 결정을 내려야 할 때, 어떤 특정한 방향으로 행동하게 하는 원리나 믿음 또는 신념을 의미한다. 따라서 가치관은 개인의 진로결정에서 판단근거가 되는 동시에 진로행동을 이끄는 역할을 한다.

직업 가치관은 직업에서의 만족감을 좌우한다. 돈에 최고의 가치를 두고 있는 사람은 돈을 많이 버는 직업을 선호하며, 명예나 권력에 최고의 가치를 두고 있는 사람은 명예나 권력이 보장되는 직업을 갖기 위해 노력한다. 반면, 사회 봉사에 가치를 두고 있는 사람은 가난한 이웃들과 함께 하며 봉사하는 삶을 살 때 행복과 만족을 느낄 수 있다.

진로상담에서 활용 가능한 가치관검사 목록

검사명	대상	형태	발행처
직업가치관검사 (*총 13개의 가치관으로 분류)	중3～성인	인터넷, 지필	워크넷
직업가치관검사 (*총 11개의 가치관으로 분류)	청소년, 성인	인터넷	커리어넷

3 자기 개념과 목표

1) 자기 개념(self concept)

(1) 정의

자기 개념은 개인의 기본적인 본성, 독특한 속성들 및 전형적인 행동에 대한 신념의 집합체라고 할 수 있다. '나는 키가 작다' '사람들과 어울리기를 좋아한다' '쉽게 긴장을 한다' 'IQ가 높다' 등 우리가 자신에 대해 갖는 개념들은 수없이 다양하다.

대체로 사람들은 자기 개념이 높다 / 낮다와 같이 하나의 속성이나 수준으로 이야기를 하지만 한 사람에게서도 수없이 다양한 자기 개념이 있을 뿐 아니라 상황별로 작용하는 자기 개념 또한 매우 다양하다.

(2) 특징

① 자기 개념은 상대적으로 독특한 사고와 감정에 의해 특성화된다.

친구들 속에서 관계를 맺고 유지하는 것에 능력이 있다고 느끼는 학생들은 사교적인 측면에서는 자신감이 있을 것이다. 하지만 운동능력은 별로 뛰어나지 않다면 운동에 대한 자신감은 별로 느끼지 못할 것이다. 따라서 자기 개념은 전반적이고 일반적인 속성이라기보다는 특정 상황별로 작용할 때가 더욱 많다.

② 작동하고 있는 자기 개념(working self－concept)

특정한 자기 개념이 작용하게 되면 그때 수반되는 생각과 감정은 특정 자기 개념과 관련된 정보를 처리하는 데 강력한 영향을 미친다. 즉, 공부를 할 때에는 신체적인 외모와 관련된 자기 개념이나 사교적인 측면에서의 자기 개념보다는 지적인 자기 개념과 연관되어 있는 사고와 신념이 더욱 많은 영향을 줄 것이다. 반대로, 데이트를 할 때에는 지적인 자기 개념보다는 사교적인 자기 개념이 더욱 많은 영향을 미칠 것이다. 이와 같이 특정 상황에서만 주로 영향을 미치는 자기 개념을 '작동하고 있는 자기 개념'이라고 부르며, 이것은 당면한 과제와 상황 그리고 그 과제나 상황에서의 적응에도 다양한 영향을 미치게 된다.

(3) 자기 개념의 영역

자기 개념은 학자에 따라서 다양하게 분류되고 나뉘는데, 그중 대표적인 것이 Don Hamachek(1992)의 분류다. Don Hamachek(1992)는 자기 개념을 신체적, 사회적, 정서적 및 지적인 자기 개념의 네 가지 영역으로 나누었다.

① 신체적 자기

신체적인 외모 및 신체적 능력과 관련된 자기 개념이다. '키가 크다, 잘 달린다, 날씬하다, 뚱뚱하다, 키가 작다' 등이 이에 해당된다.

② 사회적 자기

사회적인 자기를 말한다. '친구를 잘 사귄다, 사람들과의 만남을 별로 좋아하지 않는다, 수줍어한다, 인기가 있다, 친구들과 어울리기를 좋아한다' 등이다.

③ 정서적 자기

정서적인 경험이나 정서적인 표현과 관련된 자기를 말한다. '쉽게 긴장을 한다, 화를 잘 낸다, 우울하다, 즐겁다' 등이 이에 포함된다.

④ 지적인 자기

지적 능력, 학업 수행 및 성취와 관련된 자기를 말한다. '수학을 잘한다, 기억력이 나쁘다, 주의력이 좋다, 창의성이 있다, 국어를 잘하고 좋아한다' 등이 이에 해당된다.

(4) 자기 개념의 변화 가능성

자기 개념은 변화 불가능한 것은 아니지만 그렇다고 쉽게 변화되는 것도 아니다. 인간은 기본적으로 자기 자신이 가지고 있는 자기 개념에 부합하는 방향으로 행동하고 생각할 뿐 아니라 다른 사람으로부터도 그러한 피드백을 받으려고 하는 경향이 있다. 즉, 자신이 생각하는 자기 개념이 편안하고 익숙하기 때문에 그것과 일치하지 않는 정보가 나타나면 혼란스러워한다. 그래서 사람들은 자신이 생각하는 자기 개념을 일관되게 유지하고자 하는 욕구를 가지고 있으며, 이러한 양상을 자기 개념의 안정성이라고 부른다.

하지만 이렇게 자기 개념이 안정적이라고 하더라도 이것은 변화하는 것이며, 역동적인 속성을 가지고 있다. 물론 하루아침에 변하거나 단시간 내에 바뀌지는 않는다고 하더라도 자기 개념은 점차적으로 변화될 수 있는 것이다.

이러한 자기 개념은 자기가 자신을 보는 방식과 같이 자신의 정보처리 방식이나 관점에 영향을 미칠 뿐 아니라 타인이 자신에게 주는 피드백과 평가와 같이 외부에서 주어지는 정보나 관점에 의해서도 영향을 받는다.

2) 가능한 자기(possible self)

(1) 정의

자기 개념은 현재 내가 처한 상황이나 행동에 영향을 줄 뿐 아니라 자신의 미래 행동에도 영향을 미치는 예언적인 역할을 하기도 한다.

그 대표적인 개념이 바로, '가능한 자기(possible self)'다. 이것은 내가 미래에 되어 있을 모습에 대해 스스로가 가지는 개념이다. 즉, 미래에 자신이 무엇이 되고 싶다거나, 어떤 것을 달성하고 싶다고 한다면 이는 그러한 영역에서 '가능한 자기(possible self)'가 있음을 의미한다.

'가능한 자기(possible self)'는 한순간에 발달되는 것이 아니라 과거의 경험(성취를 했느냐, 하지 못했느냐, 좋은 느낌이 있느냐, 나쁜 느낌이 있느냐), 현재의 행동(내가 지금 목표로 하고 있는 것을 하고 있는가? 아닌가?) 및 미래의 기대(달성 가능할 것이다, 하지 못할 것 같다)로부터 발달되는 것이다.

(2) 역할

'가능한 자기(possible self)'는 미래지향적인 개념이다. 따라서 다음과 같은 긍정적인 역할을 한다.

- 미래 목표를 가지도록 한다. 즉, 내가 가능하다고 생각하는 것에 대해서 기대를 가지고 새로운 목표를 설정하도록 돕는다.
- 목표와 관련된 정보와 인물에 관심을 가지게 한다. 자신이 목표로 정한 것이 있다면 그러한 목표를 달성하기 위해 필요한 정보 혹은 자신의 목표와 동일한 목표를 미리 달성한 모델의 모습이나 역할에 더 많은 주의를 기울이게 한다.
- 목표를 달성하는 데 필요하고 관련된 기술들에 더 집중하게 해 준다.

하지만 가능한 자기가 늘 이렇게 긍정적인 역할만을 하는 것은 아니다. 때로는 부정적으로 작용하기도 한다. 즉, 두려워하는 대상이나 그렇게 될지도 모르는 사람이 '가능한 자기

(possible self)'가 되기도 해서 회피하고자 하는 상(image)으로 기능하기도 한다.

가령, 상당히 폭력적이고 공격적인 아버지 밑에서 자란 아들이라면 '가능한 자기(possible self)'가 아버지와 같은 모습이 될 수도 있다는 생각을 하기도 한다. 그래서 그렇게 되지 않고자 하지만 정작 자신이 되고 싶지 않았던 바로 그 모습이 바로 '가능한 자기(possible self)'가 되기도 한다.

3) 자기 개념의 형성에 영향을 미치는 요인들

(1) 자기 행동에 대한 관찰

우리의 태도는 우리의 행동을 결정한다. 하지만 우리의 행동이 우리의 태도를 변화시키기도 한다. 즉, 우리의 태도와 행동은 서로 영향을 미치고 있다.

인지부조화[2] 이론(cognitive dissonance theory)에 의하면 사람들은 자신의 행동과 태도를 일관되게 유지하려는 경향이 있기 때문에 사람들은 자신의 행동을 정당화하기 위해 태도를 새롭게 형성하거나 기존의 태도를 행동에 걸맞게 변화시킨다. 자기 개념, 즉 자신의 신념에 맞는 행동을 한다면 자신의 자기 개념은 더욱 강화되고 공고화되겠지만 반대로 자기 개념에 맞지 않게 행동을 한다면 자신의 행동을 변화시키거나 때로는 그런 행동에 대한 해석을 바꾸기도 한다.

한편 사람들은 자신의 행동을 관찰함에 있어 객관적이지 못한 경우가 많다. 일반적으로 자신을 평가할 때는 긍정적인 방향으로 왜곡하는 경향이 있다. 대부분의 사람들은 자신의 실제 장점보다 더 긍정적인 쪽으로 자신을 평가하는 경향이 있다. 하지만 반대로 부정적인 방향으로 왜곡을 하기도 한다. 뭐든지 과소평가를 하고, 못한다고 생각을 하고, 계속해서 현실적인 수준보다도 비현실적으로 부정적으로 평가하는 경우가 있다. 특히, 자기 개념이 낮은 학생들의 경우가 그렇다. 이들은 자신은 무엇이든지 잘하지 못한다고 생각하는

2) 인지부조화란 태도와 관련된 고전적 연구 주제 중 하나로서 둘 이상의 태도 사이 혹은 자신의 행위와 태도 사이의 비일관성을 의미하는 단어다. 인지부조화 이론은 1957년 사회심리학자 Festinger가 제기한 이론으로, 현상에 대한 지각, 판단, 사고 등의 지식이 결합된 하나의 인지가 자신이 가지고 있는 다른 인지와 논리적으로 불일치하여 발생되는 상태를 의미한다.

경향이 크기 때문에 자신의 수행의 결과를 늘 부정적으로 볼 때가 많다. 잘했다는 평가를 받았을 때조차도 그러한 평가는 "내가 잘해서가 아닌 운이 좋아서."라는 식의 낮은 자기 개념에 맞는 방향으로 해석을 하게 된다.

(2) 타인과의 비교

사람들은 자신이 얼마나 매력적인지, 얼마나 그 과목을 잘하는지, 얼마나 사회적인 기술이 좋은지 등을 결정하기 위해 자신과 타인을 비교한다. 지적인 능력이나 사회적인 매력도 등은 모두 절대적인 개념이 아니라 상대적인 개념이기 때문에 타인과의 비교는 어쩌면 당연한 것이다.

사람들은 자기 상(self-image)을 유지하고 자신이 가진 기술을 향상시키기 위해서 사회비교를 사용한다. 자기존중감을 높이기 위해서는 나보다 못한 사람을 준거집단(reference group)으로 사용하지만 반대로 내가 뭔가를 잘하기를 원하는(발전되기를 원하는 영역이 있다면) 상황이라면 나보다 우월한 능력을 가진 사람을 준거집단으로 선택할 것이다.

(3) 타인의 피드백

자신의 행동에 대해서 타인들이 주는 피드백은 자기 개념에 영향을 미친다. 하지만 모든 사람이 우리의 인생에 똑같은 영향을 주는 것은 아니다. 하지만 인생 초기에는 부모나 가족 구성원들이 제공하는 피드백이 지배적인 역할을 하고, 성장하면서는 또래나 선생님과 같은 또 다른 사람들의 피드백이 자기 개념 형성에 많은 영향을 미친다.

어린 시절부터 지속적으로 부정적인 피드백에 노출된 아이들은 계속적으로 부정적인 자기 개념을 강화해 가는 경향이 있다. 즉, 자기 개념이 부정적일 때 아이들은 비난이나 거절을 당하면 자신의 무가치감이나 부족함을 또 한 번 확인하게 되면서 부정적인 자기 개념이 더욱 굳어진다.

아이들의 경우 부모가 심어 주는 피드백이나 관점들을 더욱 잘 흡수하기 때문에 이때 주어지는 지속적인 비난이나 부정적인 피드백은 자기 개념 형성에 상당히 부정적이고 치명적인 결과를 일으킬 수 있다. 이처럼 어린 시절에는 부모를 비롯한 가족으로부터 받는 피드백이 상당히 비중이 있지만, 학령기를 거치면서는 선생님의 피드백 그리고 청소년기가 되면서는 또래들의 피드백이 상당히 중요한 위치를 차지하게 된다.

물론, 타인으로부터 받는 피드백을 100% 모두 흡수하는 것은 아니다. 자신의 사회적 지각체계를 통해 여과되기도 하고, 자기 판단이나 스스로가 가지고 있는 자기 개념에 맞게 수정되고 여과되기도 한다. 하지만, 낮은 자기 개념을 가진 경우에는 이러한 여과 기능이 잘 발휘되지 못하기 때문에 자신에게 주어지는 부정적인 피드백을 대부분 그대로 내재화하는 경향이 강하다.

(4) 문화적 지침들

사람들은 문화적 기대에 합치할 때 자기 자신을 좋게 느끼고, 자기존중감이 높아진다. 하지만 그 반대로 문화적 기대에 부응하지 못하면 자기존중감이나 자기 개념이 낮아질 수 있다.

사회적으로 명문대학, 대기업과 같이 문화적인 기대와 높은 평가를 받는 업적이나 성과를 거둔다면 자기 개념이 높아지는 데 반해 그러한 것에 미치지 못하거나 사회적으로 열등하다고 보는 일을 한다면 자기 개념은 낮아질 가능성이 크다.

사회의 변화로 인해 개인주의적이고 창의적인 개성이 높은 평가를 받는 사회적 분위기가 형성되어 있기는 하지만 여전히 특히, 학생들 내에서는 문화적인 기대, 사회적인 기대에 부합되는 가치에 따라 자기 개념이 영향을 많이 받게 되는 것이 사실이다.

3 자기주도 학습과 시간관리

1 자기주도 학습(self-directed learning)

1) 자기조절(self-regulation)이란

자기조절은 장기적 이득을 얻기 위한 목표지향적 과정의 필수요소다. 예를 들어, TV 시청, 게임하기처럼 즉각적인 만족을 추구하는 활동의 경우는 장기적인 노력이나 자기조절 과정이 요구되지 않는다. 그러나 공부와 같이 장기적인 이득, 목표를 지향해야 하는 행동에는 오랜 시간의 노력이 필요하기 때문에 자기조절을 하지 않고서는 목표에 도달하는 것이 불가능하다. 자기조절 과정에는 사고, 정서, 행동 통제의 과정이 포함된다. 해야 할 것과 하지 말아야 할 것, 당장 실천해야 할 일과 미루어도 되는 일을 구분하는 것, 우선순위를 부여하고 따르는 것 등은 모두 자기조절 과정이라고 할 수 있다.

자기조절 학습을 간단히 정의하면 학생이 자신의 학습과정을 스스로 판단, 조절, 평가하는 과정으로, 다음의 4단계(1단계-목표에 대한 심상, 2단계-행동적 계획, 3단계-자기 감찰 · 조절 과정, 4단계-수행평가)에 따라 이루어진다. 자기조절 학습은 실제 교육 장면에서 주로 자기주도 학습으로 표현되고 있으며, 본 교재에서도 '자기주도 학습'이라는 용어를 사용하겠다.

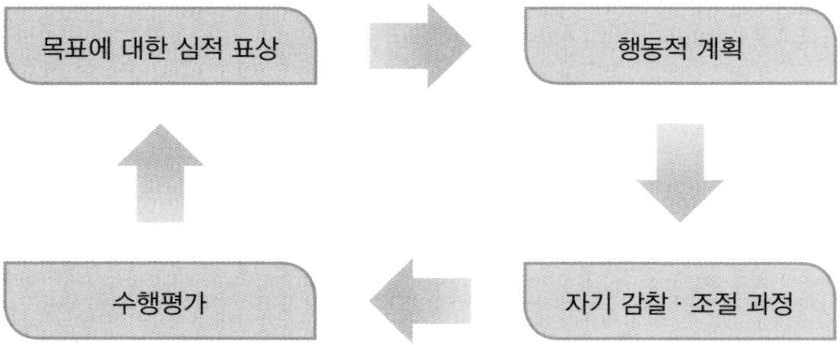

2) 자기주도 학습의 요소

위에서 설명한 자기주도 학습의 4단계에는 목표설정, 계획, 자기 동기화, 주의 조절, 학습전략의 적용, 자기 점검, 적절한 도움 탐색, 자기 평가/반성이 포함된다. 각각의 요소들을 좀 더 자세히 살펴보자.

(1) 목표설정(goal setting)

스스로 선택한 목표는 자기주도 학습의 중요한 부분일 뿐 아니라 학생들이 적절한 선택을 하고, 계속해서 노력하도록 이끌며, 주도성을 갖도록 돕는다. 그리고 궁극적으로 학생들은 남들이 자기에게 부과한 목표보다 스스로 설정한 목표를 달성하기 위해 노력하게 되므로 성공할 가능성이 높아진다.

자기주도 학습자는 자신이 무엇을 달성하기 위해 읽고 공부하는가를 안다. 예를 들어, 특정 사실을 학습하거나, 전반적인 이해를 원하거나, 때에 따라서는 단지 학교시험을 잘 보기 위한 지식을 획득하는 것만이 목적이 될 수 있다. 이들은 언제나 목표를 특정한 학습 활동과 연결시켜 궁극적 목표에 도달하려고 한다. 대학에 가게 되면 마지막 순간까지 주요한 학습 과제를 놓치지 않기 위해 스스로 한계점을 정하기도 한다.

(2) 계획(planning)

많은 학생들이 어차피 해야 할 일이 정해져 있고 시간이 많지 않기 때문에 계획을 세울 필요가 없다고 생각한다. 그러나 연구 결과, 목표와 과제 수행의 우선순위를 결정하고 계획하고 조직화하여 학습할 때 더 좋은 결과를 기대할 수 있었고, 또한 시간관리를 잘하는 사람이 스트레스를 덜 경험하는 것으로 나타났다. 공부를 미루는 사람은 결국 전체 학습시간이 다른 사람보다 적고 학습동기도 낮다는 연구 결과가 있다.

자기주도 학습자는 학습과제 수행에 허용되는 시간을 최선으로 사용하는 방법을 결정할 수 있다. 학습과제와 관련하여 미리 계획을 세우고 그 목표를 달성하기 위해 시간을 효과적으로 사용하며, 대체로 어려운 자료에 더 많은 시간을 할애한다. 그렇지만 쉬운 자료라도 확인을 위해서 자세히 살펴보기도 하고, 주어진 시간 내에 처리하지 못할 만큼 어려운 자료일 경우에는 의도적으로 무시하기도 한다.

(3) 자기 동기화(self-motivation)

사람은 누구나 자신이 어떻게 행동해야 현재의 불만족스런 상황에서 벗어날 수 있는지 알지만, 막상 실천에 옮기는 것이 어려울 때가 많다. 이때 행동을 실천에 옮길 수 있도록 자신의 동기를 스스로 강화하는 것이 '자기 동기화'다.

동기적 요인이 자기조절에 영향을 미치기도 하지만 자기주도적 학습자는 자신의 동기를 어느 정도 통제하고 과제를 지속하기 위해 다양한 전략을 사용한다. 예를 들어, 과제를 재미있게 윤색하거나, 과제수행의 중요성을 끊임없이 되새긴다. 또한 걱정스런 생각을 머릿속에서 몰아내려고 자기 유능감을 부여하는 격려의 말("전에도 이것을 잘했으니까 다시 잘할 수 있을 거야!")을 하기도 하고, 완수한 순간을 상상하기도 하며, 임박한 시험을 위협적인 사건들로 생각하기보다는 극복할 수 있는 도전으로 생각하려 애쓴다. 그리고 좌절을 경험한 뒤에도 빨리 회복하며, 새로운 노력을 기울여서 다음번에 성공할 수 있을 것이라는 낙관성을 가질 만한 이유들을 찾아낸다. 뿐만 아니라 자기주도 학습자는 해야 하는 과제나 공부를 먼저 완수한 후에 즐거운 활동을 하거나 완수했을 때 스스로 보상을 약속하는 등 만족을 지연시키기 위해 다양한 전략을 사용한다.

(4) 주의 조절(attention control)

상황에 맞게 주의를 잘 조절할 수 있는가의 여부는 정보처리의 효율성과 기억 및 학습 능력 향상에 직결된 중요한 문제다. 효율적인 주의 조절 능력은 개인이 변화하는 환경과 시간 속에서 자신이 추구하는 목표를 성취할 수 있도록 과제에 집중하고 부정적인 정서를 효율적으로 관리하도록 해 준다.

자기주도적 학습자는 공부할 때 학습 과제에 주의를 최대한 기울이고, 집중할 수 있는 환경을 찾아내거나 조성한다. 예를 들어, 거실에서 공부하는 동안 TV를 끄거나 도서관의 조용한 구석 자리로 간다. 또한 현안에 주의를 집중하고 다른 잡념은 깨끗하게 없앤다.

(5) 학습전략의 적용(application of learning strategies)

학습전략이란 학습목표를 달성하기 위해 각 상황에 맞게 활용될 수 있는 의식적이거나 자동화된 활동들을 말한다. 학습상황에서 적절한 학습전략을 활용한다면 학습내용을 깊이 있게 이해하고 오래 기억할 수 있다.

자기주도적 학습자는 다양한 학습전략을 갖고 있고 이를 목적에 맞게 효율적으로 활용한다. 이들은 학습내용을 반복학습하거나 중요한 정보와 중요하지 않은 정보를 구별해 낼 수 있으며, 필요한 경우 기억하기 어려운 사실이나 목록에 대한 기억술을 사용하기도 한다.

(6) 자기 점검(self checking)

자기주도적 학습자는 학습활동의 목표를 달성하기까지의 진전 상황을 주기적으로 점검하고, 필요할 경우 학습전략을 바꾸거나 목표를 수정한다. 이들은 공부할 때 학습의 진행 정도와 과제수행에 적합한 활동이 이루어지고 있는지를 검토하며, 그 결과 실수가 발생하면 빨리 알아차리고 수정한다.

(7) 적절한 도움 탐색(seeking proper support)

자기주도적 학습자가 언제나 스스로 혼자 학습을 수행하는 것은 아니다. 자기주도적 학습자는 특정 주제나 기술을 숙달하고 촉진하기 위해 언제 전문가의 도움이 필요한지를 알며 그때가 되면 적극적으로 전문가의 도움을 찾아 나선다.

(8) 자기 평가 및 자기 반성(self-assessment & self-reflection)

자기주도적 학습자는 학습의 최종 결과에 대해서도 스스로 평가한다. 학습의 결과가 스스로 세운 목표에 충분한지, 자신의 학습전략이 어느 정도 성공적이고 효과적인지를 판단하고 미래 학습상황에서 더 효과적일 수 있는 대안을 확인한다.

2 자기주도 학습과 시간관리

1) 자기주도 학습과 시간관리의 관련성

시간관리의 개념은 관리(management)의 한 영역으로서 자기관리의 하위 영역에 속하며 넓은 의미에서는 주어진 일생의 기간을 생산적으로 활용하여 효과적인 삶을 살기 위한 수단이라고 할 수 있다. 한편 좁은 의미에서는 시간을 잘 조직하여 구체적인 목표를 달성하는 행위라고 할 수 있다. 즉, 매일의 일과에 대한 계획과 목표를 가지고 목록을 작성하며, 일의 우선순위에 따라 수행하는 것을 말한다.

시간관리 능력은 자기조절의 핵심이라고 할 수 있는데, 그 이유는 다음과 같다.

- 학습활동에 참여를 주도적으로 계획하고 시작하며 실행하는 역할을 하게 해 주는 원동력이 되는 시간관리 능력은 어떤 사람이 자신의 규칙을 세우고 스스로의 힘으로 자신의 규범을 선택할 수 있는 능력을 의미한다.
- Zimmerman과 Martinez-Ponz(1992)에 따르면 시간을 효과적으로 관리한다는 것은 특정한 목표를 세우고, 결과에 필요한 전략을 사용하고, 할당된 시간 동안 과제를 학습함에 있어 효능감을 경험해야 하는 것을 말한다. 이들은 이러한 과정이 제대로 일어나지 않게 되면 행동, 환경, 자기조절 과정에서 문제가 나타나게 된다고 주장하였다.
- 김동일(1995)은 자신의 연구에서 시간관리를 통해 스스로 자신의 단기, 중기, 장기의 목표를 설정한 후 계획을 세우고 실천하고 자기 점검을 꾸준히 함으로써, 자신의 생활과 활동을 통제하고 관리하는 능력 역시 높아지게 된다고 설명하고 있다.

이렇듯 자기조절 능력과 시간관리 기술과는 밀접한 연관성이 있으며, 시간관리를 어떻게 하는가에 따라 자기주도적 학습의 효과가 달라진다. 그렇다면 어떤 이유에서 시간관리가 자기주도 학습에 필수적인 역할을 하게 되는 것일까?

(1) 목표의 수립은 시간관리의 전제조건이 된다.

자기주도 학습이 일어나기 위해서는 목표가 필요하고, 목표를 세우는 것은 시간관리의 전제조건이 된다. 다시 말해, 목표는 "왜 계획을 세워야 할까? 왜 계획을 지켜야 할까?"라는 물음에 답이 될 수 있다. 이때의 목표는 개인에게 아주 중요하고 의미 있어야 한다.

(2) 활동계획을 목표 지향적으로 세울 수 있다.

목표가 뚜렷하게 수립이 되면 계획을 세울 때 목표 지향적으로 세울 수 있다. 아무리 거창한 계획이라고 해도 무엇을 위해 하는지가 빠져 있다면 좋은 계획이 될 수 없고, 자기조절이 일어나기 어렵다.

(3) 행동적 목표를 자극한다.

시간관리는 행동적 목표를 자극한다. 시간을 어떻게 사용하고, 그 시간 동안 어떤 활동을 할 것인지를 계획하는 과정에서 두루뭉술한 목표가 아니라 구체적인 목표를 세울 수 있게 된다.

(4) 최단기 목표를 설정하도록 돕는다.

시간관리를 하는 것은 지금 주어진 시간을 어떻게 쓸 것이냐의 문제이기 때문에 장기목표를 달성하기 위해 필요한 최단기 목표를 설정할 수 있도록 도와준다. 일주일 또는 하루 중 언제 공부하고 언제 쉰다는 것을 구체적으로 계획하면 공부를 시작할 때 지금 무엇에 집중해야 하는지, 언제 쉴 수 있는지를 알기 때문에 꾸물거리지 않고 쉽게 학습궤도에 진입할 수 있다.

(5) 행동 판단의 명확한 근거를 제공한다.

자기조절 과정에서는 자기 감찰이 중요한데, 구체적인 계획은 자신의 행동을 판단하고 평가할 수 있는 근거 및 기준이 될 수 있다.

(6) 목표 수행 과정을 가시적으로 만들 수 있다.

가치 있는 목표일수록 장기적인 노력이 요구되는데 이러한 노력이 길어질수록 답답하고 포기하고 싶은 마음이 들 때가 있다. 그러나 그날그날 혹은 그 주에 해야 할 하위목표만 잘 설정하고 계획한다면, 목표가 이루어지는 과정이 눈에 보여 훨씬 덜 지루하고 성취감이 높아져서 너무 멀게 느껴져서 명확하게 다가오지 않는 장기목표를 달성하는 데 도움을 준다.

(7) 수행 실패 시 원인분석과 효과적인 대안 탐색이 쉽다.

계획이 없으면 실패했을 경우 왜 안 되는지를 분석하는 것이 불가능하다. 계획표를 사용해 꾸준히 시간관리를 하게 되면 어떤 이유에서 계획이 지켜지지 않는지(예: 갑작스러운 일정 변경, 지나치게 많은 분량을 정함, 미루기 등)를 알아낼 수 있고, 다음 계획 시 더 효과적인 대안을 찾아내기 쉽다.

2) 시간관리와 학업성취와의 관련성

시간관리는 학업성취에 어떤 영향을 줄까? 시간관리는 학습에 있어서 매우 중요하다. 여러 연구에서, 공부의 전체 시간보다 짧은 시간이라도 계획적으로 공부하는 것이 학업성취에 영향을 끼친다는 결과가 나온 것처럼 시간의 질적 관리는 학교 교육에서 학생의 생활관리와 학업성취와도 밀접한 관계가 있어 학습전략의 한 방법으로 사용되기도 한다. 시간관리와 학업성취의 관계를 연구한 선행연구 결과를 몇 가지 살펴보면 다음과 같다.

- Britton과 Tesser(1991)의 연구 결과, 대학생의 학점을 예언하는 데 대학입학 시의 성적(SAT)보다 시간관리 능력이 더 높은 설명력을 갖는다고 한다. 또한 시간을 적절하게 분배하지 못하거나 벼락치기를 해서 시험을 보는 등 시간관리를 제대로 하지 않는 것은 스트레스나 낮은 학업 성취의 원인이 되었다(Gall, 1988; Longman & Atkinson, 1988).
- Peniston(1994)은 학습장애를 겪고 있는 대학생들은 대부분 쉽게 주의가 분산되고, 우선순위를 잘 정하지 못하며, 너무 많은 것을 이루려 하고, 꾸물대고, 서툰 공부 방법을 사용하며, 과업 수행에 필요한 시간의 양을 과소평가하는 경향이 있다고 하였다.

- 홍성임(2005)의 연구에서는 중학생들의 시간관리 수준과 학교생활 적응의 관계에서 시간관리가 잘되는 학생들이 자기 효능감이 높고 학교생활에 적응을 잘하는 것으로 나타났다. 즉, 시간에 대한 중요성을 깨닫고 효과적으로 시간을 관리하여 하고 싶은 일들 가운데 중요도와 긴급도를 인식하고, 순서를 정하고 계획을 세워 일을 처리하는 학생들이 교사, 친구, 수업, 각종 행사, 규칙 등 학교생활에서 전반적으로 더 잘 적응하는 것으로 나타났다. 즉, 시간관리를 잘하는 학생들이 학교생활 전반에 걸쳐 적응도 잘하고 성적도 좋다는 것을 시사한다.
- 본 기관에서 서울시 중고생을 대상으로 한 연구에서도 시간관리 능력이 우수한 학생이 그렇지 않은 학생에 비해 성적이 중상위권에 속하는 비율이 3배 이상 차이가 있었다.

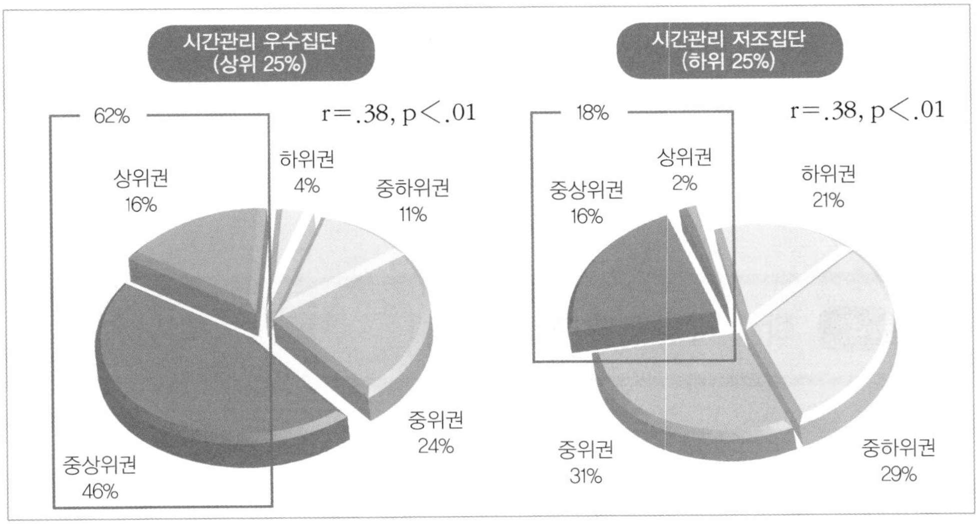

- 2010년 서울시 교육청의 지원하에 본 기관에서 진행한 '사교육비 경감을 위한 자기주도 학습 확산방안 연구'에서도 서울시 내 3개 고등학교 1학년 학생들을 대상으로 총 20주에 걸쳐 시간관리 훈련을 한 결과, 자기주도 학습능력을 나타내는 자기주도 학습 지수(LQ)에서 평균 9.1%의 향상을 보였고, 약 2.5%의 성적 향상 효과가 있었던 것으로 확인되었다. 또한 프로그램 참가 전 주당 평균 4.1시간이었던 학습량이 프로그램 사후에는 주당 평균 10.7시간으로 6.6시간이 증가(260%)된 것으로 나타났다.

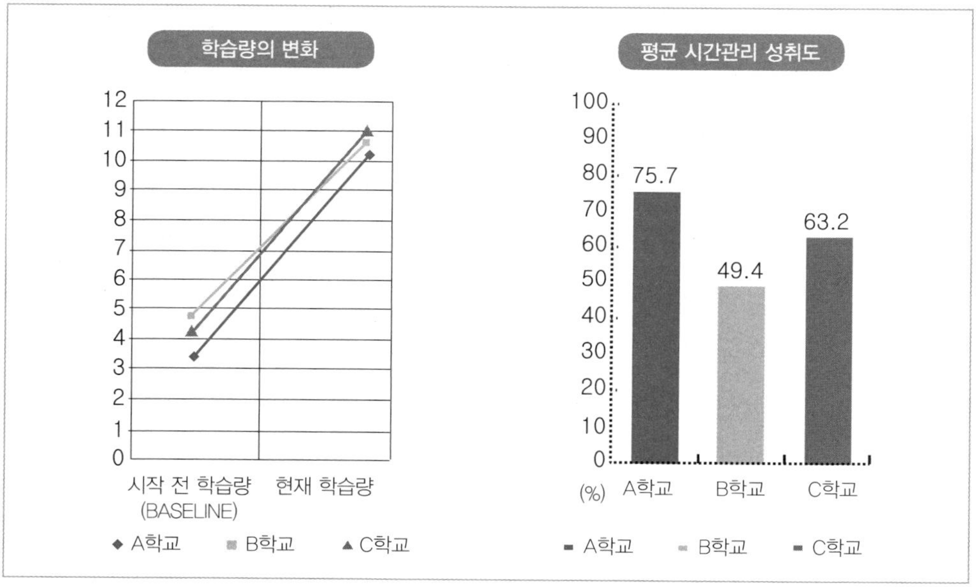

4 학습계획의 원칙

1 시간관리의 구성개념

시간관리의 요소에 대한 의견은 학자마다 다양한데, Britton과 Glynn(1989)은 목표와 하위목표 선택하기, 목표의 우선순위 정하기, 목표로부터 과제와 하위과제 만들어 내기, 과제에 우선순위 부여하기, 할 일 목록 만들기, 과제를 계획하기, 과제를 실행하기 등이 시간관리에 포함된다고 하였다. 또한 Macan(1990) 등은 시간관리의 구성개념으로서 목표 욕구를 구체화하기, 우선순위에 따라 분류하기, 시간과 자원을 할당하기, 한 번에 하나씩 일을 끝내기, 일을 할 때 다른 사람에게 넘겨주어도 되는 일은 위임하기 등을 꼽았다.

1) Britton과 Glynn(1989)이 설명한 시간관리의 요소

- 목표와 하위목표 선택하기: 인생에서 어떤 일을 이루기 위해 목표를 세운다는 것은 어렵고 복잡한 일이다. 그러나 학생들의 경우에는 숙제나 시험준비와 같이 구조화되고 비교적 결과가 명확한 일들을 많이 하므로 이러한 것들을 세부 목표로 나누는 연습을 한다면 시간관리의 기초 능력을 갖추게 될 것이다.
- 목표의 우선순위 정하기: 인생에서의 목표는 여러 가지가 있을 것이다. 공부할 때는 학습 자체가 목표가 되지만 친구들과의 관계나 자신이 원하는 활동 역시 목표가 될 수 있다. 또한 학업에서도 더 우선시해야 할 공부들이 있다. 따라서 어떤 목표를 나의 최우선 순위로 삼을 것인지를 정해야 하고, 여러 개의 목표에 순서가 있어야 한다.
- 목표로부터 과제와 하위과제 만들어 내기: 목표로부터 구체적인 할 일, 즉 과제가 나와야 한다. 이는 목표설정의 다음 단계다. 장기목표가 단기목표로 나뉘고 단기목표가 행위들로 구성되게 만드는 것이다. 예를 들어, 다음 시험성적을 올리는 것을 목표로 한다면 과목별로 사회를 80점 이상 맞겠다는 하위목표가 생긴다. 하위목표를 달성하기 위해 예습이나 EBS 강의 시청 등의 과제를 뽑아 낼 수 있어야 한다.
- 과제에 우선순위 부여하기: 과제도 한두 가지가 아니므로 과제와 할 일에 우선순위를 부여하여 순차적으로 접근할 수 있어야 한다. 그렇지 않으면 일이 많을 때에 무엇부터 해야 할지 몰라 우왕좌왕하게 된다.
- 할 일 목록 만들기: 눈으로 볼 수 있도록 to-do list(할 일 목록)를 짜야 하고 오늘 안에 끝내야 할 일은 무엇인지 알아야 한다.
- 과제를 계획하기: 과제들을 시간에 맞춰서 계획할 수 있어야 한다.
- 과제를 실행하기

2) Macan 등(1990)이 설명한 시간관리의 요소

- 목표와 욕구 구체화하기: 욕구가 있기 때문에 목표가 생기고, 목표가 있어서 과제가 발생하는데 이 과정이 매우 상세화, 구체화되어 있어야 한다. 장기목표뿐만 아니라, 몇

주 안에 달성해야 할 단기목표들도 구체적으로 설정해야 한다. 구체적인 목표라면 언제 어디서든 남에게 설명할 수 있고 이해시킬 수 있어야 한다.

- 우선순위에 따라 분류하기: 해야 할 일들의 우선순위를 정하고 그에 따라 순차적으로 처리할 수 있어야 한다.
- 시간과 자원을 할당하기: 시간과 자원은 한정되어 있으므로 그냥 무작정 써 버리는 것이 아니라 적절하게 할당해서 써야 한다.
- 한 번에 하나씩 일을 끝내기: 여러 가지를 동시에 하려고 하다 보면 집중력이 떨어지고 한 가지에 몰입하지 못하게 된다.
- 위임하기: 일을 할 때 다른 사람에게 넘겨줘도 될 일은 넘겨준다. 학생들의 경우는 위임할 일이 많지 않으나, 성인들에게는 많이 적용되는 부분이다. 학업으로 생각해 본다면, 시간이 많지 않을 때 혼자 모든 것을 다 이해하고 암기하려고 하기보다는 좋은 선생님들의 강의를 구해서 듣는 것도 하나의 방법이 될 것이다.

두 연구자의 의견을 종합하여 보면 시간관리에는 구체적이고 단계적인 목표의 설정, 해야 할 일에 대한 우선순위를 정하는 것, 주어진 과제에 투여할 시간을 결정하여 계획을 세우는 것이 포함됨을 알 수 있다.

3) Stephen Covey의 시간관리

시간관리의 개념과 그 필요성을 가장 대중적으로 알린 학자로 Stephen Covey를 꼽을 수 있다. 『성공하는 사람들의 7가지 습관』의 저자로도 유명한 Stephen Covey는 시간관리를 4세대적 구분법으로 나누어 설명하고 있다. 제1세대는 '비망록'에 기초를 두고 '순서에 따라 하는' 시간관리 세대로서 자기가 하고 싶은 일을 모두 기록하여 다니면서 완성하여 끝내고 나면 리스트에서 삭제하는 것이다. 제2세대는 '계획과 준비'를 하는 시간관리 세대로 캘린더와 약속 수첩을 사용하는 것으로 제1세대보다 약속을 더 잘 지키며, 책임감과 시간관리의 효율과 효과가 중대해지고 성과가 향상되는 장점을 가지고 있다. 제3세대는 '계획하고 우선순위를 정하고 컨트롤 하는' 것이다. 제4세대는 1, 2, 3세대의 장점을 모두 포함하면서 가장 소중한 것을 찾고 생활에서 먼저 할 수 있는 핵심적인 아이디어 창출을 하는 것으로 제4세대의 필요성을 제기하고 있다. 제4세대 시간관리의 근본적 초점은 시간관리 매트릭스이다. 어떤 활동을 '긴급성'과 '중요성'으로 나누어 시간을 네 가지로 분류하는 것으로, 다음의 우선순위 파트에서 자세히 설명하도록 하겠다. Stephen Covey는 시간관리를 실천에 옮기기 위해서는 우선순위를 결정하는 능력, 우선순위에 따라 준비하고 계획하는 능력, 그리고 우선순위의 실행계획을 수행하는 실천력과 자제력이 필요하다고 말하고 있다.

2 우선순위와 파레토 법칙

1) 우선순위

(1) 우선순위를 세우는 기준

목표를 세우고 나면 삶에 순서가 생긴다. 이것을 우선순위 세우기라고 하는데 우선순위를 세울 때는 두 가지 기준만 기억하면 된다. 하나는 '얼마나 더 중요한가?' 하는 것이고, 다른 한 가지는 '얼마나 급한가?'다. 그렇다면 '중요하다' 와 '중요하지 않다'는 어떻게 나눌 수 있을까? 중요한 일은 목표와의 관련성이 높다. 따라서 일의 중요도를 정하기 위해서는 반드시 내 목표가 무엇인지 미리 결정하는 것이 중요하다. 만약 자신이 세운 목표가 '국어 점수 10점 향상시키기'라면 그 목표와 관련된 일이 중요한 일이 되고, 목표와 별로 관련이 없는 TV 보기는 별로 중요하지 않은 일이 된다. 급한 일의 기준은 그 일을 반드시 끝마쳐야 하는 시간 즉, 마감시간이 얼마나 멀고 가까운지의 여부로 결정할 수 있다. 가령 내일까지 해야 하는 숙제가 있다면 그것은 급한 일에 해당되는 것이고 다음 주에 있을 수행 평가 준비는 시간상 덜 급한 일로 나눌 수 있다.

(2) 중요도와 긴급도에 따른 우선순위

중요도와 긴급도에 따라 우리가 하는 일들을 다음의 네 가지로 나누어 볼 수 있다.

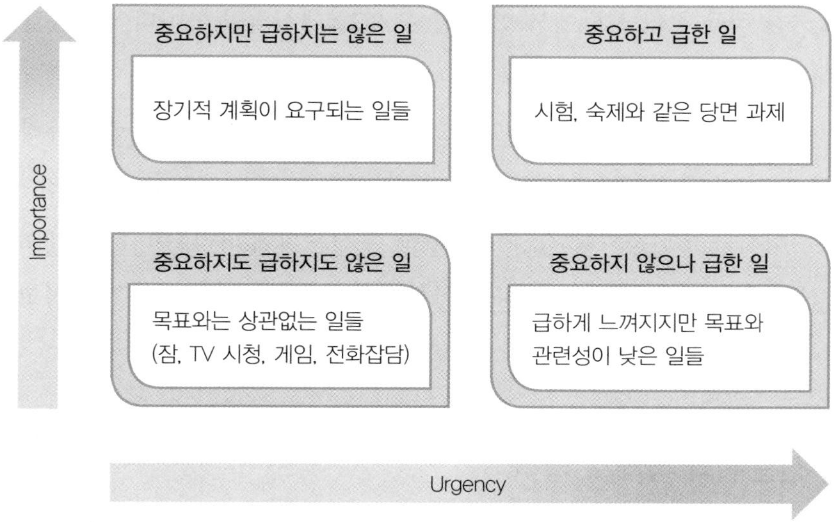

중요하면서도 급한 일은 시험, 숙제와 같은 당면과제로 볼 수 있고, 중요하지만 급하지 않은 일은 체력관리라든가 개인적인 역량 향상을 위해서 오랫동안 노력해야 되는 사안들이다. 중요하지 않지만 급한 일들은 괜히 마음만 급하게 만들고 실제로는 내 목표와 관련이 없는 일들이다. 중요하지도 급하지도 않은 일은 시간을 때우려고 하게 되는 일들을 말한다. 순서를 정한다면 중요하고 급한 일이 1순위가 되며 중요하지만 덜 급한 일이 2순위, 중요하지 않지만 급한 일, 중요하지도 않고 급하지도 않은 일이 각각 3, 4순위가 된다. 급할수록 해야 하는 일의 순서를 정해서 하나씩 하나씩 해 나가야 결국 하고자 하는 일을 모두 완수할 수 있다.

2) 파레토 법칙

파레토 법칙은 원래 경제학 법칙으로 80:20 법칙이라고 하기도 한다. 이것은 '전체 결과의 80%가 전체 원인의 20%에서 일어나는 현상'을 가리킨다. 이탈리아의 경제학자 Pareto는 전체 인구의 비중과 그들이 소유하고 있는 부의 정도 사이에 어떤 규칙이 있음을 발견했다. 대략 전체 인구의 20%가 전체 부의 80%를 차지하고 있다는 것이다. 이러한 원리를 발견한 사람의 이름을 따서 '파레토의 법칙' 혹은 '80:20 법칙'으로 부른다. 이것은 어느 시대, 어느 국가를 막론하고 나타나는 현상이라고 할 수 있다. 파레토 법칙의 예는 다음과 같다.

- 국내 총생산의 80%는 인구의 20%가 만들어 낸다.
- 어떤 회사의 총수익은 제품의 20%에서 발생한다.
- 백화점 전체 매출의 80%는 20%의 고객에 의해 발생한다.
- 전체 통화시간의 80%는 아는 사람의 20%와 이루어진다.

파레토 법칙은 우리의 삶과 시간관리에도 직접 연결이 된다. 사람들이 하루 동안 하는 일들 중 중요도 80%의 일들은 하루 동안 일하는 시간의 20% 동안에 이루어진다. 즉, 하루가 24시간이니 이 중에서 4~5시간에 해당되는 것이다. 이 시간 동안 해야 할 일을 놓치게 되면 성취가 줄어든다. 거꾸로 얘기하면, 살면서 우리는 여러 가지 것들을 소소하게 신경 써야 하지만 적어도 하루에 4~5시간은 지속적으로 한 가지에 시간을 들여야 성취해 낼 수 있다는 것이다.

3 학습계획의 기본 전략과 시간관리의 실패 원인

1) 학습계획의 기본 전략

누구나 나름대로 자기만의 학습계획을 가지고 있을 것이다. 학습 계획의 일반적인 전략은 다음과 같다.

- 1 : 2의 비율을 원칙으로 한다. 즉, 수업시간이 1시간이라면 이에 대한 학습시간을 2시간으로 정하는 것이 기본이다. 밥을 먹는 시간보다 소화를 시키는 시간이 더 길 듯, 지식도 그러하다. 식사 테이블에 앉아 있는 시간이 수업시간이라면 공부한 내용을 소화시키기 위해 혼자 요약하거나 정리해 보는 복습 시간이 더 많이 필요하므로 1:2 정도의 자기 학습시간을 가지는 것이 좋다.
- 효율이 높고 집중이 잘된다고 생각하는 시간에는 어려운 과목을 할당한다. 집중이 더더욱 필요한 과목은 집중이 잘되는 시간에 해야 한다. 그 시간은 사람마다 다르므로 자신

만이 알 수 있다.

- 한 번에 장시간 공부하는 것은 집중력과 효율성을 떨어뜨릴 수 있다. 한 시간 단위의 공부계획을 권장한다.
- 가능하면 매일 같은 시간에 습관적이고 체계적인 방법으로 공부한다. 어느 시간대에 공부한다는 패턴이 생기면 그 시간 즈음에 자동적으로 몸이 움직이게 된다.
- 수업 중간의 빈 시간이나 휴식 시간을 적극적으로 활용한다. 토막시간을 적극적으로 활용해서 이동시간이나 수업 직전과 직후의 2~3분이라도 제목을 훑어보거나 수업 내용을 잠깐 살펴보고 내용을 정리하면 도움이 된다.
- 유연성을 확보하기 위해 계획되지 않은 시간을 만든다. 갑자기 일이 생길 수도 있고 어떤 항목을 못 지킬 수도 있기 때문에 계획되지 않은 시간을 만들어서 유연하게 계획을 실천해야 한다.
- 시간의 압력은 질적으로 떨어지는 결과를 산출한다. 너무 빡빡하게 계획을 세우면 시간적 압력이 생기고 원하는 만큼의 결과를 내기 어렵다.
- 성격이 비슷한 과목을 연속적으로 공부하면 공부하는 내용 간의 간섭이 일어날 가능성이 있다. 유사한 과목을 연속적으로 공부하면 개념이 헷갈릴 수도 있고 지루해질 수도 있으므로 끊어서 교차 계획을 세우는 것이 좋다. 예를 들어, 사회와 도덕을 연속적으로 하기보다는 수학과 과학 등의 과목을 교차시켜 공부계획을 세우는 것이 좋다.
- 여가활동 시간의 계획을 잊지 않도록 한다. 여가활동은 학습의 연장선이라 할 수 있다. 잘 쉬어야만 공부도 잘된다. 그러므로 공부계획을 세울 때는 여가계획도 함께 세우도록 한다.

2) 시간관리의 실패 원인

우리가 시간을 효과적으로 관리하고 실천하려고 할 때 어려움을 주는 요인들이 많이 있다. 가장 흔한 것이 '미루기'인데 우리는 왜 미루게 되는 것일까? 여기에는 여러 가지 이유가 있겠지만, 일에 흥미가 없거나 실패하지 않을까 하는 두려움을 지니고 있거나 잘 안 될 것이라고 지레 생각하기 때문에 미루게 된다.

한편, 절대 미루는 법이 없는 일들도 있다. 가령 사람들은 돈을 받는 일은 절대 미루지 않는다. 누구나 배고프거나 목마를 때 음식을 먹고 물을 마시는 것도 미루지 않는다. 이처럼 절실하게 해야 하는 일은 절대 미루지 않는 것이 인지상정이다. 이와 같은 사실로 미루어 볼 때, 어떤 일을 미룬다는 것은 '지금 그 일을 하기 싫다'는 감정에 사로잡혀 있다는 것을 의미한다. 그렇다면 시간관리를 실패하게 만드는 원인들에는 어떤 것들이 있는지 구체적으로 알아보자.

(1) 자신의 능력 범위를 벗어나는 계획

많은 사람들이 방학 때 거창한 계획을 세웠던 경험이 있을 것이다. 의욕만 앞서서 달성할 수 없는 무리한 계획을 세우면 시간에 쫓기듯이 허둥대다가 제대로 하지 못하게 된다. 또한 계획대로 다 지키지 못하면 해내지 못했다고 실망하고, 포기해 버리거나 다시 계획을 세우고 실천할 자신이 없어진다. 따라서 자신의 능력과 상황에 맞게 현실적인 계획을 세울 필요가 있다.

(2) 미루기

여러 가지 이유와 변명을 만들면서 미루게 되는 경우가 많다. 또한 이것저것 다른 일을 다 하다가는 지치고 힘들어 정작 해야 할 일을 하지 못할 수도 있다.

(3) 잘못된 습관

밥을 먹기 전에 물을 마신다거나, 양치질을 하기 전에 칫솔에 먼저 물을 묻히는 것 등은 사소하지만, 매일의 삶에서 반복되는 습관의 예다. 아침에 일찍 일어나 운동을 한다거나 잠들기 전에 독서를 하는 것과 같은 좋은 습관은 우리의 삶에 도움을 주지만, 흡연이나 늦잠, 나쁜 식사습관과 같은 것들은 장기적으로 커다란 해가 될 수 있는 나쁜 습관들이다. 나쁜 습관은 한번 형성되면 쉽게 없어지지 않을 뿐만 아니라 우리가 쉽고, 즐겁고 편한 일에 먼저 손을 내밀게 하며, 이런 과정을 통해 정작 중요한 일들을 미루게 한다.

(4) 망각

아무리 기억력이 좋은 사람이라고 하더라도 정신없는 일상에 시달리다 보면 해야 할 일을 자신도 모르게 잊어버릴 수 있다. 그러므로 계획을 세워 놓고 잊어버리는 경우를 방지하기 위해 메모를 하거나 핸드폰에 알람을 해 놓는 등 기억하기 위한 방편을 미리 만들어 놓아야 한다.

(5) 갑작스런 일정 변경

갑작스럽게 주어지는 일들을 우선적으로 처리하다 보면 시간관리가 잘되지 않는다. 이런 일이 자주 일어난다는 것은 결국 시간관리를 잘하지 못한다는 의미다.

(6) 낮은 동기, 목표의식

동기나 목표의식이 낮으면 시간계획을 세우더라도 잘 지켜지지 않는다. 지금 나의 목표는 무엇인지, 나에게 어떤 가치가 있는지 다시 한번 생각해 보고 점검하는 것이 필요하다.

(7) 일 처리 방법을 모르는 경우

바빠서 허둥대는 사람을 보면 정말로 일이 많아서 바쁜 것이 아니라, 일을 어떻게 해야 할지 모르기 때문에 그러는 경우가 많다. 방법을 모르면 처리하기가 어려우므로 미리 수행전략을 세우는 것이 좋다.

(8) 피로감, 불안

모든 사람들은 때때로 스트레스를 경험하며, 사실 가끔은 어느 정도의 긴장을 느낄 때 약간 능률이 올라가기도 한다. 하지만 과도한 피로감이나 불안감은 육체적으로나 정신적으로 지치게 만들어 아무것도 하고 싶지 않게 된다.

4 실천전략

계획의 실천은 누구에게나 부담스러운 일이며 의지가 부족하다는 것만으로 설명될 수 없지만, 실천력을 높이는 효과적인 원칙은 개인에게 맞는 행동적 전략을 찾는 것이며, 가급적이면 성공사례를 찾아내고 모델링을 시키는 것이 좋다. 효과적인 시간관리 행동은 단순한 인생 경험의 축적만으로 형성되는 것은 아니며, 관련 서적이나 매뉴얼을 통한 효과적인 방법의 습득과 더불어 효능감을 증가시킬 수 있는 수준까지 반복적인 실천이 따라야 한다.

1) 자기감찰 기법

누군가 행동을 관찰하거나 기록하기만 해도 사람들의 행동이 달라지는데 이를 '반응성 효과(reactivity effect)'라고 한다. 그리고 반응성을 유도하기 위해 자신의 행동을 관찰하고 기록하게 해서 행동을 수정하는 기법을 '자기감찰 기법(self-monitoring technique)'이라고 한다. 자기를 관찰하고 기록하게 되면 행동에서의 변화가 일어나는 이유는 다음과 같다.

- 행위를 관찰하는 것 자체가 그 행동을 더 나은 방향으로 변화시키는 경향이 있다.
- 자신의 행동과 그 행동에 영향을 미치는 원인을 관찰함으로써 자신을 더 효과적으로 관리할 수 있다.
- 관찰 결과가 피드백이나 보상으로 작용한다.

(1) 시간일기 작성하기

성인들도 물론 그렇지만, 스스로에 대한 인식과 통찰이 부족한 청소년기 학생들은 자신의 학습량과 투입한 시간을 과장하는 경향이 있다. 사람들이 자기가 사용한 시간을 정확하게 파악하지 못하는 이유가 무엇일까? 첫째, 사람의 기억력은 생각처럼 정확하지 못하기 때문이다. 둘째, 사람은 무언가를 평가할 때 가능한 자신에게 유리한 쪽으로 해석하고자 하는 욕구를 가지고 있기 때문이다. 그래서 '해야 하는 일'에 사용하는 시간은 과장하고, '하지 않아도 되는 일'에 낭비하는 시간은 과소평가하게 된다. 그래야 자신의 행위를 정당화할 수 있고, 자존심을 유지할 수 있기 때문이다.

따라서 시간을 효율적으로 관리하고 싶다면, 무엇보다 먼저 실제로 시간을 어디에 사용하고 있는지를 정확히 파악해야 한다. 학생들에게 시간관리 능력을 키워 주기 위해서는 학생 스스로가 자신을 정확하게 관찰하도록 가르치는 것이다. '시간일기'를 통해 하루, 그리고 일주일 동안의 활동과 거기에 투입된 시간을 구체적으로 모두 기록하게 한다.

시간일기를 작성하면 다음과 같은 효과를 일으킬 수 있다.

- 유용하게 사용할 수 있는 시간을 늘려 준다. 평소 자신이 유용하게 사용하고 있는 시간을 얼마나 과대평가하는지를 알게 함으로써, 시간을 생산적으로 사용할 수 있는 방법을 찾게 된다.
- 낭비되는 시간을 줄여 준다. 시간일기는 시간낭비 요인을 적극적으로 검토하게 하고, 이를 제거할 대안들을 모색하게 해 준다.

시간일기 작성 예시

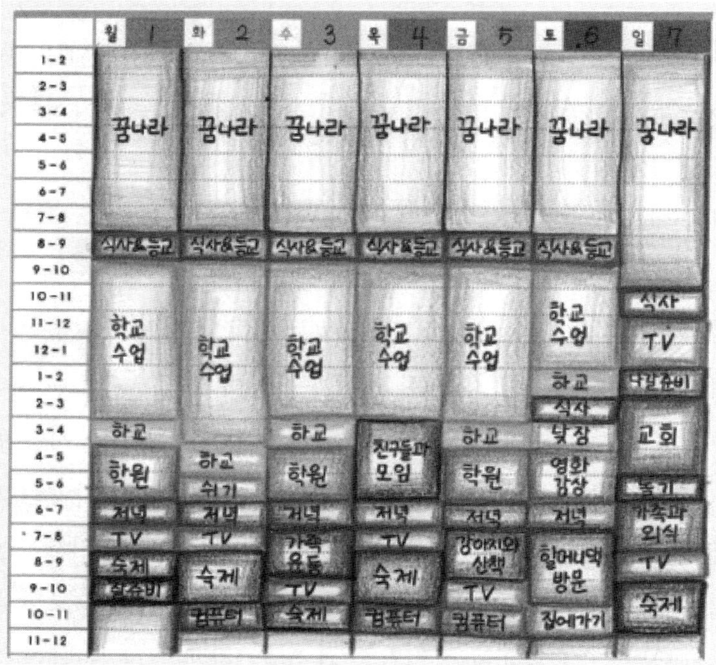

- 계획적인 생활을 유도한다. 시간일기 분석을 통해 시간을 낭비하지 않기 위해 어떤 계획을 세워야 하는지를 찾게 되고, 보다 계획적인 생활습관이 형성된다.

(2) 성취도 그래프 그리기

시간관리를 시작한 후에 적용해 볼 수 있는 자기감찰 기법은 성취도 그래프를 그려 실제 실천량의 증가를 확인할 수 있도록 하는 것이다. 실천도 그래프는 다음과 같은 공식으로 계산할 수 있다.

$$\frac{\text{실제로 지킨 계획의 수}}{\text{전체 계획의 수}} \times 100$$

만일, 한 주 동안 총 14개의 계획을 세운 친구가 총 10개의 계획을 실천했다면 실천도는 71.4%가 되는 것이다. 매주마다 실천량을 기록하여 살펴보고 실천이 잘 안 되었을 경우에는 원인을 파악하고 그에 대한 대안을 창출함으로써 대처할 수 있다. 이렇게 스스로 자신을 관찰하고 기록하는 과정을 통해, 결과 위주보다는 과정에 중점을 두고 목표를 달성하기 위해 얼마나 노력하였는지를 스스로 실천도 그래프를 통해 확인한다면 자신의 행동 변화에 대한 동기를 높일 수 있게 되어 실천력을 증진할 수 있다.

2) 행동 조절 기법

(1) 마감시간(deadline) 정하기

일반적으로 사람들은 시간이 많이 주어진다 하더라도 해야 할 일을 미리 하기보다는 허용되는 시간의 끝까지 연장하였다가 마지막에 가서야 일을 끝내는 경향이 있다. 이런 현상을 '파킨슨의 법칙(Parkinson's Law)'이라고 한다. 대개 좋은 성취를 보이려면 시간을 더 많이 투자해야 한다고 생각하는 사람이 많지만, 파킨슨의 법칙에 따르면 목표달성에 필요한 시간을 넉넉하게 잡는 것보다 다소 빠듯하게 잡는 것이 더 효과적이라는 것이다. 따라서 효율적인 시간 관리를 위해서는 가급적 어떤 일을 완수하는 데 들이는 시간 간격을 짧게 제한하는 것이 좋다.

정확한 마감시간을 설정한 후 공부를 시작하면, 제시간에 끝내기 위해 두뇌는 긴장하기 시작하며, 에너지를 집중시키기 시작한다. 공부시간은 대개 한 시간을 기준으로 하여 40~50분 공부하고 10~20분 휴식하도록 계획하는 것이 좋다.

(2) 자기보상과 자기처벌(self-reward & self-punishment)

자신을 변화시킬 수 있는 가장 강력한 방법 중 하나는 '자기보상'이다. 사고 싶은 물건이나 하고 싶은 일을 잠시 접어두었다가 계획한 일을 잘 실천하였을 때 스스로에 대한 상으로 그 일을 하게 되면 미루는 습관에서 보다 효과적으로 벗어날 수 있다. 미루기를 막는 또 다른 방법은 '자기처벌'이다. 계획한 일을 마감시간 내에 끝내지 못하면 자신이 평소에 즐기는 일을 하지 않거나 싫어하는 어떤 일을 하는 것이다.

(3) 계획을 공개하기

'매일 집에 오자마자 2시간씩은 복습해야지.'라고 속으로 다짐하는 것보다 "내일부터 반드시 2시간씩 복습을 하겠습니다."라고 가족들에게 계획을 공개하는 것이 실천 가능성을 높여 준다. 계획을 성공적으로 실행에 옮기고 싶다면 다른 사람에게 선언하는 것이 도움이 된다. 특히 잘 보이고 싶은 사람이나 체면을 지켜야 되는 사람 앞에서 공개적으로 선언하는 것이 좋다. 왜냐하면 사람들은 좋아하는 사람들이나 체면을 지켜야 되는 사람들 앞에서는 더욱 자기 말에 책임을 지려고 하기 때문이다.

3) 사고 조절 전략

(1) 이성적 자기말

'남들도 다 이럴 거야.' '까짓 거 다음번에 다시 하면 되지.' '이번만 기회인가 뭐.'라고 하며 스스로의 게으름에 대해 변명을 하면 막상 다음 기회가 와도 비슷한 생각을 하고 실천하지 못하게 될 가능성이 높다. 따라서 스스로를 객관화하여서 이성적 통찰을 하게 되면 이런 것들을 무력화시킬 수 있다.

(2) 긍정적 자기진술

자기 또는 상황에 대한 부정적인 생각은 부정적인 감정과 부정적인 행동을 만들어 낸다. 예를 들어, '난 한 번도 계획표를 다 지켜 본 적이 없어.'라고 생각하게 되면, 곧바로 '해 봤자 되겠어? 저번에도 실패했는데.'라는 생각을 낳고 결국은 할 수 있는 일조차도 포기하게 만들 것이다. 시간관리에 성공하기 위해서는 스스로에게 동기를 제공할 수 있는 낙관적인 생각들을 말하는 것이 좋다. 예를 들어, '이 일은 내가 오랫동안 하고 싶어 했던 거야.' '난 잘 해낼 수 있어.' 등의 긍정적인 자기진술을 통해 계속해서 스스로를 격려하는 것이 중요하다.

(3) 현재에 초점 맞추기

'결과가 안 좋으면 어떡하지.' 와 같이 아직 일어나지 않은 결과에 대해서 부정적인 예측을 하는 것은 오히려 그 자체로 인해 실패하게 만드는 경우가 있다. 현재에 초점을 맞추고, 목표에 이를 수 있는 첫 번째 긍정적인 단계가 무엇인지 생각한다.

4) 집중 조절 전략

(1) 집중이 잘되는 시간과 공간에서 공부하기

하루 중 가장 집중이 잘되는 시간대를 찾아서 그 시간대를 중심으로 계획을 세우는 것이 실천력을 증가시키고 공부의 효율성을 높여 줄 수 있다. 이른 아침 시간? 저녁 시간대? 학교? 도서관? 아니면 집? 혼자 있을 때? 다른 사람들과 함께 있을 때? 과거의 경험들을 돌이켜보며 가장 공부의 효율이 높았던 때를 찾아보게 한다.

(2) 집중이 되는 시간만큼 공부 계획하기

아무리 능력이 뛰어난 사람이라도 너무 오랜 시간 공부에만 매달리면 집중도가 떨어지게 된다. 집중력을 오랫동안 유지하려면, 일정 수준까지는 투입량에 비례해서 수확이 증가하지만 그 수준을 넘어서면 수확이 오히려 감소한다는 '수확체감의 원리(principle of diminishing returns)'를 이해해야 한다. 개인차가 있기는 하지만, 대부분의 학생들은 최대

60분이 지나면 주의가 산만해진다. 따라서 자신이 고도의 집중력을 발휘할 수 있는 시간이 어느 정도인지를 파악하고 그 시간을 넘어서는 공부계획은 잡지 않도록 해야 한다. 주의가 산만한 학생들을 지도하는 방법은 그 학생이 집중할 수 있는 시간을 먼저 파악하는 것이다. 만약 5분만 집중할 수 있다면, 일단 그 시간에 처리할 수 있는 정도의 과제만을 주어야 한다. 그렇게 하면 학생들은 성취감을 느끼게 될 것이고, 성취감을 느낄 때 집중력은 점차 증진된다.

5 주의 현상에 대한 이해

1 주의 현상의 일반적 개념

주의(attention)는 외부 환경이나 개인 내부의 많은 자극 중 특정한 자극을 분명하게 인지(認知)하거나 특정한 자극에만 반응하는 의식의 활동 및 상태를 말하며, 집중(concentration)은 특정한 과제 혹은 활동에 일정 시간 동안 연속적으로 주의를 주는 것이다. 감각세계에서 주의를 주지 않은 측면은 상실되어 처리되지 않는다. 한 가지 자극이 처리되려면 선택적으로 정보를 처리하고 다른 정보는 무시해야 한다. 즉, 우리를 둘러싸고 있는 환경에는 많은 자극들이 있으며, 뇌는 다양한 자극들을 처리하고자 하는데 그것을 처리할 수 있도록 기본적인 통로를 여는 것이 주의인 것이다.

흔히, 집중력이 좋다는 것은 한 가지 일에 정신적 에너지를 쏟는 것이라 생각하지만, 실제 뇌 메커니즘을 보면, 필요 없는 자극을 걸러내고 무시할 수 있는 힘을 얼마나 가지고 있느냐가 주의집중력의 관건이다. 주의는 동시에 가능한 사고의 대상이나 연쇄처럼 보이는 것들 중 어느 하나를 마음이 소유하는 것으로, 특정한 대상들을 효율적으로 처리하기 위해 다른 대상들로부터 관심을 철회해야 한다. 또한 주의는 인간이 지닌 제한된 용량의 인지자원을 할당하는 과정으로, 감각과 장기기억 및 여러 인지적 과정들을 통해 무수한 양의 정보로부터 제한된 양의 정보를 집중적으로 처리하도록 해 주는 수단이다.

대부분의 사람들이 주의력과 집중력을 혼동하여 사용하고 있으나, 상술하였듯이 둘은 다른 개념이다. 예를 들어, 컴퓨터 게임을 할 때나 TV를 볼 때는 2~3시간을 거뜬히 앉아 있지만 수학 공부할 때는 20분도 앉아 있지 못하는 것을 호소하는 학생의 문제는 무엇일까? 만화책이나 오락에 집중하는 것을 주의력이라고 하고, 수학 과제를 해결하는 것을 집중력이라고 한다면, 주의력의 부족과 집중력의 부족에 따른 치료적 개입 전략은 매우 다르게 진행되어야 한다. 하지만 주의력의 부족을 호소하는 학생의 대부분이 집중력 저하의 문제를 지니고 있기 때문에 같은 맥락에서 검토되기도 한다.

이러한 집중력이 선천적인 것인지 후천적인 것인지 논란의 여지는 있으나 보편적인 주장은 후천적 노력에 의해서 향상될 수 있다는 것이다. 그러므로 후천적 노력이 어떠한 방향으로 진행되어야 하는지를 교사가 이해한다는 것은 매우 중요한 과제다.

1) 제한된 용량: 전경과 배경

책을 열중해서 읽고 있을 때 옆에서 일어나는 다양한 일들을 감지하지 못하는 것처럼, 우리는 경험할 수 있는 모든 것에 주의를 집중할 수 없다. 즉, 우리의 시야에 들어오는 많은 자극 중 일부 자극만이 주의를 받게 되고 나머지 수많은 자극은 주의를 받지 못한다. 이때 주의를 받는 대상을 전경(figure)이라고 하며, 그렇지 않은 대상을 배경(ground)이라고 한다. 이러한 전경과 배경을 동시에 보는 것은 매우 어려운 일이며, 거의 어떤 한 대상이 전경으로 보이면 나머지 대상은 배경으로 보이게 된다. 앞의 사진을 예로 들면, 하얀 영역의 꽃병과 검은 영역의 얼굴을 동시에 보기 힘들며, 꽃병이 전경이 될 때는 얼굴이 사라져 배경이 되고 얼굴이 전경이 될 때는 꽃병이 사라져 배경이 된다. 따라서 주의를 하게 되면 대상의 현저한 특징에 주목할 수 있지만 더 많은 특정 정보들이 간과될 수 있다. 그러므로 하나 이상의 자극이 주의집중을 요구하는 상황에서는 주의를 하나에서 다른 하나로 재빨리 바꾸어야 한다.

2) 선택기제[3]

주의에는 상향처리와 하향처리라는 두 가지 선택 기제가 있으며, 주의 과제는 상향처리와 하향처리 모두를 사용한다. 상향처리(bottom-up processing)는 정보의 흐름이 감각기억에서 장기기억으로 진행되는 과정이며, 하향처리(top-down processing)는 정보의 흐름이 장기기억에서 감각기억으로 진행되는 과정을 말한다. 상향처리는 감각수용기에 등록된 자극들로부터 나온 정보의 중요성을 강조하는 인지처리 유형이고, 하향처리는 개인이 가지고 있는 개념, 기대, 기억의 영향을 강조하는 인지처리 유형이다. 이를 주의의 측면에서 살펴보면, 우리는 환경 속에서 흥미를 끄는 자극이 주의를 사로잡기 때문에 그 대상에 주의를 두어 정신활동에 집중하고(상향처리), 또 다른 때에는 스스로가 목표를 가지고 특정 자극에 주의를 기울임으로써 정신활동에 집중한다(하향처리). 예를 들어 눈앞의 야구공은 그 대상의 특출성으로 인해 주의가 가고, 수많은 군중 속에서 친구를 찾을 수 있는 것은 특정 자극에 주의를 두기 원해서다. 우리가 수업을 듣는 것 또한 상향처리와 하향처리가 조화되어 이루어진다. 생소하고 사전지식이 부족한 내용은 상향처리를 통해 주의가 일어나며, 예습을 통해 오늘 중요한 것이 무엇인지 알면 그와 관련된 내용이 하향처리를 통해 주의가 간다.

2 주의 과정의 분류

1) 유기체의 능동성에 따른 분류

(1) 수동적 주의(passive attention)

특별한 노력 없이 외부로부터의 감각 정보들이 시각, 청각, 촉각 등 여러 종류의 감각기관과 신경회로를 통해 들어와 뇌의 뇌간 및 시상을 거쳐 의식 활동의 중추인 대뇌피질에

---

3) 인간의 행동에 영향을 미치는 심리의 작용이나 원리

전달되는 과정을 말한다. 이것은 지각(perception)과 유사한 개념으로서 전체적인 주의 과정의 첫 단계로 가능하다. 수동적 주의를 쉽게 끄는 자극의 특성으로는 시각적 자극, 대비되는 자극 및 자기참조적 자극이 있다.

(2) 능동적 주의(active attention)

의식적인 노력하에 외부로부터의 감각 정보들이 선택되고 적극적으로 처리되는 과정을 말한다. 능동적 주의 활동이 이루어질 때 우리의 뇌는 외부 감각의 피상적인 특성을 넘어서 그 외부 자극이 담고 있는 의미와 유기체와의 상호작용에 영향을 받으며 정보처리를 진행해 나간다. 능동적 주의에 영향을 주는 요인으로는 학습자의 태도, 과제에 대한 목표 의식과 방향감, 호기심과 내재적 동기 및 자기효능감 등이 있다.

2) 주의집중 대상 수에 따른 분류

(1) 선택적 주의(selective attention)

선택적 주의는 여러 자극(정보) 중 다른 것은 무시하고 한 가지 정보에만 선택적으로 주의를 기울이는 것을 말한다. 우리는 선택적 주의를 통해, 수많은 시각, 청각, 후각, 미각, 촉각 등 다양한 자극들 중 보다 중요한 정보에 더 많은 주의를 할당하여 적절하게 반응할 수 있다.

① 양분청취 과제(dichotic listening task)

선택적 주의를 관찰할 수 있는 대표적인 실험 중 하나가 양분청취 과제다. 양분청취 과제에서는 실험자에게 헤드폰을 착용하게 한 다음, 양쪽 귀에 서로 다른 메시지를 동시에 들려주면서 그중 한 메시지를 따라 말하도록 지시한다. 그러면 실험자는 자연스럽게 한 메시지에만 주의를 주고 다른 메시지는 무시하게 되는데, 이때 재미있는 사실은 실험자가 주의를 기울이지 않은 쪽의 메시지가 영어에서 독일어로 바뀌어도 이를 알아차리지 못하는 경우가 많다는 것이다. 즉, 주의를 주지 않은 메시지는 거의 처리되고 있지 않음을 알 수 있다. 이러한 현상은 일상에서도 흔히 경험할 수 있다. 공부할 때 음악을 듣는 것이 집중하는 데 도움이 된다고 여기는 사람이 많은데, 실제로는 음악을 들으면서 공부하게 되면 주의가 공부와 음악으로 분산되고 선택적 주의가 일어나 하나의 과제에만 몰입하게 되기 쉽다. 그 하나의 과제가 공부이면 다행이지만, 대부분 처음에는 공부하는 내용에 집중하고자 하나 금세 더 흥미 있는 음악에 주의를 기울이는 자신을 발견하게 될 것이다.

② 칵테일파티 효과(cocktail party effect)

칵테일파티 효과는 어떤 사람이 하나의 대화에 주의를 기울이고 있을 때에도 자신의 이름이 근처 다른 대화 속에서 언급되는 경우 그것에 주목할 수 있는 상황을 이르는 말이다. 즉, 칵테일파티 상황처럼 소란스러운 대화 속에서도 자신의 이름이 언급되면 인식할 수 있게 되는 현상을 말한다. Wood와 Cowan(1995)은 실험 참가자의 35%가 무시할 것이라 기대했던 메시지 속에 언급된 자신의 이름을 들었음을 관찰하였다. 이러한 결과는 대부분의 주의를 상대방의 대화에 투여하였다 하더라도 최소한의 주의력은 분할되어 그 외의 주변 정보를 처리하고 있다가 중요한 정보가 있을 시 그쪽으로 주의가 전환될 수 있음을 시사한다. 이렇듯 주의는 중요한 정보를 처리하기 위해 어느 정도는 자연스럽게 분할되는 것으로 보인다.

(2) 분할된 주의(divided attention)

우리는 한 번에 두 개 이상의 메시지에 주의를 기울이기 어렵다. 분할주의에 대한 연구는 사람이 다양한 자극에 동시에 주의를 줄 때 수행이 저조해진다는 것을 보여 준다. 연구에서 사용되는 분할주의 과제(divided-attention task)는 우리가 가지고 있는 일정량의 주의를 하나 이상의 과제에 나누도록 하기 위해, 사람들이 두 개 이상의 동시적 메시지에 주의하고 필요에 따라 각 메시지에 반응하도록 요구한다. 분할주의의 전형적인 실험 중 하나는, 운전하면서 다른 일을 수행했을 때 나타나는 결과를 분석하는 것이다.

실험 1

대학생들에게 운전시뮬레이터를 사용하도록 지시하여, 운전 중 핸즈프리 휴대전화 사용이 어떤 결과를 가져오는지에 대해서 연구하였다. 참가자들을 운전 중 핸즈프리 휴대전화를 사용한 집단과 사용하지 않은 통제집단으로 나누어, 급작스러운 상황에서 브레이크를 밟기까지 걸리는 시간의 양을 측정하여 비교하였다. 실험 결과, 교통 혼잡이 없는 조건에서는 두 집단 간 차이가 미비하였으나, 교통 혼잡이 있는 조건에서는 핸즈프리 휴대전화를 사용하는 집단이 통제집단보다 유의하게 브레이크를 밟기까지의 시간이 더 오래 걸린 것으로 나타났다.

이렇듯 우리의 지각체계는 몇 개의 분할주의 과제를 처리할 수는 있지만, 너무 많은 것이 요구되면 그 과제들을 다 다룰 수 없고 수행이 저조해진다. 즉, 주의를 분할하여 처리해야 하는 자극이 많으면 많을수록 한 대상에 줄 수 있는 주의 능력은 감소하는 것이다.

물론, 다수의 자극을 동시에 처리하는 일은 상당한 연습을 통해 어느 정도는 가능하나 충분히 연습해서 자동화가 되어야만 가능하며, 자동화가 되어도 완벽하게 몇 가지 과제를 소화하기는 불가능하다. 더구나 과제가 복잡하거나 익숙하지 않을 경우에는 분할주의를 실패할 가능성이 높고, 학습에서는 특히 더 그러하다.

실험 2

대학생들에게 이야기를 눈으로 읽는 동시에 실험자가 불러 주는 무관련 단어를 받아쓰도록 시켰다. 참가자들은 처음에는 읽는 속도가 크게 떨어지고 받아쓰기 필체도 형편없는 등 두 과제를 동시에 수행하는 데 어려움을 보였으나, 6주간의 연습 후에는 읽기만 할 때처럼 받아쓰기를 하면서 책을 읽을 수 있었다. 다만, 회상할 수 있는 단어의 개수는 많지 않았다.

위의 실험을 살펴보면, 겉으로 보기에는 연습과정을 거친 후 두 과제를 완벽히 동시에 해낸 것으로 보이지만, 실상 정보처리에는 한계가 있었던 것이다. 이러한 모습은 가정 내에서도 흔히 접할 수 있다. 자녀들이 TV를 보면서 숙제를 하는 경우가 종종 있는데, 외견상 평소보다 시간이 더 걸리기는 하나 완료하는 데 큰 어려움이 없는 것처럼 보일 수 있다. 그러나 TV나 다른 행동 없이 숙제만 한 경우와 과제의 이해 정도를 비교해 보면, 큰 차이가 나타난다. 즉, TV를 보면서 과제를 완수하는 것은 가능하지만 그 내용을 이해하고 저장하는 인지처리 과정이 제대로 이루어지지 않아, 회상해 낼 수 있는 정보는 얼마 안 될 것이다.

3 학습과 집중력

학습은 그 자체로 청소년기의 중요한 발달과제일 뿐 아니라 개인의 다양한 영역에서 적응과 밀접하게 관련되어 있어서 학업 성취에 영향을 미치는 요인을 규명하는 노력들이 많이 있었다. 인지주의 심리학자들은 학습 효율성을 높이기 위해서는 학습자의 능동적인 인지활동을 자극해야 하며, 특정 사물이나 대상에 적극적 · 선택적으로 주의를 집중하도록 하는 것은 학습 및 행동을 증진할 수 있는 중요한 관건이 된다고 주장하였다. 이렇듯 주의집중력은 학습장면에서 더 의도적이고 계획적으로 요구되는데, 주로 입력된 정보가 감각등록기에서 장기기억으로 옮겨 갈 수 있도록 돕는 작업기억력에서 필요로 한다.

1) 기억 과정에서 주의의 역할

Atkinson과 Shiffrin는 단기기억과 장기기억이 명백히 상이한 실체라고 주장하면서, 이중저장 모델(dual-store model)을 제시하였다. 이 모델에 따르면 환경에서 전달된 정보, 즉 입력정보는 처음에 감각등록기에 들어가 아주 짧은 시간, 기껏해야 수초 동안 유지된다. 이때 정보가 처리되려면 단기기억으로 이동해야 하며, 단기기억에서 1분 이하로 유지되고 또 장기기억으로 이동해야 그 내용이 오랫동안 기억된다. 단기기억은 정보가 저장되는 것과 더불어 정보를 처리하는 의미에서 작업기억으로도 불린다.

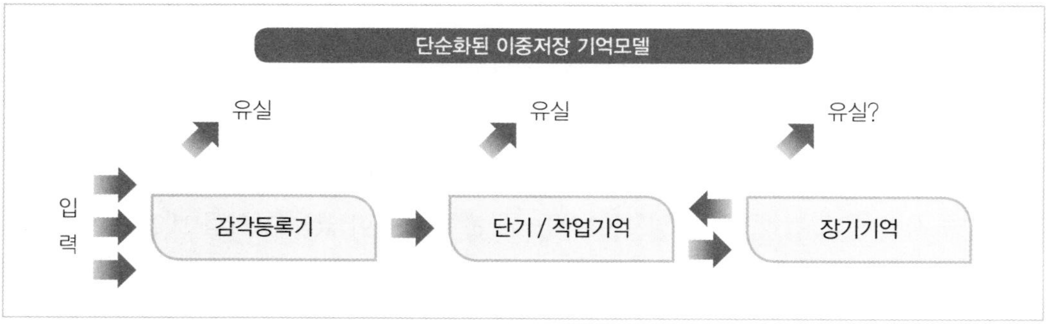

작업기억은 정보가 정신적으로 처리될 수 있도록 그 정보에 주의집중한 후에 짧은 시간

동안 붙잡아 두는 기제로, 우리가 감각등록기에서 작업기억으로 정보를 옮기고자 한다면 그 정보에 주의를 기울여야 한다. 주의를 기울인 정보는 작업기억으로 옮겨 가지만, 주의를 기울이지 않은 정보는 기억체계에서 유실될 수 있다. 따라서 사람들이 전에 배웠거나 경험한 내용을 기억하지 못하는 이유는 그 부분에 주의를 기울이지 않았기 때문이다. 예를 들어, 수업시간에 선생님 강의와 교과서에 집중하지 못하고 멍하니 딴 생각을 하는 학생은, 수업내용이 감각등록기에는 도달하였으나 작업기억으로 옮길 정도로 충분히 처리되지 않아 그 내용을 기억하기 어려울 것이다.

즉, 작업기억에서 주의의 역할은 단지 정보를 잡아두는 것이 아니라 '사고'가 일어나는 기제이기 때문에 주의집중이 필수요소로, 집중되지 않은 정보는 곧바로 상실된다. 이렇듯 작업기억은 감각등록기에서 주의집중을 보증 받은 정보를 확인하고, 좀 더 긴 시간 동안 정보를 저장하고 더 깊이 처리한다. 인간의 용량에는 한계가 있으므로 불필요한 정보에 너무 많은 주의를 할당해서는 안 되며, 자극과 정보의 중요한 측면에 주의를 기울여야 한다.

2) 학습에서 주의 과정의 중요성

위에서 볼 수 있듯이, 주의는 감각등록기의 정보를 선택적으로 기억에 입력하는 심리적 기제이며, 기억이 일어나는 최초의 과정으로 볼 수 있다. 마찬가지로 학습장면에서 주의는 교과내용을 처음 받아들이고 처리하는 과정으로서, 이후의 인지처리과정의 기초가 된다. 그러므로 주의 능력을 효율적으로 잘 조절할 수 있는지의 여부는 정보처리의 효율성과 기억 및 학습능력의 향상에 직결된 중요한 문제라고 할 수 있다. 수업시간에 주의집중을 하지 못하는 행동은 학업 실패를 예언하는 변인 중 하나이며, 효율적인 주의 조절능력은 개인이 변화하는 환경과 시간 속에서 자신이 추구하는 목표를 성취할 수 있도록 과제에 집중하고 부정적인 정서를 효율적으로 관리하도록 해 준다.

4 집중력에 영향을 주는 요인

1) 생물학적 요인

주의력 결핍과 집중력 부족이 생물학적 요인과 관련이 있느냐는 질문에 임상적 처치에서는 의미 있는 설명을 하고 있다. 주의력 결핍의 경우 이 장애가 생물학적 원인으로부터 기인한다는 것은 사실이지만 구체적 발병 요인을 정확하게 설명하지 못한다. 임신 시 태아와 관련된 연구는 주의력 결핍에 대한 의미 있는 연구를 보고하고 있다. 우선 임산부의 영양부족, 임신 기간 중의 흡연, 지나친 스트레스, 조산에 의한 저체중 그리고 난산을 하여 두부에 손상을 입은 경우에 발생 빈도가 높은 것으로 나타났다.

그러나 집중력의 경우에는 주의력 문제와 달리 부모 및 교사가 알아야 할 중요한 등식이 있다. 오스트리아의 연구 결과에 의하면 '집중력 = 스태미너 = 호흡력'이라고 한다. 예를 들어, 호흡기 질환이 있는 학생이 책상에 오래 앉아 학습을 한 후 두통을 호소하는 경우를 볼 수 있다. 때문에 교사는 집중에서의 어려움을 겪는 학생이 알레르기성 비염 혹은 축농증 그리고 기관지 관련 질병이 있는지 확인할 뿐만 아니라 부모와의 면담 시 생물학적 요인과 관련한 가족력에 관해서도 질문을 하고 구체적인 문제가 발생했을 경우에는 전문가의 도움을 받도록 도와주어야 한다.

2) 물리적 환경 요인

집중력은 환경구성에 의해 크게 좌우되기 때문에 학생의 공부방 구조, 색상, 조명의 깨끗함, 단순성 등에 영향을 받게 되어 있다. 공부방이 형형색색 완구나 장난감으로 차 있다면 공부에 몰두하기 어렵다. 특히 책상 위에 만화책, 게임팩 등의 물건이 널려 있다면 학습에 집중하기 어렵다. 교사(또는 부모)가 고려해야 할 또 다른 요인은 책상의 배치와 구조다. 일반적으로 학습자는 오른쪽이나 정면이 막혀 있는 것을 힘들어하기 때문에 책꽂이는 왼쪽에 배치하는 것이 집중력을 높이는 데 도움이 된다. 방의 전체적인 분위기는 학습을 하는 데 방해가 되지 않는 파스텔톤 색조를 유지하면서 조명도 적정한 밝기를 유지하는 것이 중요하다.

3) 심리적 환경 요인

대부분의 학습자는 지금까지의 학습 경험을 통해서 긍정적인 결과보다는 실패 경험을 많이 했기 때문에 학습에 대한 부정적 자아개념이 형성되고 있다. 때문에 학습을 시작하기 전부터 '공부해 봐야 또 안 될 텐데!'라는 사고가 만연되어 있어 다소간 학습무기력증을 나타내고 있다. 공부에 대한 과잉 스트레스로 인해 야기되는 부담감은 학습 집중력을 저해한다. 화장실에 있는 과학 잡지는 흥미 있게 읽으면서 과학교과서에 부담감을 느끼는 이유도 같은 논리로 설명될 수 있다. 특정 과목에는 흥미가 많으면서도 유독 싫어하는 교과목이 있다면 대부분 교과와 관련된 심리적 요인이 크다.

4) 학습전략 요인

학습전략이란 학생이 공부를 하기 전에 마음속으로 계획을 세우고, 자신이 계획한 방법으로 학습을 진행하며, 공부를 마친 후 학습목표에 비추어 평가하는 전략을 말한다. 학습을 시작하기 전 초인지 전략에 의한 학습 자기교시 지시문을 자기-학습에 응용하는 것은 매우 의미가 있는 학습전략이다.

자기교시 지시문의 예

이제부터 수학문제를 풀어야지.
4시니까 5시 30분까지 참고서 25쪽에서 35쪽까지 풀어야지.
쉬운 문제부터 풀고 어려운 문제는 다른 문제를 다 풀고 천천히 풀어야지.
풀다가 싫증이 나면 이 과제를 끝낸 후 내가 좋아하는 농구를 해야지.
그러나 나는 잘 참고 끝까지 할 수 있을 거야.

학습을 끝낸 후에는 다음과 같은 지시문을 따라 한다.

내가 오늘 공부한 내용은 무엇이었지?
계획한 대로는 다 끝냈는가?
끝내지 못했다면 그 이유는 무엇 때문인가?
어제보다 오늘이 성공적인 학습이었는가?

이 같은 학습전략은 학습을 시작하기 전후 자기-동기화를 함과 동시에 자기-평가를 스스로 할 수 있게 함으로써 학습의 효율성을 높일 수 있다.

5 주의력 결핍 및 과잉행동 장애(ADHD)

1) ADHD란

'주의력 결핍 및 과잉행동 장애(attention-deficit/hyperactivity disorder: ADHD)'는 매우 산만하고 부주의한 행동을 나타낼 뿐만 아니라 자신의 행동을 적절히 통제하지 못하고 충동적인 과잉행동을 나타내는 경우를 가리키는 말이다. ADHD 아동은 또래 아동에 비해 현저하게 부산하고 충동적인 행동을 나타내기 때문에, 가정이나 학교생활에서 커다란 어려움을 겪게 된다.

정신과적 진단 기준에서의 유병률은 학령기 소아에서 3~5%로 평가되며, 우리나라 초등생의 추정치는 최대 15%까지 보고되고 있다. 2005년 서울대학교병원에서 조사한 서울시 소아청소년 정신장애 유병률 연구결과에서는, ADHD가 13.25%로 높은 유병률을 나타내어, 한 학급당 2~4명 정도라고 볼 수 있다.

2) ADHD의 두 가지 핵심 특징

ADHD의 주된 특징은 부주의, 충동성, 과잉행동이다. 이러한 특성은 어린 아동이 일반적으로 나타내는 것이지만, 성장하면서 줄어들게 되며, 나이에 비해 이러한 부적응적 행동들이 두드러지는 경우에 진단될 수 있다.

(1) 부주의

- 정신적인 노력이나 주의를 유지하는 것이 어렵다.
- 요구나 지시에 집중하는 것이 어려워 이를 따르기 어렵다.
- 특히 재미없는 과제나 새로운 학습에서 주의를 기울이는 데 어려움이 많다.
- 선택적 주의, 주의용량, 지속시간 중 하나 이상에서 문제를 보인다.

(2) 과잉행동-충동성

- 자신의 즉각적 반응을 억제할 수 없고, 행동하기 전에 생각하지 않는 것처럼 보인다.
- 질문이 끝나기 전에 부적절한 답을 말하고, 반응이 너무 빈번하며, 기다리지 못한다 (반응 억제의 어려움).
- 에너지 수준이 매우 높은 것처럼 보이지만 주어진 일을 완수하지 못한다.
- 운동반응을 억제하도록 요구받았을 때 과잉행동은 심해진다.

3) ADHD와 학습

ADHD 진단을 받은 아동은 집이나 학교에서 가만히 앉아 있지 못하고 지나치게 많이 움직이고 부산하다. 또한 정상아동에 비해 주의지속시간이 짧기 때문에, 학교에서 수업내용에 집중하지 못하고 쉬이 지루해하며 교사의 지시를 따르는 데 어려움이 많다. 교사의 지적을 받기 쉽고 문제아 소리를 듣는 경우도 생긴다. 이러한 특성으로 인해, ADHD 아동은 지능수준에 비해 학업성취도가 저조하고, 또래에게 거부당하거나 소외될 가능성이 높다. 즉, ADHD는 학업부진, 대인관계에서의 문제 등 이차적인 문제를 일으키기 쉬우며, 더불어 부정적인 자아개념을 형성하고 정서적으로 불안정하고 공격적인 행동을 나타내는 경우도 많다.

특히, 학습문제를 동반한 ADHD 아동의 예후가 그렇지 않은 ADHD 아동보다 더욱 심각하다. 많은 종단적 연구 결과를 살펴보면, ADHD 아동의 학업문제가 청소년까지 지속되어 대인관계의 부적응, 학업에 대한 의욕저하 및 학습장애, 고질적인 성취저하로 학교 중퇴로 이어지며 좌절감과 부정적인 자아상, 낮은 자존감을 형성하게 된다는 점을 알 수 있다. 또한 초기의 학업문제나 사회적 부적응 때문에 아동의 1/2 이상이 학교에서 중도탈락하고, 40%가 특수교육을 받으며, 1/3 이상이 고등학교 졸업에 실패하는 등 학교 적응에 어려움을 겪고 있었다. 이러한 학습문제는 청소년 비행, 군대에서의 부적응, 직장에서의 해고, 범죄행위 등과 높은 상관관계를 보였다.

6 집중력 향상 전략

1 집중력 향상에 대한 오해

1) 약물과 집중력

최근, ADHD 치료제 '염산메틸페니데이트' 성분의 약이 잠을 쫓고 집중력을 높여 주는 이른바 '공부 잘하는 약'으로 둔갑하여 무분별하게 처방되어 사회적 이슈가 되었다. 메틸페니데이트(methylphenidate: MPH)는 ADHD의 치료에 가장 흔히 사용되는 약물로서, 승인된 향정신성의약품 리탈린, 코서타, 페니드 등의 이름으로 판매된다. 메틸페니데이트는 노아모노아민 수송체에 작용하여 도파민과 노르에피네프린의 재흡수를 억제하는 각성제로서 중추신경계의 활동을 증가시킨다. 이로 인해 선택하고, 집중하고, 정신을 다른 곳으로 돌리는 것을 차단하고 행동을 하기 전에 생각을 할 수 있게 된다. 또 각성 효과를 증진하거나 유지하며 피로를 방지하거나 주의력을 향상시키는 효과가 있다.

그러나 이 약품이 남용될 경우 중독의 위험이 크며, 장기복용 시 신경과민, 졸음, 불면증 등의 부작용이 있다. 메틸페니데이트뿐 아니라 모든 약물에는 부작용과 효능이 같이 있다. 따라서 약물 복용 전후에 발생하는 부작용에 대해서는 투약을 하는 의사 선생님과 면밀히 상의해서 부작용을 최소화하면서 약물의 효과를 극대화해야 할 것이다. ADHD의 치료를 위해서 사용되는 약물들의 일반적인 부작용은 다음과 같다.

- 식욕부진: 약물투여 초기에 가장 흔히 나타나는 부작용 중의 하나로, 많은 부모들이 식욕부진으로 인한 성장의 지연이나 발육에 지장을 주지나 않을까 걱정하지만 약물복용 자체가 성장에 지대한 영향을 줄 정도는 아니며 약물투여 초기에 나타나는 식욕부진은 시간이 경과하면서 해소되는 경우가 많다. 식욕부진이 심한 경우에는 약물의 투여량을 줄이거나, 식욕촉진제를 병용 투여할 수 있으며, 오후 시간대에 고칼로리 고단백이 함유된 간식을 주는 것도 해결책이 될 수 있다.
- 두통, 복통: 약물투여 초기에 나타나나 시간이 경과하면서 없어지므로 그리 걱정할 필요는 없으나 약물투여를 하고 있는 선생님에게 알릴 필요는 있다.
- 우울함, 예민함, 짜증 등의 기분이나 감정 변화: 약물복용 이후로 예민해지거나 오히려 기분이 처지는 듯하다는 보고를 많이 한다. 이는 부작용의 하나로, 약물을 줄이거나 작용시간이 긴 약물을 투여함으로써 해결할 수 있다. 다만 약물에 의해 의기소침해지거나 우울해하는 경우는 약물이 진정작용을 일으켜서 그러는 것은 아니므로 다른 정신과 약물에 의한 부작용처럼 인식할 필요는 없다. 많은 학교 선생님이나 특수교사들이 싫어하는 약물의 부작용 중의 하나이나 약물의 투여량이나 복용시간대를 조절함으로써 해소되는 부작용이니 약물이 도움이 된다면 이런 부작용 때문에 투여를 중단할 필요는 없다.
- 수면장애: 약물이 체내에 남아 있는 동안 잠자는 시간대가 늦춰지는 경우가 있다. 그런 경우, 수면습관을 재조정해 보고 그래도 안 되면 약물의 양을 조절하거나 수면을 돕는 항우울제 계통의 약물을 먹는 경우가 간혹 있다. 요즈음에는 수면에 방해가 되지 않는 주의집중력 약도 있으니, 기존 약물에 의한 수면장애가 심각하다면 약물 변경을 고려할 수 있다.

- 어지러움이나 구토 등의 위장장애: 어지러운 경우는 수분섭취량을 늘이는 것이 한 방법이며, 오심이나 구토 등의 위장장애 등은 시간이 경과하면서 해소되므로 아이에게 약물 부작용에 대해 사전교육을 해 주는 것이 좋다.

앞 장에서 설명하였듯이 집중력의 부족은 생물학적인 요인에서만 기인하는 것이 아니며, 집중력이 부족한 아이들이 모두 ADHD로 진단받는 것도 아니다. 따라서 약물치료 이전에 학생의 집중력 저하의 원인에 대해 정확하게 평가하고 진단하는 것이 중요하다.

2) 뇌파와 집중력

뇌파는 신경계에서 뇌신경 사이에 신호가 전달될 때 생기는 전기의 흐름으로 심신의 상태에 따라 각각 다르게 나타나며 뇌의 활동 상황을 측정하는 지표다. 우리가 흔히 아는 뇌파는 α파, β파, γ파가 있다. 이 중 집중력에 영향을 주는 부분이 16~20Hz의 신호의 Mid-β파와 21~30Hz의 β파다. 감각운동리듬(Sensory Motor Rhythm: SMR)파와 Mid-β파의 대역이 높으면 뇌는 집중하려고 하는 것이지만, θ파가 같이 높으면 집중력이 떨어지게 된다.

뇌파를 측정할 수 있는 기술이 대중화되면서, 뉴로피드백을 통해 뇌파를 조절, 유도하여 집중력을 향상시키는 방법이 주목받고 있다. 주로 α파 발생을 유도하여 심신을 안정된 상태로 이끌어 공부하는 데 최적의 상태를 만들고, θ파를 감소시키고 SMR파와 β를 증가시켜 집중을 유도한다는 것이다. 실제로 뇌파 조절을 통해서 집중력, 기억력 등에서 통계적으로 의미 있는 향상을 보인다는 연구 결과들이 나타나고 있다.

문제는 뉴로피드백은 아직 지속적으로 새로운 방법이 출현하고 기기가 발전되어 가고 있는 학문이라는 것이다. 현재 우울증, ADHD 치료, 학습, 집중력 향상 등의 분야에서 넓게 쓰이기는 하지만 정확한 효과검증과 안정성이 입증된 장비 중 우리나라에서 확인된 장비는 두 가지며 모두 의료용 장비로 분류되어 병원 이외에는 납품이 되지 않고 있다. 또한 이들 기기 역시 효과의 개인차가 큰 편이며, 뇌파를 인위적으로 유도할 수 있는가에 대한 논란 역시 여전히 계속되고 있다. 때문에 이런 기기를 사용한다고 해서 학생의 집중력이 획기적으로 향상될 것이라는 기대는 바람직하지 않다.

뇌파의 분류

주파수 대역(Hz)	주파수명	특징
0.1~3	δ파	깊은 수면 상태나 뇌 이상 상태
4~7	θ파	수면 상태
8~12	α파	이완 및 휴식 상태
12~15	SMR파	주의 상태
16~20	Mid-β파	집중, 활동 상태
21~30	β파	긴장, 흥분 상태, 스트레스 상태
30~50	γ파	불안, 초조 등 강한 스트레스 상태

2 효과적인 집중력 향상 전략

주의집중에 결함을 야기하는 원인과 주의집중 능력에 영향을 미친다고 보이는 변인들을 기초로 다양한 전략들이 연구되었다. 이러한 내용들을 자세히 살펴보자.

1) 학습 환경의 재구성

주의집중이라는 것은 환경에 존재하는 많은 자극 가운데, 불필요한 자극에 주의를 두지 않고 더 의미 있고 중요한 자극에 주의를 기울이는 것이다. 가급적이면 자신이 속한 환경에 불필요한 자극이 적은 것이 좋다.

(1) 학습 장소는 오직 학습의 용도로만 사용해야 한다.

환경자극은 행동과 조건형성될 수 있다. 예를 들어, 책상에서 공부보다는 컴퓨터 게임을 하거나 만화책을 보는 일이 많다면, 공부하려고 책상에 앉아도 이전의 경험들 때문에 자연스럽게 컴퓨터를 켜거나 만화책을 펴기 쉽다. 이렇듯 학습장면에서도 특정 자극이 우리의 행동 및 반응과 연합되어 학습에 집중하는 것을 방해할 수 있으므로, 학습 장소에서는 오직 학습만 하도록 하자.

(2) 시각적 유혹을 줄인다.

우리는 환경을 지각할 때 시각에 많이 의존한다. 학습을 할 때도 마찬가지로, 주변 환경에 학습과 관련된 자극 외 시각적 자극가가 높은 자극이 있다면 그 대상에 주의를 빼앗기기 쉽다. 따라서 공부하기 전, 집중에 도움이 되고 학습에 필요한 것과 집중에 방해가 되고 공부와 상관없는 것들을 구분하여 정리하는 등, 시각적 방해물을 탐색하고 차단하는 습관을 기르자.

(3) 학습 시 심각한 방해물인 소음을 줄인다.

소음 또한 학습하는 데 방해 자극이 될 수 있다. 학습하는 장소에서 다른 사람들이 떠들거나 시끄럽게 공사하는 소리가 들린다면, 책에만 집중하기 힘들 것이다. 따라서 학습하기 전에 소음을 방지하고 소음이 없는 곳에서 공부하는 노력을 기울여야 한다.

(4) 음악을 듣지 않는다.

공부하면서 음악을 듣는 것은 일종의 분할주의 과제로, 음악보다는 대개 학습내용이 손상된다. 따라서 학습할 때는 학습과 관련된 자극에만 주의를 기울일 수 있도록 환경을 조성하자.

(5) 적절한 조명을 사용한다.

조명은 밝고, 균일하고, 안정적이어야 한다.

2) 동기와 계획의 중요성

사람은 자신에게 중요하고 의미 있는 일에 주로 주의를 기울인다. 따라서 집중을 잘하려면 먼저 뚜렷한 목표와 그에 따른 시간관리를 해야 한다. 목표는 내게 지금 가장 중요한 일이 무엇인지 알려 주어 우리가 특정한 방향으로 행동하도록 동기화하는 역할을 한다. 또한 목표에 따라 시간계획을 세우게 되면 의사결정 없이 바로 학습을 시작할 수 있다. 따라서 목표를 세우고 그에 따라 시간계획을 실천하게 되면, 학습과정에서 느낄 수 있는 과도

한 불안과 긴장을 낮출 수 있고 시간을 효율적으로 사용하게 되어 적절한 놀이와 휴식도 가능하다.

한 가지 주의할 점은, 현실적인 수준에서 목표를 설정해야 한다는 것이다. 너무 어렵거나 지켜야 할 것이 많은 목표는 실천하기 어렵고 오히려 불안을 촉발하여 수행을 떨어뜨릴 수 있으며, 반대로 너무 쉬운 목표는 금방 지루함을 유발할 수 있다.

3) 잡념의 감소 전략

책에 주의를 기울이려고 하지만 자꾸 다른 생각이 떠올라 집중에 방해를 받았던 경험을 누구나 해 보았을 것이다. 이때 적용해 볼 수 있는 효과적인 방법이 있는데, 바로 자기모니터링(self-monitoring)이다. 자기모니터링은 자신의 인지 및 행동에 대해 자각할 수 있는 능력을 말하며, 메타인지 관련 이론가들은 이러한 자각을 통해 행동의 변화가 가능하다고 주장하고 있다. 주의 과정에서도 마찬가지로, 스스로 주의가 산만해지고 있다는 것을 알아차림으로써 다시 주의를 집중할 수 있다.

Meichenbaum(1977)은 연구를 통해, 성인은 자신의 주의과정에 대해 모니터링을 하면서 주의가 흩어졌을 때 다시 주의를 교정하지만, 충동적인 아동은 자신의 주의과정을 분석하지 못하는 것을 관찰하였다. 이러한 아동에게, 과제를 수행하면서 문제해결과정을 소리 내어 말하는 자기교수과정을 보여 준 다음(예: 3+5×2 문제 – "자, 문제를 풀기 위해 내가 먼저 해야 하는 일은 무엇일까? 먼저 이 문제가 어떤 문제인지를 이해할 필요가 있겠지. 아~ 이 문제는 덧셈과 곱셈이 같이 있는 거구나. 먼저 곱셈부터 해야겠다. 5와 2를 곱하면 10이고 그런 다음 3을 더해야지. 답은 13이구나. 다시 한 번 확인하자."), 같은 방식으로 과제를 수행해 보도록 지시하였다. 그 결과 아동이 자발적으로 내적 언어를 통해 자신의 수행을 점검하며 과제를 수행하는 행동이 늘어남을 알 수 있었다. Hallahan(1979) 역시 비슷한 연구결과를 얻었다. 주의집중에 어려움이 있는 학습장애 아동을 대상으로 주의과정에 대한 자기감시 훈련을 실시하였다. 훈련을 꾸준히 한 결과, 학생들은 과제를 수행하는 데 있어 주의집중 행동이 늘어났을 뿐 아니라 학업수행에 대해서도 긍정적인 변화가 나타났다.

이렇듯 자기모니터링 기법을 사용하는 것은 주의집중에 도움을 줄 수 있다. 학습 시 간단하게 사용할 수 있는 방법 중 하나는, 백지 한 장을 준비하고 딴 생각이 날 때마다 종이에 그 횟수를 기록하는 것이다. 우리는 수행을 할 때, 얼마나 많은 잡념이 드는지, 또 얼마나 오래 잡념에 빠져드는지 모를 때가 많다. 이때 이러한 자기 모니터링 기법을 사용하면 집중이 흩어지는 시간과 원인을 이해하는 데 도움을 주기 때문에, 이를 스스로 조절하려는 능력이 강화된다.

4) 교실에서의 집중 향상

아동의 경우 성인보다 주의시간이나 폭이 현저히 짧으므로, 다음에 제시되는 전략이 도움이 된다.

- 주제의 제시 방식을 다양화한다.: 매일 같은 주제를 같은 절차로 제시하는 것은 지루함을 유발한다.
- 잦은 휴식시간을 갖는다.: 주의를 기울이는 데는 한계가 있으므로, 지속적으로 주의를 유지해야 하는 학습 장면에서는 반드시 중간에 휴식을 취해야 한다. 초등학생의 경우 잦은 휴식은 이후 집중력을 증가시킨다.
- 학습할 내용과 관련된 질문을 자주 한다.: 그날 배울 내용에 대해 사전지식을 묻는 질문을 하거나 OX 퀴즈를 제시하여 아이들의 호기심을 불러일으킨다.
- 어리거나 산만한 아동의 경우, 교사 가까이에 앉힌다.
- 행동 모니터링을 할 수 있도록 도움을 준다.: 학생이 선생님이나 책과 같은 학습도구에 주의를 기울이고 있는지의 여부를 선생님의 행동을 통해 확인하고 체크할 수 있도록 지도한다.

  예) 시선접촉, 선생님에게 주목 잘하는 친구들에게 칭찬하기

3 수면과 집중력

1) 수면부족의 영향

수면은 인간의 인지적, 행동적, 정서적 측면에 중요한 영향을 미친다. 특히, 수면부족은 인지 기능의 기본이 되는 주의(attention), 작업 기억력(working memory) 등의 저하, 신진대사 호르몬(metabolic hormone)의 균형 파괴, 면역력 저하, 수명 저하뿐 아니라 인지력 저하로 인한 안전사고 증가 등을 야기하는 것으로 밝혀졌다. 또한 수면부족은 학업수행과 정서적 안정뿐만 아니라 비만과 ADHD 급증에도 영향을 미치고 있고 십대 청소년기의 우울증과 과식 등과도 연관이 있는 것으로 나타났다. 펜실베이니아 대학교의 David Dinges 박사는 성인의 수면시간을 하루 6시간까지 줄이는 실험을 진행하였는데, 2주 후 참가자들 모습은 나름대로 괜찮았지만, 실험이 진행될수록 하루 24시간을 꼬박 자지 않은 사람과 같은 상태가 되었다. 이렇듯, 수면부족은 인간의 행동, 정서 및 인지에 영향을 주어 주간 기능을 저하시키는 등 개인의 삶과 안녕에 위험을 초래하는 요인이 될 수 있다. 수면이 부족할 때 나타나는 문제점들에 대해서 자세히 살펴보도록 하자.

(1) 수행

미국 하버드대학교 의과대학의 Radhika Basheer 박사는 쥐를 대상으로 세포의 에너지 흐름(energy currency)을 나타내는 아데노신3인산(ATP)을 측정하였다. 그 결과 수면의 초기 단계인 non-REM 수면에서 뇌의 세포 에너지가 급증한다는 사실을 발견하였으며, 이러한 결과는 뇌에 에너지를 충전하는 ATP 상승에 반드시 일정량의 수면이 필요함을 시사한다. 우리의 뇌는 수면 중 낮에 쓸 에너지를 충전하는 것으로 보이므로, 수면부족은 다음날 일의 능률 및 학습능력을 현저하게 감소시키는 것으로 생각된다.

(2) 정서

수면부족은 정서에도 영향을 미친다. 기억에 얽힌 감정적인 요소는 기억이 어디에서 처리되느냐와 관계가 있는데, 부정적인 자극은 편도에서 처리되고 긍정적이거나 중성적인 기억은 해마가 처리한다. 그런데 수면이 부족하면 편도보다 해마에 더 큰 타격을 주기 때문에, 수면이 부족한 사람은 즐거운 기억을 떠올리지 못하고 우울한 기억만 자꾸 생각하게 된다. 이와 관련된 실험을 살펴보면, Matthew Waller 박사는 잠을 덜 잔 대학생들에게 일련의 단어들을 외우게 했는데, 참가자들은 '암'과 같은 부정적인 의미를 함축하고 있는 단어는 81%를 기억했지만, '햇빛'이나 '바구니' 같은 긍정적이고 중성적인 의미의 단어는 겨우 31%만 기억할 수 있었다.

또한 캔터기 대학교의 대너 박사의 연구에 따르면, 고등학교 1학년의 60%가 평균 수면시간이 8시간이었는데 2학년이 되면서 그 비율이 30%로 줄자 기분 또한 하락세를 보였다. 게다가 수면시간이 8시간 이하로 떨어지자 치료를 요하는 우울증의 비율이 두 배가 되었으며, 8분의 1 이상이 심각한 정도의 우울증을 보였다. 이와 비슷한 연구결과로, 미국 컬럼비아대학교 메디컬센터에서 1990년부터 10년 동안 수집한 12~18세 청소년 1만 5천500명의 자료를 분석한 결과에서는, 자정이 넘어서 잠드는 청소년들이 오후 10시 이전에 자는 청소년보다 우울증에 걸릴 확률이 24% 높았다. 또 하루 5시간 이하로 자는 청소년들은 8시간을 자는 청소년보다 우울증에 걸릴 위험이 71%나 높은 것으로 조사되었으며, 자살을 생각할 확률도 자정 이후에 자는 청소년이 오후 10시 이전에 자는 청소년보다 20% 많았고, 5시간 이하로 자는 청소년은 8시간을 자는 청소년보다 48% 많은 것으로 나타났다. 이러한 연구결과들을 근거로 하여, James E. Gangwisch 교수는 수면부족이 감정을 조절하는 뇌 반응에 영향을 주고 일상적인 스트레스에 대처하는 능력을 떨어뜨려 감정기복이 심해지게 만든다고 주장하였으며, 많은 학자들은 현재 청소년기의 대표적인 특징인 우울, 충동, 의욕저하 등이 만성적인 수면부족의 증상이기도 하다는 점을 강조하였다.

2) 수면과 학습

수면 연구자들은 조금의 수면 차이가 학업 성취도에 커다란 차이를 낳는다는 사실을 지적하였으며, Paul Suratt 박사는 '수면장애는 납에 노출된 것만큼 아동의 지능을 해칠 수 있다.'는 점을 경고하였다.

MRI 단층촬영을 통해 수면부족이 아동의 두뇌에 어떤 해를 끼치는지를 알아보는 연구들이 많이 실시되었다. 피곤한 아이들이 방금 배운 것도 기억하지 못하는 것은 뉴런의 유연성이 상실된 결과로, 기억을 기호화하기 위해 필요한 시냅스의 연결을 형성하지 못하기 때문이다. 이러한 구조적 차이는 수업시간에 집중하지 못하는 원인이 되기도 한다. 수면이 부족하면 혈류에서 포도당을 추출하는 신체기능이 약화되고, 기본적인 에너지원이 돌지 못하면 두뇌의 한 부분인, '실행 기능'을 책임지는 전전두엽이 원활히 활동하지 못한다. 실행기능에는 목표를 성취하기 위한 생각의 체계화, 결과의 예측, 행동의 결과 인식 등이 있으며, 그래서 피곤한 사람들은 충동을 잘 조절하지 못하고, 공부와 같이 추상적인 목표보다 즉각적인 만족감을 주는 활동들에 주의가 쉽게 끌리는 것이다. 또 피곤한 상태에서 뇌는 정체 상태에 빠져 오답을 고르기도 하며 창의적이고 다양한 해결책을 생각해내지 못해 이미 틀린 것을 알면서도 계속 오답을 고르는 모습을 나타낸다. 이러한 특성이 낮 동안의 학습능력을 저하시키는 것으로 보인다.

그뿐만 아니라, 수면부족은 잠을 자고 있을 때 두뇌에도 영향을 미친다. 캘리포니아 대학교 Matthew Waller 박사는 잠을 자는 동안 두뇌는 그날 학습한 내용을 보다 효율적인 저장 영역으로 옮긴다고 설명하였다. 이때 수면의 단계별로 각자 고유한 역할을 하며 기억을 포착해 낸다. 예를 들어, 외국어를 배울 때는 어휘도 배워야 하고 새로운 발음을 음성으로 기억해야 하며, 새 단어를 정확히 발음하기 위해 동작기술도 습득해야 한다. 어휘는 깊은 잠인 '서파 수면' 단계 동안 해마에서 합성되며, 발음을 위한 동작기술은 'non-램수면' 단계 동안 처리되고, 음성기억은 모든 단계에 걸쳐 기호화된다. 감정이 실린 기억은 '램수면' 단계에 처리된다. 따라서 낮 동안 많은 것을 배웠다면 그날 밤은 더 많이 자야 하는 것이다.

이러한 기억들을 굳건히 만드는 특정 유전자들이 수면 중에 활동하는 것으로 보이며, 그 중 하나는 시냅스의 유연성과 신경 연결의 강화를 위해 반드시 필요한 것이다. 두뇌는 낮 동안에도 일부 기억을 합성하지만, 기억은 밤 동안 더 많이 만들어지고 공고화된다. 아이는 수면의 40% 이상을 서파수면 단계에 머무르며, 이는 성인 서파수면시간의 열 배에 해당하는 수치로 아이 수면과 성인수면은 질적으로 다르다고 볼 수 있다. 밤 동안 충분한 수면을 취해야 어휘와 역사연표 등 세세한 사실들을 제대로 익히고 기억할 수 있으며, 학생 때의 적절한 수면이 강조되는 이유가 이 때문이다.

3) 수면 관리

미국수면협회(National Sleep Foundation)가 실시한 설문조사에 따르면, 미국 부모의 90%는 자녀가 충분한 수면을 취하고 있다고 생각하였으나, 정작 학생들은 그렇지 않았다. 고등학생의 60%가 낮 시간에 지독한 졸음에 시달린다고 응답하였고, 그중 4분의 1은 그 때문에 성적이 떨어졌다고 생각하였다. 연구에 따라 차이가 있겠지만, 20~33%의 학생들이 최소한 일주일에 한 번은 수업시간에 꾸벅꾸벅 존다고 나타났으며, 청소년의 절반 정도가 평일 수면시간이 일곱 시간도 안 되는 것으로 관찰되었다. 국내에서도 청소년 2000명을 대상으로 청소년 수면 시간을 조사했는데, 평균 수면시간이 중학생은 6.7시간, 고등학생은 5.6시간에 해당된다. 특히, 우리나라는 4시간 자면 입시에 합격하고 5시간 자면 불합격한다는 사당오락(四當五落)과 같은 근거 없는 속설까지 유행하면서 고학년으로 올라갈수록 수면시간을 줄이려는 경향이 두드러진다.

수면은 지구상의 모든 종에게 생물학적 필수사항이다. 그러나 인간은 수면을 신체적인 필요사항으로 보기보다 하나의 개인적 특징으로 바라보는 경향이 있다. 잠은 피로를 인정하는 약함의 징표로, 잠에 굴복하지 않는 것은 강함의 징표로 생각하는 것이다. 그러나 잠을 줄여서 얻는 이익보다는 잃어버리는 것들이 더 많을 수 있다. 위에서 살펴본 것처럼 수면부족은 만성피로, 학습능력의 저하뿐만 아니라 정신 건강까지 해칠 수 있으며, 충분하고 건강한 수면은 단순한 피로회복 이상으로 신체의 기능과 정신적 건강을 회복시킬 뿐 아니라, 새로 습득한 정보를 정리하고 기억하는 데 중요한 기능을 한다. 이처럼 수면은 인간의 정신적, 신체적 건강과 과제 수행에서 중요한 요인이므로, 충분한 수면의 양을 확보하는 노력이 필요하다. 아래에는 수면에 도움이 되는 지침들이 제시되어 있다.

- 적어도, 6~8시간의 수면을 취하도록 노력하라.

미국수면협회(National Sleep Foundation)가 권하는 청소년 수면시간은 8~9시간이며, 대한수면협회에서 권장하는 수면시간은 6~8시간이다. 특히, 청소년들은 저녁 11시부터 잠자리에 들어 아침 6~8시에 일어나는 것이 좋다. 사춘기 이전의 아동과 성인들은 날이 어두워지면 두뇌에서 멜라토닌이 생산되면서 자연스럽게 졸리게 되지만,

사춘기가 되면 두뇌에서 90분 동안 멜라닌을 분비하지 않아 밤 10시에 잠자리에 들어도 쉬이 잠이 오지 않는다. 또한 청소년은 새벽에 깨어나도 두뇌에서 여전히 멜라토닌을 분비하고 있어 등교 후 1교시가 되어도 다시 졸립게 된다. 따라서 새벽시간을 활용하여 공부하기보다, 아침에 충분히 자고 상쾌한 기분으로 공부하는 것이 더 효과적일 수 있다.

- 잠들기 전 불안을 줄이자.

불안하거나 긴장하게 되면 신경계, 근육 등 모든 것이 초비상 상태가 되며, 이러한 상태에서는 편하게 잠들기 힘들다. 그러므로 그 날의 스트레스나 해야 할 일에 대한 고민 등 불안하게 만드는 생각들을 잠자리에서 하지 않는 것이 좋다 .

- 잠자기 전에는 과도한 자극을 피하라.

잠자기 전 TV, MP3, 휴대폰 사용은 금물이다. 소음은 청각을 자극하게 되고 우리의 뇌를 깨우기 때문에 수면을 방해하게 되며, 많은 경우 불면증을 겪게 된다. 따라서 수면 전에 뇌를 자극하는 모든 것을 제거하여 뇌를 쉬게 해 주어야 한다.

- 적어도 수면 시간 1시간 30분 전에는 모든 활동을 마무리하자.

잠자기 전에는 과도한 학습, 의견교류, 운동을 피하고, 대신 얼마간의 조용한 시간은 갖는 것이 좋다.

- 쉬는 날에 늦잠을 자지 마라.

쉬는 날이라 평소보다 과도하게 늦잠을 잔다면, 그날 밤에 불면증을 겪고 한 주 내내 뒤바뀐 수면 패턴으로 고생을 할 수 있다. 꼭 수면이 필요하다면 짧은 시간의 낮잠을 즐기는 것이 좋다.

- 잠자리에 들기 전 음식 섭취를 삼가라.

자는 동안에 위장도 쉬어야 한다. 음식물 섭취는 위장에 많은 부담을 줄뿐 아니라 자율신경계와 심장 또한 쉬지 못할 수 있어 편안하게 자기가 어렵다. 특히 자극적인 음식은 더욱 심한 수면장애를 유발한다.

- 카페인과 니코틴을 피해라.

카페인과 니코틴은 뇌를 자극하여 각성 상태를 유지하게 하므로 피해야 한다.

- 실내는 선선하게 유지하고 손발은 따뜻하게 하라.

잠을 자는 동안 인체는 활동할 때보다 체온이 떨어지기 때문에, 실내 기온을 약간 낮게 유지하는 것이 편안하게 느껴진다. 손발과 같이 혈액 순환이 원활하지 않아 추위를 쉽게 느끼는 부위는 이불을 이용하여 체온을 유지하는 것이 좋다.

- 저녁에는 밝은 빛을 피하고 어둡게 하여 잠자리에 들고, 아침에는 밝은 태양빛을 받을 수 있도록 하라.

뇌 속에 있는 생체시계는 태양의 빛에 따라 움직인다. 낮 시간에 밝은 태양 아래 운동을 하게 되면 생체시계에 필요한 자극을 줄 뿐 아니라 육체적 운동을 통해 긴장을 풀고 야간 수면을 유도하는 데 도움을 줄 수 있다. 또한 저녁에는 어둡게 해야, 신체가 잠잘 시간을 알게 된다.

7 정보처리와 기억

1 정보처리이론이란 무엇인가

1) 정보처리이론(information processing theory)의 정의

효과적으로 학습하기 위해서는 학습상황에서 두뇌가 어떻게 활동하는가를 아는 것이 유익하다. 정보처리이론은 자극이 어떻게 우리 기억체계 속에 입력되고, 저장을 위해 선택되고 조직되어 저장되는지, 어떻게 기억에서 인출되는지를 설명하는 인지학습이론이다. 즉, 기억의 구조와 과정을 탐구하는 이론으로, 컴퓨터의 정보처리 과정에 인간의 정신과정을 비유한 것이다. 컴퓨터와 인간 모두 정보를 받아들이고 저장하고 지식을 인출하며 결정을 내린다. 컴퓨터도 인간이 하는 것처럼 기호를 입력하고, 연산자를 사용하고 산출물(output)을 만들어 낸다. 예를 들어, 수학문제를 풀 때 인간은 숫자와 문자를 기호로 사용하고(입력), 문제를 풀며(연산), 해답을 만든다(출력). 여기에서 컴퓨터의 기호는 전자(electron)이고 사람의 기호는 문자와 언어, 숫자라고 할 수 있다.

2) 정보처리이론의 구성 요소

정보처리모델은 아래 그림과 같이 외부에서 입력된 정보가 어떻게 두뇌에서 처리되고 기억되는지 설명할 수 있다. 이 모델에서는 기억체계를 세 개의 단계로 구분하여 설명한다. 외부에서 들어온 정보는 **감각등록기**를 거쳐 **단기기억(작업기억)**에 이른다. 단기기억에서 처리된 정보는 영구적인 저장고인 **장기기억**에 저장된다. 그리고 이렇게 장기기억에 저장된 정보는 필요할 때 다시 단기기억(작업기억)으로 인출되어 사용된다.

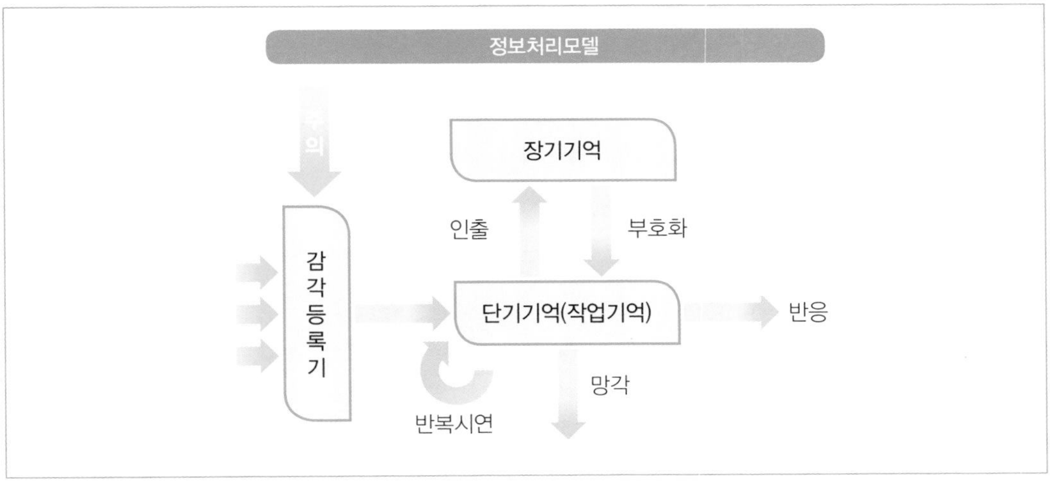

정보처리모델은 정보저장소, 인지과정, 메타인지라는 세 가지 중요 구성요소를 갖는다.

(1) 정보저장소(information store)

정보를 유지하는 창고로, 컴퓨터의 주기억 장치와 하드드라이브와 유사하다. 정보처리모델에서 정보저장소는 **감각등록기**(sensory register), **작업기억**(working memory), **장기기억**(long-term memory)이다.

(2) 인지과정(cognitive process)

정보를 변화시키고 한 저장소에서 다른 저장소로 정보를 옮기는 처리작용을 말한다. 인지과정은 **주의집중**, **지각**, **시연**, **부호화**와 **인출** 등의 처리과정과 실행적 통제과정을 포함한다. 이는 컴퓨터에서 정보를 처리하는 프로그램, 즉 소프트웨어에 비유할 수 있다.

(3) 메타인지(meta-cognition)

개인의 인지과정에 대해 자각하고 그 과정을 조절하는 능력이다. 예를 들어, 한 학생이 수업을 듣다가 '지금 필기를 하지 않으면 나중에 내용을 기억할 수 없을 것 같다'고 자신의 기억력에 대한 수준을 자각하고 필기를 통해 자신의 부족한 기억능력을 조절할 수 있다고 생각한 사고활동이 메타인지 활동이라고 할 수 있다(메타인지에 대해서는 후반부에서 더 자세히 다룰 예정).

2 기억의 절차

1) 정보저장소

(1) 감각등록기(sensory register)[4]

뇌는 우리가 보고, 듣고, 냄새 맡고, 맛보고, 만지는 등과 같은 감각을 통해 들어오는 모든 것을 기록하여, 감각등록기라 불리는 일시적인 기억저장소에 정보를 담아두는데, 자극을 아주 정확하게 저장하지만 그곳에서는 정보를 매우 짧은 시간 동안만(시각: 1초 이내, 청각: 2~4초 이내) 저장한다는 특징이 있다. 감각기억은 환경으로부터 얻어진 정보가 잠깐 머무는 정거장으로 비유할 수 있다. 감각등록기는 용량이 매우 크지만 감각등록기에 유입된 자극 중 주의를 기울인 정보만 다음 정보처리 단계로 넘어가고 많은 것들이 자연적으로 소멸된다. 따라서 잘 기억하려는 내용은 처음부터 주의를 기울여서 입력해야 한다.

---

4) 감각기억(sensory memory)이라고도 한다.

(2) 단기기억(short-term memory)

Atkinson와 Shiffrin(1968)은 정보가 처리될 수 있도록 그 정보에 주의집중한 후에 짧은 시간 동안 정보를 붙잡아 두는 저장 기제를 부르기 위해 단기기억이라는 용어를 사용했다. 단기기억은 일시적인 저장소다. 즉, 성인의 경우는 보통 5~9개의 정보가 약 30초 동안 저장될 수 있는 곳이며, 이렇듯 단기간 저장이 가능하다는 이유로 단기기억이라고 부른다.

단기기억은 일종의 **작업기억(working memory)**이다. 작업기억이란 간단히 말하면 자각(awareness), 즉 어떤 한순간에 의식할 수 있는 정보기억이라고 할 수 있다. 현재 대부분의 이론가들은 이 기억요소가 인지적 처리 자체가 일어나는 곳이라고 믿고 있고, 따라서 단기기억보다는 작업기억이라는 용어를 많이 사용하고 있다.

작업기억에서는 앞에서 언급했듯이, 우리가 현재 사용하고 있는 제한적인 수의 정보만을 유지할 수 있으며, 반복하여 시연하지 않으면 30초 내에 상실되어 버린다. 작업기억은 의도적인 사고활동이 일어나는 곳이다. 우리는 감각기억이나 장기기억의 내용이 작업기억 속에 들어오기 전까지 그 내용을 알지 못한다.

단기기억의 특징

- 단기기억은 지속시간이 대단히 제한적이다.
- 단기기억은 용량이 제한적이다(7±2).
- 단기기억의 정보는 연속적인 주사(successive scanning)를 통해 인출된다.
- 통제/실행 과정(시연, 예측, 점검, 관리)은 단기기억 내에서의 정보처리뿐만 아니라 단기기억 안팎으로 지식이 이동하는 것을 통제한다.

(3) 장기기억(long-term memory)

무한한 정보를 영구적으로 저장할 수 있는 곳이며, 우리가 일반적으로 기억이라 할 때 그것은 장기기억을 의미한다. 인지처리 과정을 거친 단기기억은 장기기억으로 옮겨 가는데, 장기기억의 용량은 대단히 크며 장기기억의 정보는 대개 언어적인 형태로 부호화된다. 학습한 내용을 기억하지 못하는 것이 장기기억에 있는 정보가 영구적으로 상실되기 때문인지, 적절한 인출단서를 찾지 못하기 때문인지는 논란이 많지만, Atkinson과 Shiffrin

의 모델에서는 장기기억에 있는 기억은 비교적 영속적이며 거의 상실되지 않는다고 본다. 단기기억에 있는 정보는 장기기억에서 활성화된 지식에 통합되어 장기기억으로 옮겨 간다.

장기기억의 특징

- 장기기억은 용량이 무제한적이고, 쉽게 망각되지 않으며 주로 어의적(semantic) 부호로 저장되는데, 주로 청각적 부호로 저장되는 단기기억과 구분된다.
- 장기기억의 정보는 연합적 구조로 표상된다. 어떤 아이디어를 보다 자주 접할수록 기억에서의 표상은 더 강력해지며, 두 가지 경험이 시간적으로 인접하여 일어날수록 둘 간의 관련성은 더욱 강력해진다. 따라서 하나가 기억되면 다른 것이 활성화되기 쉽다.
- 장기기억 안의 정보는 다양한 방식으로 부호화된다. 예를 들어, 언어는 정보를 저장하기 위한 하나의 기초를 제공하고, 감각 이미지는 다른 기초를 제공하고, 비언어적 추상관념과 의미, 말하자면 세계에 대한 일반적 이해는 또 하나의 기초를 제공한다. 결국 사람들은 문자 그대로의 문장이나 정확한 정신적 이미지를 기억하기보다는, 독특한 해석과 실재에 대한 작거나 중대한 왜곡을 하면서 그들이 보고 들은 것의 골자를 기억하는 경향이 있다.
- 사람들이 장기기억 안에 정보의 조각들을 저장하는 방식이 많을수록, 정보가 필요할 때 그 정보를 더 쉽게 인출할 수 있게 된다.

2) 인지적 과정

(1) 주의(attention)

감각등록기에 들어와 있는 정보에 얼마나 주의를 기울이느냐에 따라 그 정보가 단기기억으로 넘어갈 가능성이 달라진다. 그리고 대부분의 새로운 모든 자극들은 정향 반응(orienting response)[5]을 불러일으킨다. 정향 반응에는 몸의 자세, 시선방향, 뇌파, 동공팽창

5) 인간을 포함한 동물은 새로운 자극이 주어지면 그쪽을 바라보거나 몸을 튼다. 자극이 어느 쪽에서 오며, 그에 따라 다가올 위험을 감지하고 예방하기 위한 것이다. 일종의 생존반응이라고 할 수 있다. 이를 심리학에서는 정향반응(orienting response)이라고 한다.

및 기타 심리적, 생리적 반응들의 변화가 수반된다. Calfee(1976)는 주의력의 세 가지 측면으로 기민성, 선택성, 집중성을 들고 있다. 그중에서도 집중성은 가장 두드러지는 특징이다.

(2) 지각(perception)

지각이란 우리가 감각기관을 통해 받아들인 정보에 의미나 해석을 부여하는 과정이다. 지각은 객관적 실재와 우리의 기존 지식에 근거하여 구성되기도 한다. 자극에 대한 지각은 직선적이지 않고 우리 자신의 과거경험, 지식, 동기, 기대, 그 밖의 다양한 요인들에 의해 영향을 받게 된다. 예를 들어, 골프공을 보고 우리가 골프공이라고 알 수 있는 것은 이전에 골프공을 눈에 익혔기 때문이다. 이것은 이전에 습득한 다양한 정보에 따라 우리가 어떤 대상에 부여하는 의미가 다를 수 있음을 보여 준다. 지각은 또한 우리가 가지고 있는 기대에 따라서도 영향을 받는다.

(3) 시연(rehearsal: 반복, 복창, 암송)

시연은 유입된 정보 형태를 변화시키지 않고, 소리 내어 말해 보거나 마음속으로 되뇌는 것을 반복하는 과정이다. 시연은 정보를 반복하고 있는 동안 단기기억에 그 정보를 계속 보유할 수 있게 한다. 단기기억에서 활성화된 정보를 20초 이상 보유하거나 다음 단계인 장기기억으로 정보를 이동하기 위해서는 그 정보를 계속 정신적으로 시연해야 한다. 단기기억은 일시적으로 한정된 수의 정보밖에 처리할 수 없기 때문에 유입된 정보를 시연하지 않는다면 그 정보가 장기기억으로 넘어가지 못하고 단기기억에서 사라지게 된다. 시연을 할 때는 특히 학습자의 역할이 중요하다. 따라서 교사들은 수업을 할 때 학생들이 시연을 할 수 있도록 충분한 시간을 주어야 한다. 또 너무 많은 정보를 한꺼번에 제시하게 되면 학생들이 각각의 새로운 정보들을 정신적으로 시연할 시간을 충분히 가질 수 없게 되어 나중에 유입되는 새로운 정보가 이전에 유입된 정보를 단기기억에서 밀어내게 된다. 이러한 시연은 작업 기억에서 의도한 목적을 달성할 때까지만 하게 된다.

(4) 부호화(encoding)

어떤 정보는 시연에 의해 장기기억에 저장될 수 있지만 대부분의 정보는 부호화에 의해 장기기억으로 옮겨진다. 부호화는 정보에서 몇 가지의 특징을 추출해 내고 그것에 상응하는 기억흔적을 만드는 과정으로 새로운 정보가 장기기억에 이미 존재하는 조직화된 정보에 연합되도록 하는 것이다. 정보의 부호화 과정을 향상시킬 수 있는 방법에는 정교화와 조직화가 있다.

(5) 인출(retrieval)

인출은 장기기억으로부터 작업기억으로 정보를 이동하는 것으로, 장기기억에 저장된 정보를 사용하기 위해서는 필요한 정보를 인출해야 한다. 인출의 양과 질은 부호화, 정교화, 조직화가 얼마만큼 주의 깊게 이루어졌느냐에 따라서 달라진다.

3 기억의 유형과 망각

1) 장기기억

(1) 일화기억(episodic memory)

구체적 경험에 대한 기억으로 자신이 경험한 시간, 장소, 상황 등에 대해서 기억하는 것을 말한다. 즉, 일화기억은 우리에게 일어났던 사건의 기억에 초점을 맞춘다. 일화기억은 우리가 삶 속에서 이미 발생했던 일화들(episodes)을 재경험하기 위해 주관적 시간을 거꾸로 거슬러 가게 해 준다. 여기에는 10여 년 전에 발생한 사건에 대한 기억뿐만 아니라 10분 전에 있었던 대화 내용의 기억도 포함된다.

(2) 의미기억(semantic memory)

기억할 내용의 의미, 관계 등을 기억하는 것으로, 대부분의 학습내용이 의미기억에 해당된다. 예를 들어, 수업시간에 한국 지리의 특징에 대해 설명을 듣고 그 내용을 기억하는 것은 의미기억에 해당되는데, 그 수업시간에 선생님이 어떤 옷을 입고 어떤 억양으로 설명했었는지를 기억한다면 이는 일화기억에 해당된다.

(3) 서술기억(declarative memory)

서술적 지식이라고 표현하기도 한다. 서술적 지식은 '사물이 어떠한가?'와 관련되며, 사실과 개념에 관한 내용을 기억하는 것이다. 일화기억과 의미기억은 모두 서술기억에 해당된다. 의미기억은 대체로 일화기억에 비해 더 오랫동안 남아 있다. 예를 들어, 어떤 패스트푸드점의 메뉴는 알고 있지만 거기에서 지난 월요일에 무엇을 시켜 먹었는지는 잘 기억하지 못한다.

(4) 절차기억(procedural memory)

문제해결 절차나 과정에 관한 기억 즉, 어떤 것을 '어떻게 할 것인지'에 대한 기억이다. 절차기억은 단계적으로 구성된 연습과정을 통해서 획득되고, 일단 숙달되면 대부분 자동화되기 때문에 세세한 부분까지는 의식적 통제가 이루어지지 않아도 실행된다. 절차기억의 예로, 자전거 타기, 전화 걸기, 덧셈, 뺄셈 같은 단순한 계산하기 등을 들 수 있다.

2) 망각

망각(forgetting)이란 기억장치에 저장된 내용이 인출되지 않는 것을 말한다. 즉, 과거의 경험이나 열심히 공부한 내용이 기억나지 않는 것을 말한다. 망각은 휴대폰을 어디 두었는지 기억이 나지 않는 것처럼 일상생활의 한 부분이며, 학습에서도 중요한 요소다.

감각기억이나 작업기억에서 소실된 기억은 회복될 수 없지만, 장기기억의 정보는 소실되지 않고 부호화되어 있다. 그렇다면 왜 장기기억에 부호화되어 있는 정보를 찾아낼 수 없는 것일까? 망각의 원인은 다음의 세 가지로 설명할 수 있다.

(1) 망각의 원인

- 소멸(decay)

시간이 경과함에 따라 두뇌에 만들어진 기억 흔적이 희미해진다는 것이다. 이는 오래전에 만년필로 적은 편지를 세월이 지난 후 잉크 자국이 희미해져 다시 읽을 수 없는 것에 비유할 수 있다. 그러나 아주 오래된 내용도 중요한 내용은 생생하게 기억하고 있고, 오히려 최근에 경험한 것들을 잊어버리는 경우도 있는 것을 보면, 망각을 소멸로만 설명하기에는 제한적이다.

- 간섭(interference)

두뇌 속에 저장된 내용이 손실되었거나 손상을 받은 것이 아니라 다른 기억 정보와 혼동되어 제대로 인출되지 못하는 것을 말한다. 이전이나 이후에 학습한 정보가 현재 학습하는 정보의 기억을 방해하는 현상이다. 즉, 공부한 내용이 다른 내용과 뒤섞여 인출할 때 방해를 받는 것이다.

- 인출(retrieval) 실패

공부한 내용을 기억해 내지 못하는 것은 이 내용의 기억흔적이 소멸했거나 다른 내용에 의해 간섭을 받았기 때문이 아니라, 장기기억에서 정보를 인출하는 능력이 부족한 것과 관련이 있다. 또는 저장된 정보에 접근할 수 있는 단서가 없거나 잘못되었기 때문이다. 정보처리를 위해 장기기억에서 작업기억으로 정보를 빼내는 활동인 인출을 할 수 없다면, 그 정보는 소용이 없다. 인출 실패는 도서관에서 읽고 난 책을 아무데나 꽂아 두어 다음에 다시 찾지 못하는 것에 비유할 수 있다. 즉, 정보는 거기에 있지만 찾아낼 수 없는 것이다.

획득한 절차적 지식의 인출은 맥락에 강하게 의존한다. 예를 들어, 직장이나 학교에서 종종 만나는 한 사람을 알고 있는데 다른 장소에서 만났을 때 그 사람의 이름을 기억하지 못할 수 있다. 그 사람의 이름이 학교나 직장이라는 맥락에서 부호화되었기 때문에 다른 장소에서 그 사람의 이름을 인출하는 데 어려움이 있을 수 있는 것이다.

(2) 망각의 예방

망각을 최소화하기 위해서는 다음과 같은 방법을 사용할 수 있다.

- 학습을 할 때 그 내용에 주의를 기울이고 입력하여 확실하게 흔적을 남긴다.
- 간섭을 막기 위해 학습할 내용을 체계적으로 조직화하여 저장한다.
- 복습과 비교를 통해 주제들 간의 관계를 강조함으로써 간섭을 줄일 수 있다.

- 여러 가지 방법으로 새로운 정보를 학습하고 서로 관련짓게 함으로써 인출단서를 확실히 만든다.
- 과학습한다. 학습의 정도와 망각률은 깊은 역함수 관계에 있으므로 덜 망각하려면 공부를 더 해야 한다.

4 장기기억 저장에 영향을 주는 요인

많은 요인들이 장기기억을 형성하는 데 영향을 준다. 여기서는 작업기억, 사전지식, 사전 오개념 그리고 기대 등 장기기억 저장에 영향을 주는 인지적 요인과 언어화, 실행 그리고 검토 등의 행동적 요인에 대해 살펴보겠다.

1) 작업기억

새로운 자료가 기존 지식과 연결될 때 아주 효과적으로 장기기억에 저장된다. 학습자가 새로운 정보와 이미 가지고 있던 정보 사이의 연결을 만들기 위해서는 그 둘 사이의 관련성을 알아야만 한다. 다시 말해, 두 정보는 동시에 작업기억 안에 있어야 하는 것이다. 따라서 학습자의 작업기억 용량이 적을수록, 다양한 정보들이 어떻게 서로 부합하는지를 생각할 수 있는 여지가 적어진다. 앞 장에서 다룬 자동성을 습득하는 것은 작업기억 용량을 확보할 수 있는 좋은 방법 중 하나다.

2) 사전지식

장기기억 저장에 영향을 주는 가장 중요한 요인 중 하나가 이미 알고 있는 것이다. 장기기억 안에 이미 큰 정보 덩어리를 저장해서 가지고 있는 학습자는 새로운 경험과 기존 지식을 관련지을 수 있고, 따라서 유의미한 학습과 정교화와 같은 과정에 더 많은 인지적 에너지를 투입할 수 있다. 사전지식이 부족한 학습자는 비효과적인 암기 학습전략에 의존해야만 한다.

3) 사전 오개념

앞서 학습자가 정교화를 할 때 사전지식에 상당 부분 의존한다고 하였다. 그런데 이때 그 사전지식이 부정확한 지식, 즉 오개념(misconception)이라면 어떻게 될까? 사람들은 새로운 정보가 자신이 현재 세상에 대해 믿고 있는 맥락에서 확실히 틀린 것이라고 생각한다면, 그 정보를 전적으로 무시하기도 한다. 반대로, 자기가 가진 지식과 일치하는 정보를 왜곡할 수도 있는데, 그 결과 실제로 보고 듣고 읽었던 것과는 전혀 다른 것을 학습하기도 하는 것이다. 이렇듯 그릇된 정보를 가지고 있는 것은 어떤 주제에 대해 아무런 정보를 가지지 않는 것보다 더 좋지 않을 수 있다.

4) 기대

다음 글을 보자.

"캠리브지 대학교의 연구결과에 따르면, 한 단어 안에서 글자가 어떤 순서로 배되열어 있는가 하것는은 중하요지 않고, 첫째번와 마지막 글자가 올바른 위치에 있것는이 중하요다고 한다. 나머지 글들자은 완전히 엉진창망의 순서로 되어 있지을라도 당신은 아무 문없제이 이것을 읽을 수 있다. 왜하냐면 인간의 두뇌는 모든 글자를 하나 하나 읽것는이 아니라 단어 하나를 전체로 인하식기 때이문다."

혹시 이 글을 읽으면서 불편함을 느끼지 못했는가? 다시 한번 천천히 위의 글을 읽어 보자. 만약 여러분이 처음 위의 글을 읽을 때 아무런 문제가 없었다면, 그것은 단어가 반드시 그렇게 적혀 있을 것이라는 기대가 문장의 해석에 영향을 주었기 때문일 것이다.

기대는 새로운 정보를 장기기억 안에 부호화하고 저장하는 방식에 영향을 줄 수 있다. 예를 들어, 초보 독자는 독서할 때 책에 있는 글자에 자세히 주의집중을 한다. 그 결과 종종 느리게 읽고 적게 이해한다. 좀 더 숙달된 독자는 인쇄된 책을 주의 깊게 보지 않는 경향이 있다. 대신 그들은 그 책 내용에 관해 문맥, 문장 구문, 주제에 대한 사전지식, 그리고 저자가 전달하고자 하는 것에 대한 기대와 같은 것에 의존하며 책을 읽는다.

5) 언어화

장기기억 저장을 분명히 촉진하는 하나의 활동은 언어화(verbalization)다. 언어화는 일어났거나 일어나고 있는 경험에 대해 말하거나 쓰는 것이다. 언어화는 자기 설명(self-explanation)의 형식을 취할 수도 있다. 자기 설명은 학습자가 어려운 과목을 이해하기 위해 자신에게 말하는 것이다. 학생들은 공부하면서 외현적 자기표현에 참여하도록 격려를 받을 때, 그 내용을 더 잘 정교화하고 더 잘 이해하고 더 잘 기억하는 경향이 있다.

6) 실행

실행(enactment)은 실제로 뭔가를 해 보는 것을 의미한다. 다양한 신체 행동은 장기기억 저장을 촉진하는데, 어린 아이들은 도형을 직접 그려 볼 때 기하학적 도형을 더 쉽게 배우며, 초등학교 고학년 아동들은 그들이 과학적 개념의 실례를 만들어 낼 수 있을 때 과학에서 배운 내용을 더 잘 이해한다.

7) 반복과 검토

앞서 언급하였듯, 시연은 장기기억 저장을 촉진하는 데 상대적으로 비효과적인 방법이다. 그러나 일시적인 시연과 대조적으로, 몇 주간, 몇 달 또는 몇 년간 주기적으로 정보와 절차를 검토하고 연습해 보는 것은 파지[6]와 수행을 확장해 준다. 추가적인 학습과 연습 기간을 갖는 것(분할 연습)은 일정 시간 동안 한꺼번에 연습하는 것(집단적 연습)보다 효과적

6) 파지(retention): 어떤 대상의 행동을 모방하기 위해서는 그것을 기억해야만 한다. 파지는 어떤 방법으로 그 모델의 활동을 정신적으로 재현하는 것을 의미하는데, 그 방법은 아마도 언어적 명제 혹은 시각적 심상, 또는 둘 다를 말한다.

인데, 이를 '간격효과'라고 부른다.

일정 시간 동안 배운 것을 검토하고 연습함으로써 학습자는 몇 가지를 성취할 수 있다. 첫째, 학습자는 추가된 처리과정에 참여한다. 그 처리과정은 학습한 정보를 새로운 방식으로 정교화해서 더 철저히 이해할 수 있도록 해 준다. 둘째, 특히 다른 맥락에서 같은 정보를 반복해서 검토함으로써, 기억 속에 있는 다른 것들과 더 많고 더 강한 연합을 형성한다. 그 결과 이후에 필요할 경우 그 정보를 더 손쉽게 회상할 수 있다. 마지막으로 계속된 연습은 자동성(automacity)을 촉진한다.

8 기억 향상 전략

1 메타인지란 무엇인가

1) 메타인지(meta-cognition)의 정의

메타인지[7]는 인지에 관한 인지로서 학습자가 자신의 학습과 인지과정에 대한 지식, 그리고 그러한 학습과 기억을 증진하기 위해 학습행동과 인지과정을 조절하는 것을 통칭한다. 메타인지는 개인의 학습에 있어 지도자나 감독자로 간주될 수 있으며, 학습자 스스로가 자신의 학습 과정에서 일어나는 추리, 이해, 문제해결, 학습 등의 인지과정을 감찰하고 효율성을 검토하며 조절하는 데 사용된다.

메타인지 능력의 개인차는 생물학적 차이 또는 학습경험의 차이에서 비롯되며, 부분적으로는 발달에서 기인한다. 성취수준이 낮은 학습자와 비교해 볼 때 성취수준이 높은 학습자들은 자신이 공부하고 학습하는 방식에 대해 더 잘 인식하고 있음은 물론 자신의 방식

7) '상위인지'나 '초인지'라는 용어로 사용되기도 한다.

을 향상시키기 위해 더 많은 노력을 한다. 다시 말해, 자신의 학습에 대한 메타인지활동을 더 활발히 하는 것이다.

2) 학습에 있어서의 메타인지 과정

메타인지 지식과 기술이 향상됨에 따라서 학습자는 자기조절능력을 발달시킨다. 자기가 공부하고 학습하는 방식을 잘 자각하고 있는 학생들은 그렇지 않은 학생들보다 더 높은 성취결과를 나타내 보인다. 바꾸어 말하면, 메타인지적인 특성을 많이 보이는 학생들은 그렇지 않은 학생들보다 더 많이 학습한다.

그 원인에 대해서는 다음의 네 가지로 설명할 수 있다.

첫째, 주의의 중요성에 대해 자각하고 있는 학생들은 스스로 효과적인 학습환경을 창조하는 경향이 높다. 교실 앞좌석으로 옮겨서 중요한 정보를 놓치지 않는 것, 또는 공부할 때 주의를 산만하게 하는 라디오를 끄는 것과 같이 방법은 간단하다.

둘째, 메타인지는 정확한 지각을 증가시킨다. 무엇인가를 잘못 지각할 수도 있다는 것을 아는 학습자는 확실한 정보를 찾으려고 노력한다. 그렇게 함으로써 그들은 지각에 대한 자각과 조절을 보여 준다.

셋째, 메타인지는 작업기억을 통해서 정보의 흐름을 조절하는 것을 돕는다. 예를 들어, 전화번호를 기억해야 하는 상황을 모두 겪어 보았을 것이다. 전화를 바로 걸어야 하는 경우라면, 마음속으로 반복해서 번호를 시연만 하면 된다. 그러나 나중에 전화를 걸기 위해서는 아마도 전화번호를 적어 두거나 핸드폰에 입력해서 저장해 놓을 것이다. 각각의 결정은 전략적이며, 우리의 기억을 자각하고 조절하는 것에 의해 영향을 받았다. 이것이 기억전략에 대한 지식과 조절인 메타기억의 예다. 작업기억에서 정보를 처리하는 것을 감독하는 능력인 메타인지는 작업기억이 제한된 정보처리능력을 갖는다는 측면에서 중요한 의미를 갖는다. 마지막으로, 메타인지는 유의미한 부호화에 영향을 미친다. 예를 들어, 정보를 다른 항목과 관련지어 저장하는 것이 별개로 저장하는 것보다 효과적으로 부호화될 수 있다는 것을 아는 학생은 공부할 때 아마도 주제들 간 관계를 의식적으로 살펴볼 것이다. 이것은 학생들의 학습전략과 학습량에 영향을 준다.

2 메타인지와 효과적인 기억전략

가끔 우리는 지금 하고 있는 것에 대한 의식적 자각 없이 효과적으로 기억과정을 실행한다. 예를 들어, 재미있는 소설을 읽을 때 우리는 소설 속의 사건과 내 실생활의 유사사건을 자동적으로 연결한다. 그러나 심리학자들이 학습전략이라는 용어를 사용할 때는 특정 학습과제의 수행과정에서 하나 이상의 인지적 과정을 의도적으로 사용하는 것을 의미한다. 새로운 내용을 학습하고 기억하기 위해 사람들은 '머릿속에서' 많은 것을 한다. 그런데 특정 전략은 다른 것보다 분명히 더 효과적이다. 다음에서 이러한 효과적인 전략들에 대해 살펴보자.

1) 유의미학습(meaningful learning)

새로운 정보를 기존에 가지고 있던 유사하고 유관한 정보와 연합하여 장기기억에 저장하는 것을 유의미 학습이라고 한다. 유의미학습은 장기기억에 이미 저장되어 있는 지식과 새로운 자료를 연결하는 과정이며, 저장과 인출 모두를 촉진하는 것으로 나타났다. 이렇게 학습된 정보는 더 빨리 저장되고 더 쉽게 기억된다는 것이 실험을 통해서도 밝혀졌다.

Van Rossum과 Schenk(1984)의 연구

대학생들에게 역사에 관한 내용을 공부하고 필기하게 한 후, 공부한 내용에 대한 시험을 보는 동시에 공부한 방법에 대해서도 질문하였다. 참여자 중 절반 정도는 기계적 접근을 사용하였으며, 과제의 목적을 '사실의 기억'이라고 답하였다. 나머지 절반은 유의미학습을 적용하여, 읽은 내용을 이해하고 해석하고 의미를 추출하며 공부하였다. 실험 결과, 주어진 내용에 대해 묻는 객관식 시험 결과에서는 두 집단이 별 차이를 보이지 않았다. 그러나 유의미학습전략을 사용한 학생들은 추론을 필요로 하는 서술식 검사에서 질적으로 우수한 답안을 작성하였다.

2) 정교화(elaboration)

정교화는 사전지식을 새로운 자료를 해석하고 확장하는 데 사용하는 과정으로, 기억해야 할 항목을 추가 정보와 함께 윤색하는 것을 말한다. 새로운 정보를 받아들일 때, 거기에 가정을 하고 추론을 하는 것과 같이 자기 나름의 해석을 붙이고, 기존의 지식에 적용해 본다면 정교화 학습을 했다고 말할 수 있다.

유의미학습과 정교화가 비슷하게 생각될 수 있지만, 유의미학습은 새로운 정보를 기존의 정보에 연결하는 것이라면, 정교화는 새로운 정보를 학습자가 윤색하는 과정을 포함한다.

Stein, Bransford 등(1979, 1982)의 연구

5학년 학생들과 대학생들에게 다음과 같은 일련의 문장들을 학습하라고 지시했다.

예문 뚱뚱한 남자가 간판을 읽었다.
배고픈 남자가 차에 탔다.

이때, 그 문장을 적절하게 정교화해서 제시했을 때 부적절하게 정교화한 것보다 그 문장을 기억하게 하는 데 훨씬 효과적이었다.

적절한 정교화의 예 뚱뚱한 남자가 얇은 얼음에 대해 경고하고 있는 간판을 읽었다.
배고픈 남자가 레스토랑에 가기 위해 차에 탔다.

부적절한 정교화의 예 뚱뚱한 남자가 2피트 높이에 있는 간판을 읽었다.
배고픈 남자가 차에 타서 차를 몰고 갔다.

정교화가 장기기억을 촉진하는 이유는 다음과 같다. 첫째, 정교화된 정보는 장기기억 안에 저장된 다른 유사한 정보와 혼동이 덜 된다. 둘째, 정교화는 정보가 이후에 인출될 수 있게 하는 추가된 수단을 제공한다. 셋째, 정교화는 정보 자체만으로 정확하게 회상할 수 없을 때, 그 정보가 무엇일 것 같은지를 추론하는 데 도움이 될 수 있다.

3) 조직화(organization)

조직화는 관련 있는 내용을 공통 범주나 유형으로 묶는 과정이다. 다양한 정보 조각들을 어떤 방식으로 서로 연결할 때, 즉 그 정보가 내적 조직화되어 학습될 때, 새로운 정보를 효과적으로 저장하고 더 완벽하게 기억할 수 있다. 학생들에게 특정의 조직화된 도식을 제공하는 것은 학생들이 더 효과적으로 학습할 수 있도록 돕는다.

Bower, Clark, Lesgold, Winzenz(1969)의 연구

대학생들에게 112개의 단어를 광물, 식물 등과 같은 4개의 범주에 포함시켜 네 번에 걸쳐 학습하도록 했다. 일부 학생들은 단어를 임의적으로 배열한 반면, 다른 학생들은 다음의 그림처럼 위계를 만들어 배열하였다. 한 번의 학습 후에 조직된 단어를 공부한 학생들이 단어를 임의로 학습한 학생들보다 세 배나 많은 단어를 학습할 수 있었다. 또 네 번의 시도 후에는 조직화한 그룹의 학생들은 112개의 단어 모두를 기억한 반면, 임의학습 그룹의 학생들은 70개만 기억했다.

Bower 등(1969)의 개념적 위계의 예

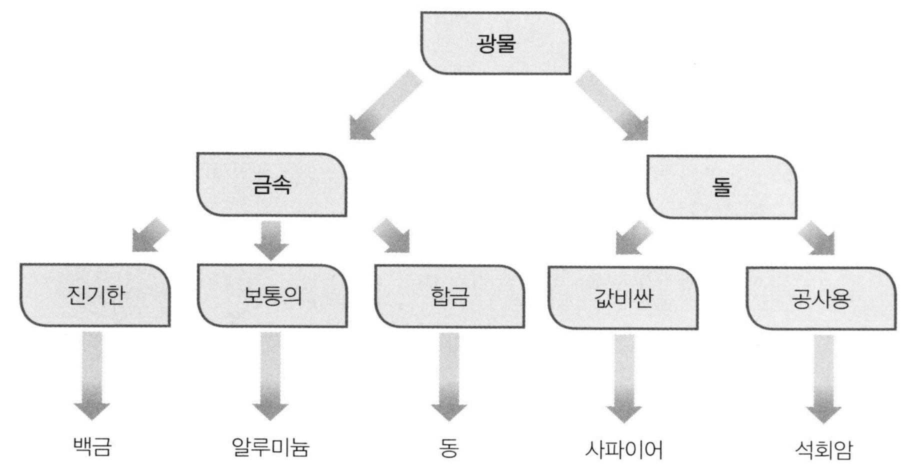

정보는 여러 가지 방법으로 조직화될 수 있다. 효과적인 조직화 방법들은 다음과 같다.

(1) 도식화하기(지도, 흐름도, 표 만들기)

개념들의 유사점과 차이점을 비교하는 데에 표를 활용할 수 있다. 표를 활용하면 비교적 복잡한 내용도 일목요연하게 정리할 수 있다. 아래 도식화의 예처럼, 말로 풀어 설명한 글은 매우 길고 복잡하지만 표로 만듦으로써 그 내용을 요약, 정리할 수 있다. 지도나 흐름도의 경우에도 글의 내용을 시각적으로 정리함으로써 이해와 기억에 도움이 된다.

도식화의 예

구분	퇴적암	화성암	변성암
겉모양	층무늬(층리)가 있다.	구멍이 있는 암석도 있다.	줄무늬 (편리)가 있다.
알갱이의 크기	퇴적물의 종류에 따라 다르다.	다양하다.	비교적 크다.
화석	있다.	없다.	있다.
단단함	덜 단단하다.	단단하다.	단단하다.
종류	역암, 사암, 이암 등	현무암, 화강암 등	편마암, 편암, 대리암 등

(2) 개념 지도 그리기

주요 개념을 선택하여 이들을 연결하여 개념 지도(concept map)를 만든다. 개념 지도는 다양한 개념들 간의 관계를 보여 주기에 적당하다. 개념 지도를 그리게 되면 새로운 개념이 이미 알고 있는 것과 어떻게 관련되는지에 대해서도 관심을 두게 되어, 유의미하게 학습하게 된다. 또한 도식화 기법처럼 정보를 장기기억 속에 언어적으로뿐만 아니라 시각적으로 부호화하는 데 도움을 준다. 개념도를 만들고, 다른 학생들이 만든 것과 비교하여 개념들의 관계를 서로 어떻게 다르게 이해했는지 토론하는 것도 유익하다.

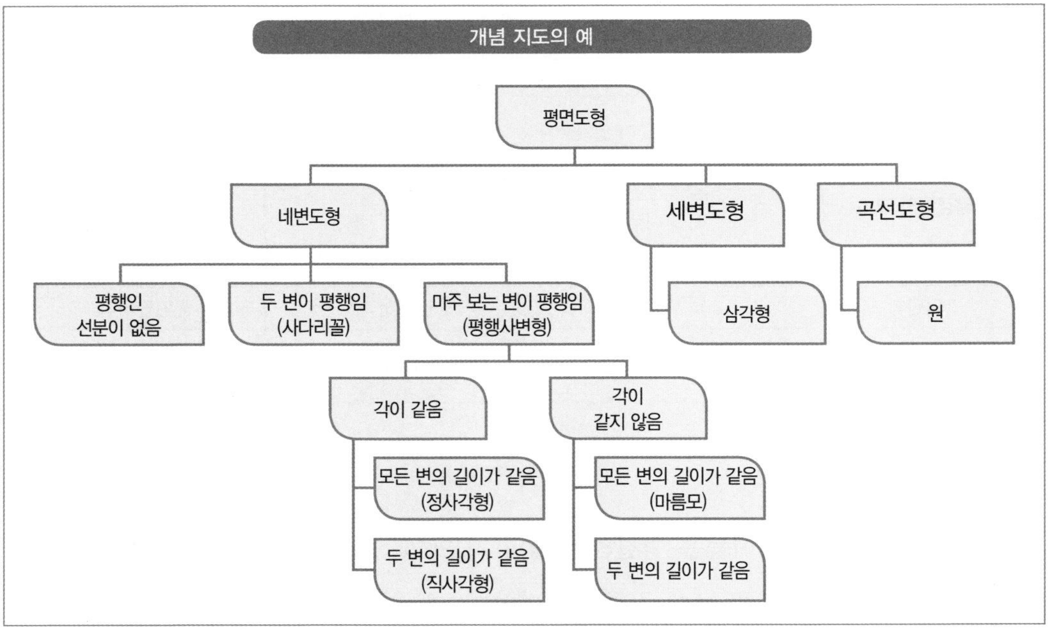

Novak(1998)은 개념 지도를 만드는 요령을 다음과 같이 제시하였다.

- 글 속에 포함되어 있는 용어, 개념, 아이디어를 정리한다.
- 이들의 위계적인 관계를 정리할 때 포괄적인 개념은 위에, 좀 더 세부적인 개념은 아래에 배치한다.
- 이들 개념들의 관계를 선이나 화살표로 연결한다.
- 개념들 간의 관계를 표시한다(예: ~의 부분이다, ~에 의해 비롯된다, ~를 결정한다 등).
- 개념 지도가 기대와 달리 잘 만들어지지 않을 때에는 개념들의 관계를 다시 정리해 본다. 이런 과정을 통해서 글의 내용을 더 잘 이해할 수 있게 된다.
- 다른 사람들이 만든 개념 지도와 비교하며 토론한다.

4) 시각적 심상

시각자료에 대한 사람들의 기억은 언어자료에 대한 기억보다 더 낫다. 학생들이 이야기를 읽거나 학교 교과서의 설명을 듣고 있는 동안 시각적 심상을 형성하면, 그들이 읽고 들은 것을 보다 효과적으로 이해하고 기억한다. 또한 학생들에게 그들이 공부한 것에 대해 시각적 심상을 형성하는 것을 가르치면 자료를 더 빨리 배우고 더 효과적으로 기억할 수 있다. 따라서 심상은 기억술이라고 불리는 여러 기억 전략의 기초를 제공한다.

5) 기억술

기억술(mnemonics)은 기억을 돕는 기법으로, 기본적으로 아무 의미가 없거나 임의로 만들어진 단어 목록에 의미를 부여하는 방법이다. 여러 가지 기억술이 있지만 정보를 의미 있는 덩이로 조직화하거나(범주 묶기, 머리글자 이용하기), 시각적으로 심상화하는 방법(상호작용 이미지 생성, 쐐기 단어법, 장소법) 등이 있다.

(1) 범주 묶기

범주 묶기 방법에서는 목록에 있는 항목들을 몇 개의 범주로 조직화한다. 예를 들어, 장을 보러 갈 때 장보기 목록을 식품 종류별로(과일, 채소, 육류 등) 조직화할 수 있다.

(2) 상호작용 이미지 만들기

기억해야 하는 단어에 해당하는 물체들이 매우 능동적으로 상호작용하는 모습을 최대한 생생하게 심상화한다. 예를 들어, 양말, 사과, 가위를 사야 한다면 사과로 가득 찬 양말을 가위로 자르는 장면을 상상한다.

(3) 페그워드(pegword)법

이전에 기억해 둔 단어를 새로 기억해야 할 단어와 연결지어 이 두 단어 간에 상호작용하는 심상을 형성한다. 예를 들어, "하나 하면 할머니가" "둘 하면 두부 장수" "셋 하면 새색시가"와 같이 우리가 이미 기억하고 있는 노랫말을 활용한다. 만일 양말, 사과, 가위를 사야 한다면 두 할머니가 사과 하나를 놓고 다투는 모습, 양말 속에 두부가 짓이겨져 가득 차 있는 모습, 새색시가 엿장수 가위를 들고 짤깍거리는 모습을 상상한다.

(4) 장소법

자신이 아주 잘 알고 있는 장소를 돌아다니면서 눈에 띄는 표식이나 지형 지물을 이용하여 기억해야 할 항목들을 연결한다. 예를 들면, 학교에 가는 길에 기이하게 생긴 집이 한 채 있고, 나무와 야구장이 있다면 기이하게 생긴 집의 지붕 꼭대기에 굴뚝 대신 양말이 휘날리는 모습, 가위로 나무를 자르는 모습, 야구장의 1루부터 3루까지 사과가 한 개씩 놓여 있는 모습을 상상하는 것이다.

(5) 머리글자로 단어 만들기

어떤 단어나 개념을 의미하는 글자를 하나씩 가져다가 새로운 단어나 표현을 만든다. 예를 들면, 태양계를 구성하는 행성에서 머리글자를 따다가 '수 · 금 · 지 · 화 · 목 · 토 · 천 · 해'를 만드는 것이다.

(6) 머리글자로 문장 만들기

기억해야 할 항목의 머리글자를 이용하여 단어 대신 문장을 만든다. 예컨대, 악보에서 소프라노 부분의 음 이름 '미시도파솔'을 외우기 위해 '미안하지만 시간이 없으니 도넛 파는 데 솔선수범해 주세요.' 같은 문장을 만드는 것이다.

(7) 핵심단어법

외국어 단어의 소리나 의미를 친숙한 단어의 소리나 의미와 연결하여 상호작용 이미지를 만든다. 예컨대, 책을 의미하는 스페인어인 'libro'라는 단어를 외우기 위해 소리와 형태가 유사한 영어단어의 'liberty'를 연상한 다음에 자유의 연신상이 횃불 대신 큰 책을 높이 쳐들고 있는 모습을 상상한다.

3 책 읽기 기술과 노트필기

1) PQ4R

글을 읽을 때 정교화 처리를 향상시키기 위해 Thomas와 Robinson(1972)은 PQ4R 방법을 개발하였다. P는 Preview(훑어보기), Q는 Question(질문하기), 4R은 Read(읽기), Reflect(검토하기), Recite(암송하기), Review(복습하기)를 의미하는데, 훈련 결과 비교적 효과적인 것으로 검증되었다. 이 방법을 활용한 학생들이 학습내용을 의미 있게 조직화하고 질문하거나 정교화하는 것과 같은 학습전략을 사용하며, 시간을 두고 내용을 복습하는 것과 같은 분산학습을 한다는 보고가 있었다. 하나씩 자세히 살펴보면 다음과 같다.

(1) Preview(훑어보기)

배울 내용을 훑어보고 전체적인 구조나 주요 주제 혹은 부분 주제가 무엇인지 파악한다. 제목에 주의를 기울이고 배울 내용이 무엇에 관한 것인지 생각한다.

- 한 장이 어떻게 구성되어 있는지 체제를 파악, 큰제목, 소제목 보기
- 훑어보며 홍미를 유발하는 그림, 도표, 사진 등도 가볍게 읽어 보기
- 각 장의 서두(머리말), 요약 읽기(이해가 되지 않아도 괜찮음)
- 개관을 통해 전체 체제 구성과 개략적인 내용 파악

(2) Question(질문하기)

글을 읽기 전에 배울 내용에 대한 질문을 정리한다. 이때 '누가, 언제, 어디서, 무엇을, 어떻게, 왜'와 같은 의문사를 활용한다.

- 개관하며 의문, 질문을 만들어 낸다.
- 훑어보면서 얻는 내용과 기존의 지식을 연결, 관련지으려고 노력하면 의문이 생긴다 (즉, 훑어본다는 것이 실제로는 적극적, 능동적인 과정을 말함).

- 소제목을 바꾸면 적절한 질문으로 만들 수도 있다.
- 질문, 의문을 노트에 정리해 놓는 것도 좋은 전략이다.
- 질문, 의문제기를 두려워 말 것(혼자 하는 것이기에 어리석은 질문이란 있을 수 없다).

(3) Read(읽기)

주의 깊게 글을 읽는다. 내용을 정리하는 데 너무 신경을 쓰지 말고 앞에서 자신이 정리한 질문들에 답을 한다는 생각으로 읽는다.

- 기본 원칙은 능동적 독서(active reading)다.
- 앞서 개관하며 제시했던 의문, 질문에 답을 찾아라(답을 못 찾거나 의문이 해소되지 않으면 수업시간에 질문).
- 각 문단, 단락을 읽고 난 후, 그 부분을 한두 문장으로 요약해 본다.
- 이해가 안 되는 부분에는 표시해 둔다.
- 독서와 수업을 연결한다.

(4) Reflect(검토하기)

글의 내용을 자신이 이미 알고 있는 내용과 관련지어 보든지, 부분 제목들을 글의 주요 개념과 관련지어 본다. 글의 내용 중 상호 모순적인 내용이 없는지 살펴보고 글에서 제시된 과제가 있을 때 이를 해결해 보도록 시도한다.

- 읽기 과정의 연속으로 배운 정보를 공고히 하는 과정이다.
- 학습한 내용을 다시 머릿속에 떠올리며 생각한다.
- 한 장의 전체적인 구성과 체제를 생각해 보고 각 문단, 단락의 요약을 생각해 본다.
- 수업시간에 교사가 강조한 것을 다시 기억해 본다.

(5) Recite(암송하기)

중요한 내용을 큰 소리로 정리해 보든지 질문하거나 답하는 방법을 통해 글의 내용을 기억하는 것을 연습한다. 이때 제목, 밑줄 그은 부분이나 주요 내용에 대해 정리한 것들을 활용한다.

- 개념, 용어의 정의와 대표적인 좋은 예를 확실하게 이해 및 암기하여 자유자재로 사용할 수 있도록 한다.
- 만일 충분히 회상할 수 없으면, 기억하기 힘들었던 부분을 다시 읽도록 한다.

(6) Review(복습하기)

머릿속에서 전체 내용을 검토하고 관련된 질문들에 다시 답하면서 학습내용을 복습한다.

- 기억에 정보를 지속하기 위해서는 재학습이 필요하다.
- (1)~(5)까지의 과정을 반복해서 거친다.

2) 노트필기

(1) 노트필기의 두 가지 기능

① 자료의 부호화를 촉진한다.

학생들은 정보를 적어 보고, 필기된 내용을 보면서 그 내용을 언어적, 시각적으로 부호화하게 된다. 나중에 노트를 공부에 활용하지 않는다고 하더라도 노트필기를 하는 행위 자체만으로도 기억을 증진할 수 있다.

② 수업 내용의 물리적 저장고 역할을 한다.

필기한 내용은 나중에 언제든지 다시 볼 수 있기 때문에, 장기기억의 오류 가능성에 대한 효과적인 보완책이다.

(2) 효과적인 노트필기 방법

- 노트는 제시된 자료 전체를 기록할수록 더 유용하다.
- 수업단원의 목표와 일치하는 내용을 담은 노트가 학습을 더 잘 촉진한다.
- 해당 주제와 관련된 사항을 잘 요약했을 때 더욱 효과적이다.
- 제시된 내용뿐만 아니라 자신만의 보충설명을 적어 넣으면 특히 더 효과적이다.
- 강의를 듣거나 책을 읽으면서 작성한 노트를 사후에 재조직하고 정교화하는 것이 효과적이다.

9 시험의 심리학적 이해

1 시험이라는 과정에 대한 심리적 이해

시험이라는 것은 쉽게 말해 머릿속에 집어넣은 내용을 시험 문제에서 요구하는 대로 잘 꺼내는 과정이라 할 수 있다. 앞 장에서 살펴보았듯이 인지심리학자들은 일반적으로 **부호화**(encoding), **저장**(storage), **인출**(retrieval)의 세 요소가 기억의 주요 과정을 구성한다고 본다. 여기서 공부한 내용을 머릿속에 집어넣는 것은 '저장'이라 하고, 시험 때 필요한 내용을 꺼내는 것은 '인출'이라 할 수 있다. 결국 시험을 잘 보기 위해서는 공부한 내용을 잘 저장하고 기억해 두었다가 필요한 시점에 적절히 인출하는 것을 잘해야 한다. 분명히 공부한 내용이었는데도 불구하고 시험 때 기억이 나지 않는 일은 흔히 일어나는데, 이는 인출 실패 때문일 수도 있고 아예 그 기억을 잊어버렸기 때문일 수도 있다(망각). 따라서 시험을 잘 준비하기 위한 전략과 방법을 배우기에 앞서 저장과 인출, 망각에 대해 다시 한번 정리해 보자.

2 저장과 인출의 작용 기전

장기기억으로의 정보의 전환은 정보의 암송(특히 그 정보의 의미 정교화가 이루어질 때), 정보의 조직화(예: 범주화), 기억술의 활용, 또는 외부 기억 보조 장치 활용(예: 메모하기, 목록 작성하기) 등에 의해 촉진될 수 있다.

1) 어디에 얼마나 잘 저장하는가?

열심히 공부하여 머릿속에 집어넣은 내용, 즉 장기기억에 저장된 내용을 얼마나 잘 인출할 수 있느냐 하는 것은, 처음에 그 공부한 내용을 '어디에 얼마나 잘' 저장해 두었는가에 달려 있다. 장기기억이라는 것은 마치 태평양처럼—실제로는 태평양보다 훨씬 더 넓겠지만—넓은 바다에 비유할 수 있는데, 이 넓은 망망대해에서 특정한 정보를 찾는 과정은 결국 그 정보가 저장된 특정한 영역이나 지점을 찾는 것과 같은 것이다. 다소 복잡해 보이는 이와 같은 과정을 좀 더 쉽게 이해하기 위해서는 머릿속에 어떤 정보를 저장하는 것을 서랍에 정보를 넣는 모습으로 바꿔서 상상하면 좋을 것이다. 영수가 다음번에 있을 시험을 준비하기 위해 오늘 사회 교과서 1단원을 공부하였다. 1단원이다 보니 외워야 할 내용들이 꽤 있었는데, 이 내용들이 머릿속에 있는 총 10개의 서랍에 소단원별로 저장되어 있다고 생각해 보자. 나중 시험에서 다섯 번째 서랍에 저장되어 있던 내용에 대해 기술하라고 했을 때, 영수가 네 번째나 아홉 번째가 아닌 정확히 다섯 번째 서랍을 열어야(즉, 정확한 지점에서 정보를 인출해야) 시험에서 좋은 점수를 받을 수가 있는 것이다.

2) 얼마나 조직화하여 저장하는가?

장기기억으로부터 정보를 잘 인출하기 위해서는 처음에 정보를 얼마나 잘 조직화하여 저장해 두었는지와 상당한 관련이 있다. 조직화 과정은 비단 기억에서만 유용한 것은 아니다. 가령 살림을 하다 보면 급하게 어떤 물건이 필요한 경우가 생긴다. 이번 주말의 집들이를 위해 손님용으로 준비해 둔 그릇들을 찾아야 하는 상황을 가정해 보자. 평소 물건들을 종류별로 구분하여 잘 정리해 둔 사람이라면 손님용 그릇을 찾는 것은 그리 어렵지 않을 것이다. 하지만 별다른 구분 없이 되는 대로 공간이 생길 때마다 물건을 처박아 두는 사람이라면 손님용 그릇을 찾는 일은 만만치 않은 것이 되어 버린다. 집안에 있는 물건들을 한바탕 다 뒤집은 후에야 겨우 베란다에 있는 겨울옷 박스 위에서 손님용 그릇을 찾을 수도 있다. 기억도 마찬가지다. 인출을 하기 위해 정확한 위치의 서랍을 열었으나 그 안에 내용들이 뒤죽박죽 섞여 있다면 시험 문제에서 요구하는 답을 작성할 수 없을 것이다. 결국 내용을 기억할 때 관련된 정보들끼리 서로 연결하여 저장해 놓아야 나중에 그 정보를 인출하는 과정이 수월해진다.

3 효과적인 인출을 위한 시험공부전략

1) 맥락효과의 고려

저장된 정보들을 잘 인출하기 위해서는 '맥락효과'를 고려해야 한다. 맥락은 정보들을 저장할 때의 환경, 인출할 때의 환경을 말한다. 두 상황의 맥락이 비슷할수록 정보의 인출이 더 잘 일어난다는 것이 바로 맥락효과의 핵심이다. 따라서 시험공부를 할 때 미리 시험 보는 맥락을 염두에 두고 정보들을 저장해야 하는 것이다. 사람들이 흔히 고3 수험생들에게 "실제 수능 시간표처럼, 오전에는 언어 영역 공부를, 오후에는 외국어와 수리 영역 공부를 하는 것이 도움이 된다."고 조언하는 것 역시 맥락효과의 관점에서 이해할 수 있다. 이처럼 시험 시간표와 동일하거나 비슷한 시간대에 그 과목의 공부를 하는 것도 맥락효과를 활용한 시험공부 전략이 되겠다. 또는 내가 공부하는 장소를 시험 보는 상황과 비슷하게 만든 다음 공부하는 것도 도움이 될 수 있다. 문제를 풀 때에도, 시험 시간처럼 시간을 정해 두고 실제로 시험을 치르듯이 하는 것이 훨씬 더 유용한 전략이다. 시험 전날 총정리를 다 한 후에, 문제집에 있는 예상 문제나 기출 문제 하나 정도를 정말 시험 보듯이 풀어 보는 것도 효과적인 인출을 돕는 훌륭한 방법이다.

2) 인출에 도움이 되는 단서와 힌트

효과적인 인출을 위한 또 하나의 전략은, 인출을 쉽게 할 수 있도록 하는 단서나 힌트를 만들어두는 것이다. '칸트의 철학 사상에 대해 논하시오'와 같은 대학생들의 서술식 시험을 제외하면, 대부분의 시험에는 기억해야 하는 정보에 대한 단서가 함께 제공된다. 시험 문제의 내용 중에 핵심적인 힌트가 있을 수 있고, 객관식 문제의 경우 5개의 보기에서 여러 개의 단서들이 있을 수 있다. 결국 시험이라는 것은, 백지 상태에서 머릿속에 있는 것을 꺼내야 하는 과정이 아니라, 힌트나 단서를 보면서 저장된 내용들을 인출하는 과정이다. 학습심리학적 관점으로 이야기하자면, **외적 인출 단서**(external retrieval cue)를 만들어서 저장장치(뇌) 밖에 그것을 일깨울 수 있는 물리적 도구를 마련하는 것이 되겠다. 따라서 시험을 공부하는 단계에서부터 이 과정을 적용하는 것이 효과적이다. 우선은 정확하고 기억하기 쉬운 인출 단서를 만드는 것이 필요하다. 사회 과목을 예로 들어 설명하면, 특별한 사건의 이름이나 사람의 이름, 연도와 같은 핵심적인 단어들이 좋은 인출 단서가 된다. 정보처리능력 향상 프로그램의 '기억 향상 전략'에서 언급했던 것처럼, 머리글자를 따서 암기하는 것 역시 기억하기 쉬운 인출 단서를 만드는 것이다. 단서에 리듬이나 음률을 붙여 노래처럼 외우는 것이나 글자가 아닌 이미지나 그림 같은 시각적 자료로 만들어 외우는 것 역시 외적 인출 단서를 만드는 방법이다.

4 망각에 대한 이해

어떤 정보가 단기기억에서 장기기억으로 넘어가게 되면 대부분 상당한 기간 동안 장기기억 속에 저장되어 있게 된다. 장기기억에 저장된 정보들이 죽을 때까지 변함없이 기억되는 것인지 아니면 어느 시점이 되면 사라지는 것인지에 대해서는 아직 많은 논란이 있다. 하지만 한 가지 분명한 것은 우리가 기억하고 있는 많은 내용들 중에서 어떤 내용들은 잊어버리게 된다는 것이다. 즉, 망각이 일어나는 것인데, 망각이 일어나는 이유에는 여러 가지가 있다.

1) 소멸

장기기억에 저장된 정보라 하더라도 거의 사용되지 않거나 아예 사용되지 않을 경우 소멸(decay)하게 된다. 특히 어떤 종류의 정보는 다른 종류에 비해 훨씬 쉽게 소멸하는데, 가령 어떤 일의 핵심적인 사항보다는 세부적인 내용들이 빨리 잊히는 경향이 있다. 자주 꺼내 보지 않거나 자주 사용하지 않는 기억은 시간이 갈수록 점점 약해지고 접근하기가 어려워지는 것이 일반적이다.

2) 간섭

우리가 단지 한두 가지 정도의 적은 정보들만 기억해야 한다면, 기억과 인출은 그리 어렵지 않은 일일 것이다. 그렇지만 우리는 상당히 방대한 내용들을 기억해야 하며, 그 내용 중에는 서로 비슷한 특징을 가진 것들이 있기 마련이다. 가령 '의식하고 있는'이라는 뜻의 단어 'conscious' 하나만 외우는 것은 그리 어렵지 않지만, 이와 비슷하게 생긴 '양심'이라는 뜻의 'conscience'를 함께 외우게 되면 헷갈리게 된다. 한 가지만 알고 있을 때는 정확했던 기억이 비슷한 내용을 알고 난 후부터 헷갈리게 되는데, 이는 비슷한 정보들끼리 서로 간섭, 즉 방해를 일으켜 이미 기억된 내용들이 혼돈되기 때문이다.

간섭(interference)은 역행간섭과 순행간섭, 두 가지로 구분할 수 있다. **역행간섭(retroactive interference)**은 우리가 어떤 것을 학습하고 난 다음에 하는 활동이 앞의 학습 내용에 대한 기억을 방해하는 것이다. **순행간섭(proactive interference)**은 오래된 학습이 회상에 간섭을 일으키는 것이다.

3) 인출 실패

시험을 볼 때, 분명 공부했던 내용인데도 도무지 생각이 나지 않다가 시험이 끝나고 시험지를 걷어가는 순간 갑자기 "맞다! 그거였잖아!" 하면서 그 내용이 번뜩 생각났던 경험을 해 본 적이 있을 것이다. 이는 그 내용을 잊어버려서가 아니라 적절한 시점에 그 내용을 꺼내지 못했기 때문에 나타나는 것인데, 이를 인출 실패라 한다.

비유적으로 설명해 보면, 원하는 정보를 가지고 있는 장기기억이라는 창고를 손전등으로 제대로 '들여다보지' 못했을 때 인출에 실패한다. 아마도 그 정보는 지금 생각하는 것과는 다른 방식으로 연결되어 저장되었을 수 있다. 아니면 그 정보와 다른 생각이 거의 연결되지 않은 채 혼자 똑 떨어져 저장되었을 수도 있는데, 결과적으로 기억을 다 찾아보았지만 손전등의 초점을 받지 못한 것처럼 활성화되지 못한 것이다.

4) 저장 또는 공고화 실패

어떤 정보는 처음부터 완벽하게 저장되지 않았기 때문에 망각되기도 한다. 어떤 정보에 주의를 기울이지 않으면 그 정보는 작업기억에조차 들어오지 않는다. 장기기억에 도달할 수 있도록 충분히 처리하지 않는 정보도 마찬가지이며, 장기기억 속에 들어갔다 하더라도 큰 사고와 같은 어떤 요인 때문에 공고화(consolidation) 과정이 방해를 받을 수도 있다.

5 망각이 일어나지 않도록 하는 시험공부 전략

1) 주기적인 복습

인간이라면 그 누구도 망각을 피해 갈 수는 없다. Ebbinghaus의 망각곡선에 잘 나타나 있듯이, 아무리 잘 배운 내용이라도 시간이 지나면 점차로 그 내용을 잊어버리게 된다. 이는 자연스러운 과정이며, 인간의 뇌는 이처럼 망각이 일어나도록 시스템화되어 있다. 사실 망각은 꼭 필요한 것이기도 하다. 때로는 무언가를 잊어버림으로써 우리는 좀 더 편안하게 살 수 있기 때문이다. 가령 목격한 끔찍한 교통사고 광경이나 그때의 충격적인 심경을 시간이 지나도 생생하게 기억한다면, 그 사고만큼이나 끔찍한 일이 될 것이다. 그렇지만 시험을 잘 보기 위해서는 최대한 망각이 일어나지 않도록 해야 한다. 잊어버리는 내용이 0이 되도록 하는 것은 현실적으로 불가능하겠지만, 망각의 속도를 늦추거나 망각으로 버리는 내용을 줄일 수 있는 방법이 있다. 그건 바로 '주기적으로 복습'을 하는 것이다. Ebbinghaus의 망각곡선상에서 망각이 급속도로 일어나는 시점인 학습한 후 하루가 지나기 전에 그 내용을 다시 공부하게 되면 기억률은 100% 가까이 올라가게 되고, 기억된 내용들 역시 처음에 비해 훨씬 더 단단해진다. 그 이후에는 가령 3일 후, 일주일 후, 한 달 후 등 간격을 두고 주기적으로 복습하게 된다. 따라서 아예 시험계획을 세울 때, 이를 염두에 두고 계획표를 작성하는 것이 좋다.

2) 6:3:1 전략에 따른 분산학습과 반복학습

시험준비에 대해 청소년들과 이야기하다 보면, '벼락치기'로 시험공부를 하는 경우가 거의 대부분이다. 벼락치기에도 다시 두 종류가 있는 것으로 보이는데, 하나는 처음부터 작정하고 벼락치기를 하는 경우다. 공부를 하거나 시험을 준비하고픈 마음이 별로 없었지만, 정작 시험이 가까워 오자 뭐라도 조금은 해야 할 것 같아서 시험 며칠 전부터 급하게 벼락치기를 하게 된다. 또 다른 경우는 의도치 않게 몰아치기 공부를 하는 것이다. 이런 친구들은 시험 보기 한 달 전 늦어도 3주 전부터 시험준비에 들어간다. 공부를 시작하기에 앞서 나름대로 거창한 시험계획을 세운다. 그렇지만 공부를 하다 보면 계획대로 진행되지 않는 경우가 많고, 시험 기간이 점점 다가오다 보면 정성들여 만들었던 계획표를 던져 버리고 급한 것부터 되는 대로 공부하게 되는 것이다. 보통 이런 경우 처음의 계획표를 지킬 수 없는 이유가 있기 마련인데, 대부분 너무 무리하게 공부 계획을 세우는 것이 그 이유일 때가 많다. 따라서 시험을 잘 보기 위해서는 미리 계획을 세워 시험을 준비하는 것이 필수적이며, 특히 지킬 수 있도록 계획을 잘 세우는 것이 중요하다. 이에 '6 : 3 : 1 전략에 따른 분산학습과 반복학습'의 시험계획표 작성법에 대해 단계별로 알아보겠다.

(1) 1단계

좋은 시험계획을 세우기 위해서는 먼저 계획에 필요한 시험 정보들을 잘 알고 있어야 한다. 시험계획을 세우기 전에 꼭 알아야 할 것들은 다음과 같다.

- 과목별 시험범위는 어디까지인가?
- 과목별로 시험을 치르는 날짜와 시간은 언제인가?
- 시험범위에서 선생님이 특별히 중요하고 했던 부분은?
- 시험은 몇 문제나 출제되는가?
- 문제의 유형은 어떤가?(객관식? 주관식? 서술형?)
- 어떤 유형의 문제에서 더 높은 점수를 주는가?

(2) 2단계

시험계획의 가장 기본 원칙인 분산학습과 반복학습에 따라 계획을 세운다.

- 분산학습

분산(分散)이라는 말은 한곳에 몰려 있지 않고 여러 곳에 흩어져 있다는 뜻이다. 학습에 있어서 분산한다는 것은, 한 번에 몰아서 공부하지 않고 나눠서 한다는 것을 의미한다. 가령 수학의 시험범위가 총 70페이지라고 하면, 이를 하루에 다 공부하는 것이 아니라 여러 날에 걸쳐 조금씩 나눠서 하는 것이 바로 분산학습이다.

분산해서 공부하는 것의 장점은 무엇일까? 첫 번째 이유는 한 번에 많은 양을 공부하면 집중력이 떨어지기 때문이다. 운동을 할 때에도 '오늘은 팔 운동만 해야지.' 하고 계속해서 팔만 돌리면 얼마 못하고 지치게 되듯이, 비슷한 내용을 오랜 시간 붙들고 있으면 뇌가 훨씬 쉽게 피로감을 느낀다. 70페이지의 수학을 한꺼번에 공부하지 않고 하루에 10페이지씩 일주일간 공부하는 것이 더 효과적이다. 하루에 10페이지 정도를 공부하는 것은 그리 부담되는 분량이 아니기 때문에 훨씬 편한 마음으로 공부할 수 있고 그러다 보면 자연스럽게 집중이 잘되고, 집중력이 좋다 보면 내용을 이해하기도 훨씬 쉬워지며, 이해가 잘되다 보면 이를 기억하는 것 역시 보다 수월해진다. 또 오늘 분량인 10페이지를 공부하기 전에, 어제 공부했던 내용을 잠깐 복습한다면 그 내용을 더 단단하고 오래 기억할 수 있게 된다. 이처럼 다른 방법에 비해 기억을 더 잘할 수 있다는 것이 바로 분산학습의 두 번째 장점이다.

1800년대에 Hermann Ebbinghaus는 학습(기억 암송) 회기의 분산이 정보를 장기기억에 공고화하는 데 영향을 미친다는 것을 발견했다. Bahrick과 Phelps(1987)는 사람들이 **집중**

학습(massed practice; 한 번에 몰아서 하는 학습)을 했을 때보다 **분산학습**(distributed practice; 시간 간격을 두고 여러 회기에 걸쳐 이루어진 학습)을 했을 때 그 정보를 더 오래 기억한다는 사실을 발견하였다. 학습 회기의 시간 간격이 길수록 사람들은 학습 내용을 더 오래 기억하였다.

분산학습이 더 좋은 회상을 가져오는 현상을 학습의 **간격효과**(spacing effect)라고도 하는데, 간격효과가 나타나는 원인을 장기기억의 공고화 과정과 연결하여 생각할 수 있다. 분산학습을 할 경우, 각 학습 회기마다 부호화의 맥락이 다르므로 학습자가 각기 다른 부호화 단서나 책략을 사용할 수 있고, 따라서 정보의 도식을 더 정교하고 풍부하게 할 수 있기 때문에 간격효과가 나타나는 것으로 볼 수 있다. 또 다른 가능성은 수면이 기억에 미치는 영향에 대한 연구를 통해 발견할 수 있다. REM 수면이 많이 포함된 숙면은 기억의 공고화를 돕기 때문이다. 같은 내용을 여러 날에 걸쳐 반복학습하면, 매일 밤 자는 동안에 해마가 반복적으로 재활성화하면서 빠르게 학습된 기억 정보가 영구적인 장기기억 체계에 더 잘 통합된다.

공부할 때 간격효과의 원리를 기억하는 것은 중요하다. 단기간에 다양한 주제를 다량으로 학습하는 것보다는 학습주제를 분산시키고 부호화 맥락을 다양하게 할 때 평균적으로 정보를 더 오래 기억할 수 있다.

● 반복학습

반복(反復)은 말 그대로 같은 내용을 여러 번 공부하는 것을 뜻한다. 분산학습이 공부의 '양'에 대한 것이라면 반복학습은 공부의 '횟수'에 대한 전략이다. 앞에서 배운 '기억 향상 전략'에서 살펴보았듯이, 한번 공부한 내용은 시간이 지나면 조금씩 머릿속에서 사라지는데, 이것을 막을 수 있는 유일한 방법은 공부한 내용이 사라지기 전에 반복함으로써 기억을 단단하게 다지는 것이다. 우리 뇌는 중요한 정보를 오래 기억하려는 속성이 있는데, 반복적으로 같은 내용이 들어오면 중요하다고 판단한다. 최소 두 번에서 세 번 정도는 반복해서 공부해야 외우려는 내용들이 안전하게 시험 때까지 머릿속에 남아 있게 된다. 또 이렇게 공부하면 시험이 끝나고 나서도 그 내용이 쉽게 잊혀지지 않는다. 즉, 한 번에 확실하게 암기하는 것보다 기억이 희미해질 때쯤 다시 한번 그 내용을 반복학습하는 것이 더 효과적이다.

(3) 3단계

분산학습과 반복학습의 원리를 적용해서, 시험준비 전체 기간을 6 : 3 : 1의 비율로 나눠 시험계획을 세운다. 그 내용은 다음과 같다.

구분	전체 시험 기간의 60%	전체 시험 기간의 30%	전체 시험 기간의 10%
해야 할 일	전 과목의 내용을 읽고 이해하여 필요한 부분을 요약하고 암기한다.	60%의 기간 동안 공부한 내용을 잘 알고 있는지 복습하고, 문제풀이를 통해 확인한다.	최종 점검
공부의 재료	교과서, 노트, 프린트, 자습서 등	(요약)노트, 문제집	(요약)노트, 오답노트, 최종정리하기 좋은 재료
공부 방법	정독하기, 이해하기, 요약하기, 암송하기	복습하기, 다시 암송해 보기, 문제 풀기, 오답노트 만들기	틀린 부분이나 중요한 부분만 확인하기, 암송하기

10 수행불안에 대한 이해

1 정서와 학습의 관계

정서가 학습에 영향을 미친다는 사실은, 상식적인 수준에서도 쉽게 이해할 수 있다. 우리가 새로운 것을 배울 때, 기분이 좋고 특히 배우는 내용에 흥미를 느낀다면, 그 내용을 이해하거나 처리하는 일은 훨씬 수월해지며, 그 결과로서 느끼게 되는 흥분이나 즐거움, 뿌듯함 같은 감정들도 더 커진다. 반대로 어떤 시도가 실패하면, 좌절하고 불안하게 되며 그 과제에 대해 부정적인 감정을 갖게 되는 경향이 있다. 정서 중에서도 특히 일반적인 기분 상태가 학습과 기억에 많은 영향을 미친다.

어떤 내용을 공부하거나 외우려고 할 때, 사고와 기억은 '뜨거운 인지(hot cognition)'라고 알려진 정서적 뉘앙스를 갖게 된다. 즉, 학습하려고 하는 자료의 어떤 특성이 정서가를 일으키게 되고, 이는 결과적으로 인지적 처리에도 영향을 미친다는 것이다. 가령 어떤 정보가 정서적인 흥분을 일으키게 되면, 우리는 그것에 더 많은 관심을 기울이는 경향이 있다. 그것에 대해 더 많이 생각하고, 반복적으로 정교화하게 된다. 그러나 정서를 불러일으키지 않는 주제에 대해 논리적으로 생각할 때에 비해, 이성적인 추론을 이끌어 내고 적절하게 처리하는 능력은 방해받을 수도 있다.

이처럼 집중하고 이해하고 저장하는 온통 인지적인 과정들에 정서가 영향을 미치기도 하지만, 반대로 장기기억에 저장된 정보를 인출할 때에도 정서적 특성들이 영향을 미친다. 극도로 고통스러운 기억은 때로 억압되기도 하지만, 일반적으로는 비정서적인 정보보다는 정서적인 내용을 보다 쉽게 기억해 낼 수 있다. 가령 어린 시절 커다란 개에게 물릴 뻔했던 기억은 두고두고 오래 기억에 남는데, 그 당시의 놀랐던 느낌이나 공포감이 함께 저장되었기 때문이다. 그렇지만 별다른 일 없이 여느 때처럼 평범하게 학교 수업을 마치고 집에 돌아온 초등학교 4학년 시절의 어느 날은 기억해 내기가 쉽지 않을 것이다. 즉, 어떤 정보에 정서적인 색채가 가미될 때, 사람들은 더 잘 기억하게 된다는 것이다. 한편 여러 연구자들에 따르면, 인출 시점의 기분이 처음에 그 정보를 저장할 때와 동일할 때, 그 정보가 더 잘 회상된다고 하는데, 이는 '기분 의존 기억(mood dependant memory)'으로 알려진 효과다.

1) 우울과 학습과의 관계

'기분이 우울하면 무조건 나쁜 것이다.'라고 생각하는 경우들이 있는데, 사실 우울한 기분도 긍정적인 작용을 할 때가 있다. 병리적인 수준이 아닌 적절한 정도의 우울감을 가진 사람들은 그렇지 않은 사람들에 비해 현실을 보다 정확하게 지각한다고 한다. 다시 말하면 일반 사람들은 현실을 실제보다 다소 긍정적으로 보는 데 반해 약간의 우울감을 가진 사람들은 훨씬 더 냉철한 지각과 판단력을 가지고 있고, 그렇기 때문에 우울한 기분을 느끼기도 한다. 또 이런 사람들은 대체로 깊이 있게 생각하는 성향을 가지고 있으며, 자신에 대해서도 내성(內城)하고 반성하는 능력이 뛰어난 편이다.

이처럼 우울한 기분 역시 늘 좋기만 하거나 늘 나쁘게만 작용하는 것은 아니다. 그렇지만 학습 장면에 있어서 우울은 대체로 부정적인 기능을 하는 경우가 많다. 우울한 상태가 되면 후회나 자책 같은 불필요한 생각에 몰두하게 되므로, 자신이 해야 할 공부에 관심을 갖고 집중하기가 어렵다. 대부분 우울 증상이 심하면 정신 운동의 지체가 나타나는데, 과제에 집중한다 하더라도 효율적으로 처리하기가 어렵기 때문에 제 능력을 충분히 발휘하지 못한다. 이처럼 우울한 기분과 학업 성취 사이의 부적인 상관은 여러 연구 결과에서도 일관되게 입증되고 있다. 우울한 아동들은 지적 잠재력에 비해 학교에서의 성취와 학업 수행이 빈곤했는데, 이는 우울 상태에서 비롯되는 집중력 부족, 동기 결핍 등의 증상이 아동들로 하여금 자신의 능력을 제대로 발휘하지 못하도록 방해함을 시사하는 결과다.

2) 불안과 학습과의 관계

(1) 불안이 학습에 미치는 영향

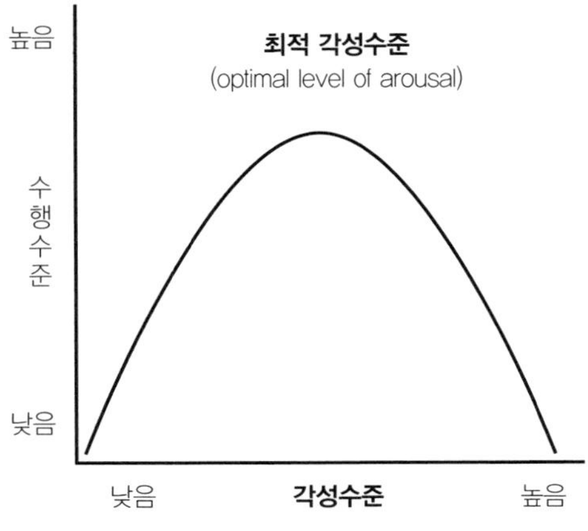

불안은 전형적으로 성과가 불확실한 상황에 대한 불편하고 걱정되는 감정으로, 높은 각성 상태를 동반한다. 불안이 학습이나 수행에 미치는 영향에 대해 가장 널리 알려진 이론은 '**최적 각성 수준 가설**'이다. 옆의 그래프에서 보듯 이 이론에서는 불안, 즉 각성의 수준과 수행 간에 '거꾸로 된 U'자 모양의 관계가 있다고 본다. 각성 수준이 지나치게 낮거나 높을 때는 수행이 떨어진다. 즉, 지나치게 불안해하거나 너무 불안해하지 않는 경우 둘 다 과제에 대한 집중력과 수행 능력을 저하시킨다. 대신, 낮은 불안 수준 상태인 약간의 각성은 학습과 수행을 가장 촉진한다. 적절한 정도의 각성이란 사람마다 또 주어진 과제의 특성에 따라 조금씩 다르다.

특히 과제의 난이도와 각성 수준 간에 중요한 관계가 있다. 쉬운 과제는 각성 수준이 높은 상태에서 가장 잘 해결되지만, 어려운 과제는 각성 수준이 낮거나 중간 정도일 때 더 잘 성취된다. 이를 **역스-도슨의 법칙(Yerkes-Dodson Law)**이라 한다. 높은 불안 수준은 200m 달리기나 알파벳 암기하기처럼 쉽고 자동적인 과제의 수행을 증진한다. 이는 촉진적인 불안(facilitating anxiety)의 예다. 그러나 동일한 수준의 불안(높은 불안)이 대규모 대중 앞에서의 연설과 같은 어려운 과제에서는 오히려 독으로 작용한다. 이는 파괴적인 불안(debilitating anxiety)의 예다. 수업 과제를 수행할 때에도 역스-도슨의 법칙을 쉽게 발견할 수 있다. 가령, Bloom과 Border(1959)에 따르면, 수학 문제를 푸는 동안에 약간의 근육 긴장을 경험하는 학생들이 그런 긴장을 전혀 경험하지 않은 학생들보다 문제를 푸는 데 있어 좀 더 성공적이다.

한편 과제 난이도가 어려운 경우를 좀 더 세분화해서 생각해 볼 필요가 있다. 어려운 과제가 '위협'과 '도전' 중 어디에 해당되는지가 중요하다. 위협(threat)은 학습자가 성공 가능성이 낮다고 믿는 경우, 즉 실패가 거의 불가피한 결과라고 생각하는 상황이다. 반대로 도전(challenge)은 학습자가 열심히 노력하면 성공할 수 있으리라 믿는 상황이다. 학습자는 상황을 위협적으로 지각하게 되면 불안감에 더해 '어찌할 수 없다'와 같은 무기력감을 느끼게 된다. 상황을 도전으로 느껴야 좀 더 적극적인 모습이 나오게 된다. 성공할 수 있을 것이라고 생각할 때, 최선을 다하려는 동기가 높아지고 흥분과 만족을 나타내게 되는 것이다.

(2) 수학 불안(mathematics anxiety)

학교에서 배우는 모든 과목 중에서 수학만큼 많은 학생들에게 불안을 유발하는 과목도 없다. 상담실에서 많은 청소년들을 만나다 보면, 다른 과목에서는 뛰어난 수행을 보이면서도 유독 수학에서만 고전을 면치 못하는 경우를 자주 보게 된다. '수학 불안'이라는 진단명을 하나 만들어도 될 만큼, 최근에는 수학에 불안을 느끼는 청소년들이 많은 것 같다.

수학 불안은 다른 불안과 마찬가지로, 인지적 측면과 정서적 측면을 가지고 있다. 수학 불안의 인지적 측면은, 지금도 그렇고 앞으로도 마찬가지겠지만 내가 수학 과제에서는 좋은 성과를 내기가 어려울 거라는 생각과 믿음이다. 정서적 측면은 수학에 대해 부정적인 정서 반응을 보인다는 것인데, 가령 수학 문제를 보기만 해도 머리가 어지럽다거나 수학 시험 때 너무 손이 떨려서 문제를 제대로 풀지도 못하는 경우가 이에 해당된다. 아예 수학에 대한 이야기를 하는 것조차 거부하는 경우도 있다.

수학 불안이 높은 학생들은 수학 불안이 낮은 학생들보다 수학에서의 성취도가 떨어지며, 자발적으로 수학 과목에 등록하지 않으려 한다. 수학 불안은 성취 수준이 비슷한 가운데에서도 남학생보다 여학생에게 더 많은데, 이것이 왜 여학생들이 수학을 전공으로 하여 진학하거나 진로를 개척하지 않는가를 나타내는 핵심적인 이유 중 하나다. 그리고 수학 불안은 남학생이든 여학생이든 과학 분야의 진로를 추구하지 못하도록 방해한다.

(3) 시험불안(test anxiety)

곧 시험을 앞두고 있는 상황에서 어느 정도 불안해하고 걱정하는 것은 지극히 당연한 일이다. 또한 적당히 긴장하고 불안해하는 것은 시험을 잘 준비하고 실제 시험을 잘 보는 데 도움이 된다. 하지만 이런 불안 수준이 너무 지나쳐서 정작 시험준비를 제대로 못하거나 시험을 망치게 되는 경우가 있는데, 이를 시험불안이라 한다.

시험불안은 정의적, 인지적인 두 가지 요소로 구성된다. 시험불안의 정의적, 정서적 요소는 생리적인 증상들을 포함할 수 있는데, 맥박수가 증가하고 입이 마르고, 두통, 공포, 무기력, 간혹 백지 상태로 가는 듯한 느낌 등을 수반한다. 그렇지만 시험불안은 반드시 시험 시간에만 나타나는 것은 아니다. 실제 상담 사례에서, 평소에는 건강에 아무 문제가 없던 고등학교 남학생이 늘 시험 2주 전부터 장염이나 몸살감기로 심하게 아파 제대로 시험 준비를 하지 못하는 경우가 있었는데, 이 남학생은 이런 패턴을 1년 내내 반복했었다. 검사 결과 신체적 기능에는 별다른 이상이 없었다. 1년간 반복되는 패턴을 지켜본 후에야, 이 남학생이 극심한 시험불안으로 인해 시험 직전에 자기불구화 전략(self-handicapping strategy)[8]을 사용함으로써 실패할 수도 있는 상황을 미리 차단하고 있음을 감지할 수 있었다. 이처럼 시험불안은 시험을 보기 전에도 나타날 수 있으며, 굉장히 다양한 행동과 증상으로 나타난다.

시험불안의 인지적 요소 혹은 걱정은 실패에 대한 걱정(예: 부모님께서 화를 내시지는 않을

---

8) 자기불구화 전략이란 중요한 일을 앞두고 일부러 해가 되는 행동, 가령 술을 마신다거나 일부러 늦장을 부리는 것과 같은 행동을 하는 것을 말함. 이렇게 하면 실패하게 되었을 때 스스로에게 변명거리가 있으므로 자존감에 상처를 덜 받게 됨.

까, 대학에 못 가지 않을까)과 낮은 점수를 받고 당황하지 않을까 하는 걱정과 같은 생각을 포함한다. 시험불안을 느끼는 학생들은 시험의 난이도에 몰두한 나머지 구체적인 시험문항에 집중하지 못하는 경향이 있다.

성공에 대한 압박이 존재하고 어렵다고 인식될 때, 시간제한이 있고 친숙하지 않은 문제나 시험형태가 존재하는 상황에서 시험불안이 야기된다. 특히, 예고 없이 치르는 시험이 높은 시험불안을 야기할 수 있다.

2 시험불안을 다루는 방법

1) 인지행동적 요법

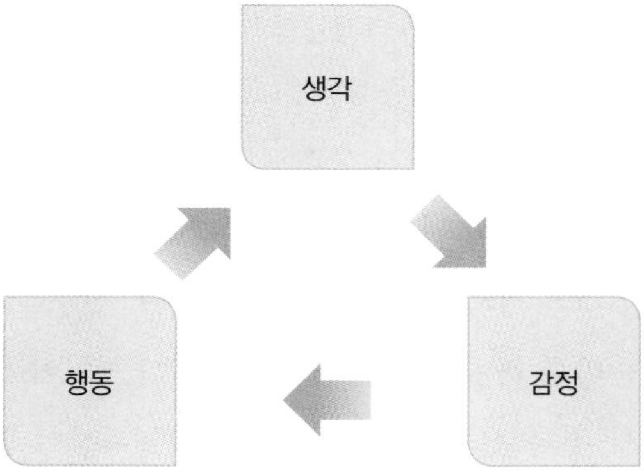

시험에 대해 극심한 불안을 느낀다면 이는 대부분 시험에 대해 '불안을 느낄 만한' 어떤 생각을 하고 있기 때문이다. 가령 시험 성적이 자신의 능력과 자신의 존재에 대한 평가와 동일한 것이라고 생각할 경우, 상당한 시험불안을 느끼게 될 것이고, 그 불안은 시험을 볼 때 여러 행동적 · 신체적 증상으로 나타나게 될 것이다. 이처럼 우리의 생각, 감정, 행동은 서로 밀접하게 연관되어 있으며 서로 영향을 주고받는데, 이는 심리학의 한 분파인 인지행동주의의 가장 핵심적인 가정이다.

인지행동적 요법을 통해 시험불안을 경감시킬 수 있다. 방금 전에도 살펴보았듯이, 생각은 감정에 지대한 영향을 미친다. 어떤 생각들은 우리의 기분을 좋게 하고 보다 적응적으로 생활하는 데 도움이 되는 반면, 기분을 나쁘게 하고 미래에 대해 비관하게 하는 부정적이고 파괴적인 생각들도 있다. 좀 더 편안하고 즐겁게 살아가기 위한 방법 중 하나는 바로 이 생각을 바꾸는 것이다. 마찬가지로 시험불안에서도, 불안을 유발할 만한 생각들을 수정하는 작업을 통해 시험불안의 수준을 낮출 수가 있다. 이를 'ABC 모델'이라고 한다.

- ABC 모델

  A(Activating event): 내가 경험하는 생활사건

  B(Belief system): 그 사건에 대한 내 생각이나 믿음

  C(Consequence): 내 생각이나 믿음에 따른 결과

가령 '이제 시험이 얼마 남지 않았다'라는 동일한 선행사건(A)에 대해, '이번 시험을 못 보면 정말 큰일 나는데… 점수 떨어진 만큼 선생님이 때린다고 했잖아. 그리고 이번에 진짜 망치면 내 인생은 끝장이야.'라고 생각하는 경우와 '벌써 시험이 코앞이네. 미리 준비한다고 했는데도 아직 못한 공부가 많아. 어쩌지? 하지만 일단 다른 건 생각하지 말고 남은 시간 동안 할 수 있는 만큼 열심히 준비하자. 그리고 시험 결과 보고 나서, 다음에 더 잘하면 되지.'라고 생각하는 경우, 둘 다 선행사건에 대한 생각과 믿음(B)이지만, 그 이후의 행동이나 결과는 판이하게 달라진다. 전자의 예시처럼 생각할 경우, 상당한 압박감과 긴장, 불안을 느끼게 될 것이고, 조금마한 어려움이 닥치면 그만 포기해 버리고 싶을 것이다. 반면 후자의 예시처럼 긍정적으로 생각할 경우, 보다 적은 불안감과 걱정을 느끼게 될 것이며 시험준비 및 시험 치르는 과정에서도 훨씬 더 적응적으로 기능할 것이다.

이처럼 생각을 바꾸는 방법을 통해 시험불안을 경감시킬 수 있지만, 이는 하루아침에 가능한 것이 아니다. 생각이라는 것은 워낙 오랜 시간을 걸쳐 형성되어 온 것이기 때문이다. 자신의 부정적인 생각, 자신의 능력을 갉아먹는 생각을 바꾸고 싶다면, 마치 일기를 쓰듯 꾸준히 생각을 바꿔 보는 연습을 해야 한다.

2) 이완 훈련

심리적으로 긴장하게 되면 우리의 신체도 이에 반응하여 자세가 꼿꼿해지거나 근육이 경직될 수도 있다. 그렇지만 심리적 상태가 신체 상태에 일방적으로 영향을 주기만 하는 것은 아니다. 신체 상태가 어떠하냐에 따라 심리적 상태가 달라질 수도 있다. 이완 훈련은

이처럼 심신(心身) 간에는 서로 영향을 주고받는다는 가정에 근간을 두고 있는 방법이다. 이완 훈련은 체계적인 근육의 이완을 통해 심리적인 안정을 도모하는 방법이다. 여러 가지 다양한 훈련법들이 있지만, 대체로 근육을 긴장시켰다가 다시 이완시키는 방법을 반복하면서 점차로 근육을 이완시키고 여기에 호흡법을 통해 긴장을 감소시키는 방법을 병행한다. 이완 훈련은 혼자서 하기에는 다소 어려운 방법이므로, 이완 훈련 전문가의 지도하에 연습하는 것이 좋다.

3) 교사가 학생들의 시험불안을 최소화할 수 있는 방법

시험 형태와 내용을 명료하게 해줌으로써 학생들은 시험에 대한 체계를 나름대로 세울 수 있고, 시험불안을 감소시킬 수 있다. 시험에 무엇이 나올지 알고 문제의 형식이 어떤지 앎으로써 모든 학생, 특히 능력이 낮은 학생들이 더 높은 성적을 얻게 된다.

- 성적이나 등급을 공개하는 것과 같은 학생 간 비교를 피한다.
- 퀴즈나 시험의 횟수를 늘린다.
- 시험 전에 시험의 내용과 절차에 대해 토의한다.
- 분명한 지침서를 제공하고, 학생들이 시험의 형태와 요구조건들을 이해하고 있는지 확인한다.
- 학생들에게 시험 보는 기술을 가르친다.
- 대안적인 평가와 같은 다양한 측정방법을 사용해서 학생들의 이해와 기술을 측정한다.
- 시험을 치를 때 학생들에게 충분한 시간을 준다.
- 학생들에게 긍정적인 기대감을 불러일으키고 성공과 노력을 연결하도록 격려한다.

3 스트레스에 대한 이해

영어권에서는 15세기경부터 압력이나 물리적 압박이라는 의미로 스트레스라는 단어를 사용하기 시작했으며, 17세기경에는 보다 일반화되어 역경이나 곤란의 의미로 사용되었다. 그러다가 20세기에 들어 질병이나 정신질환의 원인으로 스트레스라는 개념이 사용되기 시작했다. 스트레스의 정의에 대해서는 아직 전문가들 사이에서조차 의견 일치가 이뤄지지 않고 있지만, 스트레스를 크게 세 가지 방식으로 정의하는 데는 동의한다.

1) 반응으로서의 스트레스

반응으로서의 스트레스란, 추위나 산소 결핍 등의 조건에서 신체가 항상성(homeostasis)을 유지하는 데 장애가 왔을 때 경험되는 상태를 말한다. 이 개념은 주로 생물학이나 의학에서 사용되는 것이다. Selye는 새로운 자극 형태가 나타났을 때 이에 대응하려는 신체적인 방어의 틀, 즉 비특정적 반응(일반적응증후군)으로 스트레스를 정의하였다.

2) 자극으로서의 스트레스

심리학자들이 내린 가장 보편적인 정의에서는 스트레스를 하나의 자극으로 본다. 즉, 스트레스란 비통상적 반응을 요구하는 어떤 사건이나 상황으로, 외적인 환경 조건에서부터 내적인 생리적 현상까지 다양한 자극들이 포함된다. Selye는 이를 반응으로서의 스트레스와 구분하기 위해 스트레스원(stressor)이라는 말을 사용했다. Lazarus 등은 자극으로서의 스트레스를 다음 세 가지 유형으로 구분하였다. 첫째로, 천재지변, 전쟁, 투옥과 같이 다수에게 격변을 일으키거나 중대한 영향을 주는 변화이며, 둘째, 사랑하는 이의 죽음이나 심각한 병, 해고, 이혼, 출산, 중대한 시험과 같은 일부 사람들에게 해롭거나 위협을 줄 수 있는 부정적인 경험들, 셋째, 일상의 골칫거리로서 생활 속에서 경험하는 사건들이다.

3) 관계론적 정의

어떤 환경 사건도 개인의 지각이나 평가 과정 없이는 스트레스 요인으로 작용할 수 없다는 관계론적 입장이다. 이는 매우 광범위한 개념으로 사회적, 심리적, 생리적 체계를 모두 포함하며, 스트레스 정도는 자극으로서의 스트레스에 대한 인지적 평가, 즉 위협 정도에 대한 지각과 이에 대해 대처할 수 있는 자신의 능력에 대한 평가 등에 의해 결정된다고 본다. 자극 자체에 대한 평가를 일차적인 평가, 그것에 대해 자신의 대처 자원과 능력에 대한 평가를 이차적인 평가라 한다.

4 스트레스에 대한 신체적 반응

1) 위급 반응(emergency response)

갑자기 위급한 상황을 겪게 될 때 신체가 자동적으로 나타내는 반응을 위급 반응이라고 한다. 위급 상황의 내용이 각기 다를지라도 신체가 반응하는 양상은 매우 유사하다. 간에서는 포도당을 분비하고, 내분비선에서는 위급 상황에 도움이 될 수 있는 호르몬을 분비하며, 지방과 단백질을 당분으로 전환하게 만들고, 심박, 혈압, 호흡수가 증가하게 된다. 이러한 활동들은 자율신경계의 기능과 관련이 있으며, 시상하부는 부신수질로 하여금 아드레날린을 방출하도록 한다. 아드레날린은 심박, 혈압 증가, 간장의 혈당 방출을 촉진한다.

2) 일반 적응 증후군(generalized adaptation syndrome)

(1) 경보 반응 단계(alarm reaction stage)

일반 적응 증후군의 첫 단계인 경보 반응은 유기체가 위협의 존재를 인식할 때 일어난다. 이 단계에서는 스트레스의 원인이 심리적인 것이든 물리적인 것이든 신체반응은 매우 유사하다. 경보 반응은 두 단계로 일어나는데, 충격 단계(shock phase)에서는 체온, 혈압이 떨어지는 대신 심장박동은 순간적으로 빨라지고 근육은 이완된다. 이후에는 바로 반충격 단계(countershock phase)가 나타나는데, 이때 신체는 스트레스에 반동적으로 대처하며 방어력을 동원한다. 이때 나타나는 신체 반응들은 위급 반응이다.

(2) 저항 반응 단계(stage of resistance)

만약 스트레스가 계속되면, 그 유기체는 저항 단계라는 일반 적응 증후군의 두 번째 단계로 진행된다. 이 단계에서는 대처 노력이 시작되면 생리학적 변화가 일정 수준으로 안정된다. 다만 유기체가 위협에 익숙해져 안정을 이루었다 하더라도 생리적인 각성은 정상 수준보다는 더 높게 지속된다. 대처 노력에는 에너지가 많이 소모되므로, 위궤양, 천식, 피부병, 요통 등의 정신신체장애나 불면증 및 성기능 장애 등이 나타날 수 있다.

(3) 소진 반응 단계(stage of exhaustion)

만약 스트레스가 상당 기간 이상 계속되면, 유기체는 세 번째 단계인 소진 단계(탈진 단계)로 들어간다. 스트레스에 저항하는 신체의 자원은 한정되어 있기 때문에, 만약 스트레스를 극복하지 못하면 신체 자원은 고갈될 것이고 생리학적 각성은 감소할 것이다. 결국 유기체는 소진되어 쇠약해진다. 이 단계에서 저항이 줄어들어 잠재적으로 Selye가 '적응의 질병'이라 부르는 궤양이나 고혈압 같은 병에 걸리게 되며, 심한 경우 죽음에 이른다.

5 스트레스에 대한 반응

1) 인지적 손상

스트레스로 인해 정서적으로 불안정해지면 지적 수행상의 손상이 일어난다. 예를 들면, 주의집중이 안 된다거나 자기-파괴적이 되거나 여러 가능성을 포괄적으로 검토할 수 있는 능력이 현저하게 줄어드는 것 등이다. 또한 새로운 해결방법을 찾지 못하고 과거에 익숙하게 사용했던 해결방법을 자동적으로 선택하는 경향이 높아진다. 그래서 스트레스를 받으면 공격적인 사람은 더 공격적이 되고, 조심스러운 사람들은 더 위축된 행동을 보일 수 있다. 더불어 스트레스로 인한 생리적인 흥분을 경험하게 되면 소위 터널시야 현상(tunnel vision phenomena)이 나타난다. 터널 안에 들어갔을 때 시야가 갑자기 좁아지는 것과 마찬가지로 가능한 장기적인 부담을 예측하기가 힘들어지고 충동적인 행동이나 모험을 행할 가능성도 높아진다.

2) 정서적인 반응

(1) 불안(anxiety)

공포(fear)는 긴박한 위험이 현존할 때나 실제적인 위험이 예기될 때 느끼는 두려움으로 어떤 구체적인 대상이 있을 때 경험하는 것이다. 그에 반해 불안은 걱정하고 두려워하는 감정이기는 하지만 그 대상이 막연하고 모호하다는 특징이 있다. 즉, 불안은 구체적으로 무엇 때문에 무서워하고 두려워하는지를 모르는 상태다.

(2) 분노와 공격(anger and aggression)

공포가 도피 욕구와 직결된 감정인 것처럼 분노는 투쟁 욕구와 직결된 감정이다. 친구가 약속을 안 지키거나 내가 바보 같은 실수를 할 때처럼 좌절감을 느낄 때 화가 난다. 분노는 대개 공격 행위로 발전되는데, 분노를 일으키는 외부의 도발 자극을 확인하며 공격을 가해 상처를 주거나 다른 식으로 피해를 입히려는 충동이 자연히 일어난다.

(3) 우울과 무감동(depression and apathy)

스트레스에 대한 정서적 반응의 또 다른 유형으로 우울이나 무감동을 들 수 있다. 어떤 상황이 희망이 없다고 느껴질 경우 우리는 우울해진다. 우울한 사람은 만사에 의욕과 흥미를 잃고 자포자기하기 쉽다. 스트레스가 반복되고 이에 효과적으로 대처할 수 있는 능력이 없다고 느끼면 심한 우울감을 경험하며 무력감에 빠지게 된다. 심한 경우는 아무런 감정 표현을 할 수 없는 무감동 상태에 빠지게 된다.

3) 스트레스의 긍정적인 효과

스트레스라고 해서 항상 부정적인 효과만 있는 것은 아니다. Selye는 심리적 및 신체적 건강 상태나 과제 수행에 긍정적인 영향을 줄 수 있는 스트레스를 적정 수준의 스트레스(Eustress; 'eu-'는 희랍어로 기본, 좋은, 적당의 의미를 가짐)라고 명명한 바 있다. 스트레스의 긍정적 효과들은 크게 세 가지로 요약될 수 있다.

첫째, 스트레스 상황은 자극을 받고 도전을 하려는 우리의 욕구를 자극한다. 여러 연구들에서, 대부분의 사람들이 그들의 삶에서 아무런 스트레스가 없는 상태보다 적정 수준의 자극과 모험이 있는 상황을 더 선호한다는 사실을 밝혀냈다. 둘째, 스트레스는 개인적 성장이나 자기 향상을 증진하는 기능을 할 수 있다. 즉, 스트레스에 의해 시작되는 적응과정으로 인해 더 나은 개인적 변화가 일어나기도 한다는 것이다. 또한 스트레스에 도전하고 이를 극복함으로써 특정한 대처 능력이 향상될 수 있으며, 스스로에 대한 자부심도 높아지게 된다. 셋째, 스트레스를 경험함으로써 앞으로 닥쳐올 미래의 더 큰 스트레스에 대한 예방 접종과 같은 면역 기능이 생길 수 있다. 스트레스 수준이 너무 과도하지만 않다면, 그 스트레스를 경험함으로써 오히려 스트레스에 대한 내성(tolerance)을 키울 수 있다는 것이다.

6 스트레스 대처 방식

1) 통상적인 대처 방식

(1) 포기하기

포기하기(giving up)는 우리가 감당하기 힘든 스트레스에 직면했을 때 가장 흔히 보이는 대처방법 중 하나다. 제2차 세계대전 중 나치 포로수용소에서 죄수들이 보이는 정서적 반응을 관찰한 결과, 일부 죄수들은 그들을 체포한 사람들에게 싸움을 걸었고, 일부는 살아남기 위해 간수들이 시키는 대로 열심히 일했다. 그러나 많은 다른 수감자들을 무감동한 상태로 있으면서 적응하고 생존하려는 노력을 포기한 채 죽어 갔다. Martin

Seligman(1974)은 동물연구를 통해 이를 '학습된 무기력(learned helplessness)'이라고 명명하였다. 동물이든 사람이든 회피할 수 없는 고통스러운 사건들에 반복적으로 노출되면 수동적이고 무기력한 반응을 보인다는 것이다. 문제는 이 포기하려는 경향이 우리가 실제로는 무력해할 필요가 없는 상황들에까지 전이될 수 있다는 점이다.

(2) 공격 행동

우리는 도로상에서 매우 흔하게 추월시비로 인한 폭력 행동들을 목격한다. 이러한 추월시비 폭력사건들은 사람들이 공격 행동을 통해 스트레스에 반응한다는 사실을 알려 준다. 공격 행동에는 고함, 욕설, 모욕, 주먹다짐 등이 있으며, 더 극단적으로는 총격이나 살인까지도 포함된다. 물론 어떤 종류의 공격도 문제가 될 수 있다.

한편, 좌절감을 유발한 실제적인 원인 제공자에게 분노를 터뜨릴 수 없을 때 사람들은 직접적 원인 제공자가 아닌 제삼자에게 화풀이를 하는 경우가 있다. "종로에서 뺨 맞고 한강에서 화풀이한다."는 말처럼, 직장 상사에게 심한 모욕을 당한 남자가 그 자리에서는 아무렇지 않은 척하다가 집에 돌아와 가족들에게 괜히 화를 낼 수도 있다. 이렇듯 분노의 원인 제공자가 아닌 다른 사람에게 공격 행동을 하는 행위를 전위된 공격 행동(displaced aggression)이라 한다.

(3) 쾌락 추구

스트레스로 인한 괴로움에서 벗어나기 위해 음식을 먹거나 술, 담배, 쇼핑을 하는 것 등은 우리가 손쉽게 선택하는 스트레스 대처 방식이다. 이런 행동을 대안적 보상을 추구하는 행동으로 볼 수 있다. 즉, 마음먹은 대로 일이 진행되지 않아서 스트레스를 받으면 욕구를 만족시킬 수 있는 대체 활동을 시도한다는 것이다. 이러한 맥락에서 스트레스를 받으면 먹고, 담배를 피우며, 술을 마시는 행동이 증가한다는 사실을 결코 이상한 일이 아니다. 일상생활의 스트레스에 대처하는 방법으로서 대안적 쾌락을 추구하는 것 자체가 원래 부정적인 것은 아니다. 적절히 통제할 수만 있다면 여러 장점을 가질 수 있으며, 현실적으로도 유용한 대처 전략이 될 수 있다. 문제는 스트레스를 받을 때마다 습관적으로 폭음을 한다거나 물건을 사느라 돈을 다 써 버리는 경우일 것이다.

(4) 자신을 비난하기

스트레스에 대한 반응으로 부정적인 자기 말(negative self-talk)을 하거나 자책하기도 한다. 사람들은 종종 타당하지 않게 그들의 실패를 자신의 단점들 때문이라고 생각하고, 호의적인 피드백은 무시하는 반면 타인으로부터의 부정적 피드백에만 초점을 두며, 미래에 대해 부당하게 비관적인 투사를 하는 경향이 있다. 이처럼 우리가 자신의 문제점을 인정하는 것은 어느 정도 가치가 있을 수 있지만, 부정적인 자기 말은 대체로 비생산적인 경향을 갖는다. 결론적으로 이야기하면, 자기비난과 자기비판은 스트레스에 대처하는 유용한 방법이 아님이 분명하다.

2) 건설적인 대처 방식

어떠한 대처 전략도 항상 성공적인 결과를 보장할 수는 없다. 심지어 가장 건전한 대처반응이라고 생각되는 것조차도 어떤 경우에는 비효율적일 수 있다. 때문에 건설적 대처의 개념은 단지 건전하고 긍정적이라는 의미이지, 성공을 보장하는 것은 아니다. 다음의 내용은 전문가들 사이에 의견일치를 보이고 있는 건설적 대처의 몇 가지 공통점들이다.

- 건설적 대처란 일반적으로 문제를 회피하기보다는 문제에 직면하는 것을 뜻한다. 이를 통해 문제를 해결하기 위한 여러 대안들을 합리적으로 평가하는 의식적 노력이 포함된다.
- 스트레스와 대처 자원들에 대한 합리적이고 현실적인 평가들에 근거를 둔다.
- 스트레스에 직면했을 때 잠재적으로 파괴적인 효과를 보일 수 있는 정서적 반응들을 인식하고 때로는 이를 효과적으로 억제하는 것에 대한 학습과정을 포함한다.
- 잠재적으로 해가 되거나 파괴적인 습관적 행동들에 대해 어느 정도 통제력을 발휘할 수 있는 것에 대한 학습을 포함한다.

(1) 건설적 대처 방식: 평가 중심적인 건설적 대처

동일한 사건을 겪고도 사람들이 느끼는 스트레스 정도는 각기 다를 수 있다. 스트레스와 관련된 사고방식이나 평가방식이 다르기 때문이다. 스트레스를 보다 효과적으로 다루기 위해, 스트레스의 부정적인 효과를 증폭시키는 부정적인 사고방식을 인식하고 이를 보다 합리적이고 유용한 방식으로 바꾸는 전략을 평가 중심적인 건설적 대처라고 한다. 대표적인 방법으로는 Ellis의 합리적-정서적 치료(Rational Emotive Therapy: RET)가 있는데, 간략히 소개하면 다음과 같다.

A (Activating Events)	불쾌한 감정을 유발한 촉발 사건을 찾는다.
B (Belief)	촉발 사건에 대한 나의 신념을 찾는다.
C (Consequence)	그 일을 겪고 난 결과를 찾는다.
D (Dispute)	나의 사고방식에 대해 논박한다. – 내가 갖고 있는 신념을 지지하는 증거가 있는가? – 다른 대안적인 해석(신념)을 무시하지는 않았나? – 그렇게도 끔찍한 일인가? – 지금의 생각과 행동이 내게 도움이 되는가?
E (Effect)	합리적인 신념으로 바꾸면 정서 상태가 달라지는 효과를 경험할 것이다.

(2) 건설적 대처 방식: 정서 중심적인 건설적 대처

평가나 문제 중심의 대처만으로는 부정적 감정을 효과적으로 완화할 수 없는 경우들이 있을 수 있다. 정서적 자극을 경감시키는 데 유용한 대처 기제를 개발하는 것 역시 효과적인 스트레스 대처에 매우 중요하다. 구체적인 대처 전략에는 대략 네 가지 정도가 있다.

① 억압된 정서의 발산

최근 연구 결과들에 따르면, 억압된 감정이나 생각을 언어화하는 것이 불안을 해소하고 다른 스트레스 관련 정서를 진정시키는 데 상당히 가치가 있다고 한다. 어려움에 처했을 때 실컷 울고 나면 감정이 정화되면서 마음이 편해지는 경험을 한 번쯤은 해 보았을 것이다. 결국 감정을 털어놓고 이야기를 잘 들어줄 사람을 찾을 수 있다면, 자신의 비밀스러운 두려움, 불행, 그리고 의심을 솔직한 대화를 통해 털어놓고 부정적인 감정에서 벗어나기가 보다 쉬울 것이다.

② 주의를 다른 데로 돌리기

스트레스를 받았을 때 겪는 부정적인 감정을 완화하는 한 가지 방법은, 다른 일을 생각하거나 다른 활동에 몰입해서 그 문제로부터 주의를 전환하는 것이다. 가령 영화를 보러 가거나 추리소설을 읽거나 테니스 모임에 나가는 것 등이다. 주의 집중을 요구하는 일, 몰두할 수 있는 활동을 하는 것이 이 전략을 사용하는 최선의 방법이다.

③ 이완훈련

많은 연구들에서 체계적 이완훈련이 감정적 동요를 누그러뜨리고 문제가 될 만한 심리적 자극을 감소시킬 수 있음을 제안하였다. 한 연구에서는 이완훈련이 면역기능도 향상시킬 수 있음을 밝혀냈다.

④ 신체적 운동

신체 운동을 하게 되면 활동 수준이 의도적으로 증가되며, 이로 인해 무기력감이나 피곤함 등이 경감될 수 있다. 또한 운동은 대뇌의 생물학적인 변화를 일으킨다. 많은 사람들이 에어로빅 같은 운동을 하면 흥분 수준이 증가하면서도 더 침착해진다고 말한다. 이들이 말하는 편안하면서도 어느 정도는 흥분을 느낄 수 있는 상태는 엔도르핀과 노르에피네프린의 작용과 관련이 있다. 많은 연구자들은 운동을 하면 이 물질들의 분비가 증가된다는 사실을 확인했다.

제1장

학습전략과 SWOT 분석을 통한 자기이해

MLST 학습전략검사를 통한 학습전략의 강약점 이해하기

토론 자료

모죽 이야기

한국과 중국, 일본에 자생하는 모죽이라는 대나무가 있다. 이 대나무는 처음 심고 나서 5년이 될 때까지는 아무리 물을 주고, 정성을 다해도 전혀 자랄 기미를 보이지 않는다. 하지만 5년을 채우고 나면 그때부터 하루에 70~80cm씩 자라나기 시작해 무려 30m까지 자라나 위용을 과시한다.

그런데, 아무리 물을 주고 정성을 다해도 잘 자라지 않던 대나무가 어떻게 5년이 지난 후에는 그 짧은 시간에 30m까지 자랄 수 있을까? 심지어 이렇게 성장하며 쓰러지지도, 부러지지도 않는다.

그 비밀은 뿌리에 있다. 모죽은 5년 동안 뿌리를 사방으로 깊숙하게 내려서 그 뿌리가 수십 미터나 뻗친다고 한다. 겉에서 보았을 때는 아무런 변화도, 성과도 없는 듯 하지만 5년 동안 기초를 다지기 위한 노력을 하는 것이다. 이러한 보이지 않는 꾸준한 노력 때문에 결국 멋지고 당당한 모습을 세상에 드러낼 수 있는 것이다.

혹시 여러분은 지금 열심히 공부해도 만족스러운 결과가 나오지 않아 실망하고 있는가? '난 왜 이렇게 안 될까?' '난 못하겠어.'라는 생각이 드는가?

그렇다면 30m 높이로 자라나 세상을 놀라게 하는 '모죽'처럼 지금은 땅속 깊숙한 곳에서 뿌리를 내리고 있는 중이라고 생각해 보라. 지금의 노력은 분명하게 미래에 내가 성공하기 위한 밑거름으로 작용할 것이다.

토론하기

오랜 시간 노력한 후 급격히 향상될 수 있었던 일들의 예를 찾아보자. 혹 본인의 삶 속에서 경험했던 것에는 어떤 것들이 있는가?

체크리스트

내가 공부하는 이유는?	✓
1. 부모님의 강요로	☐
2. 부모님을 기쁘게 해 드리고 싶어서	☐
3. 교수님의 칭찬을 받기 위해서	☐
4. 남에게 지는 것이 싫으니까	☐
5. 남들보다 좋은 회사에 들어가기 위해서	☐
6. 자신만의 꿈을 실현하기 위해서	☐
7. 자신만의 전문성을 향상시키기 위해	☐
8. 즐거움을 느낄 수 있기 때문에	☐
9. 배우는 것이 좋아서	☐
10. 성취감을 느낄 수 있으니까	☐

✿ 자신이 공부하는 이유는 어느 쪽에 더 가까운가? 그 이유는 무엇이라고 생각하는가?

1~5번 문항에 체크한 개수 (　　)	6~10번 문항에 체크한 개수 (　　)

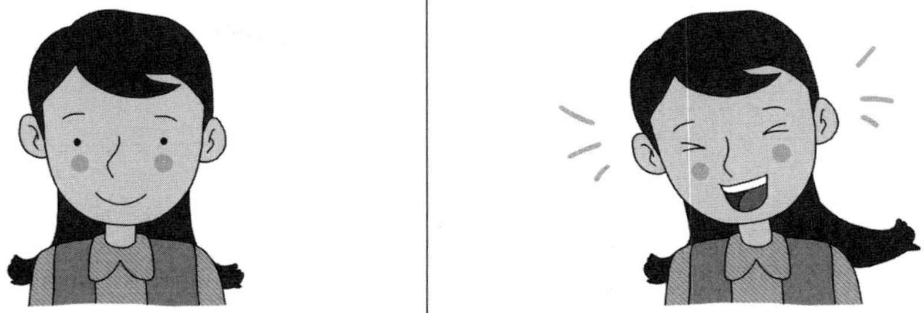

1 현재 공부에 대한 느낌 표현하기

책의 맨 뒤에 있는 감정 스티커를 사용해 보자.

떠오르는 것	감정	그렇게 느낀 이유
예시) -짜증 난다.		예시) -취업에 대한 압박감 때문에
(1)		
(2)		
(3)		

2 학업 성취 곡선을 통한 자기이해

상												
중상												
중												
중하												
하												
학년	초등	중1	중2	중3	고1	고2	고3	대1	대2	대3	대4	대학원

가장 성취도가 높았을 때와 그 이유는?	가장 성취도가 낮았을 때와 그 이유는?

3 학업 스트레스 마인드맵

공부 스트레스 마인드맵을 통해 현재 느끼고 있는 공부에 대한 스트레스를 좀 더 명확하게 살펴보자. 먼저 '공부 스트레스'로 중심 이미지를 잡고 주변의 여러 가지 장면의 이미지나 단어를 연상해서 적어 본다. 공부와 관련된 일, 생각, 느낌 등을 자유롭게 떠올리며 작성한다.

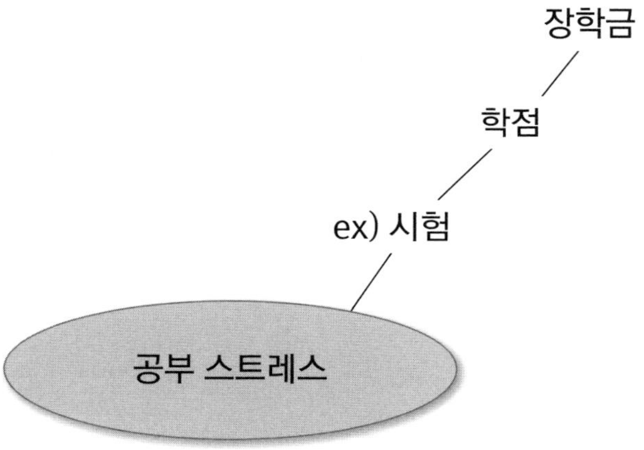

4 공부에서의 어려움 탐색하기

누구에게나 공부는 어렵고 힘든 일이지만, 그 이유는 사람마다 다르다. 공부할 때 가장 해결하고 싶은 문제나 공부가 어렵게 느껴지는 이유는 무엇인지, 그것이 몇 퍼센트나 해당하는지를 적어 보자. 그리고 다음 페이지 뇌구조 그림에 자유롭게 표현해 보자.

공부할 때 자주 부딪히는 어려움	
	%
	%
	%
	%
	%
합	100%

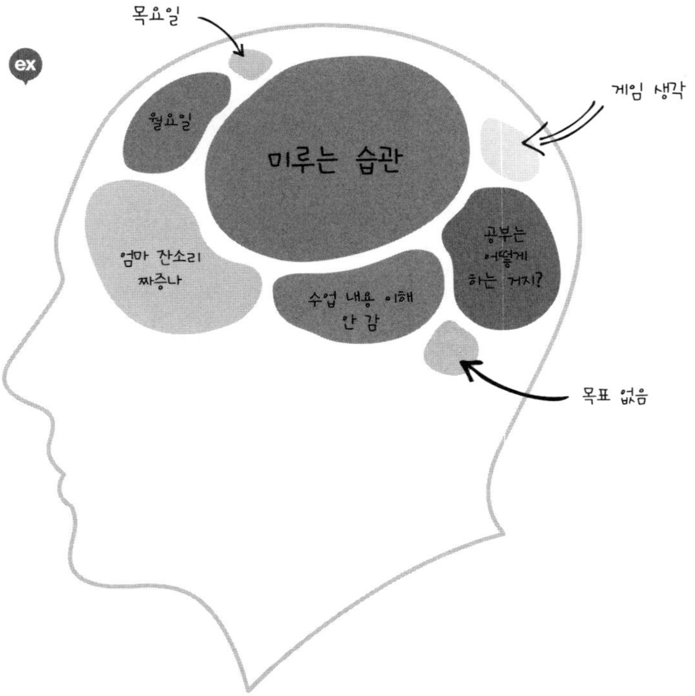

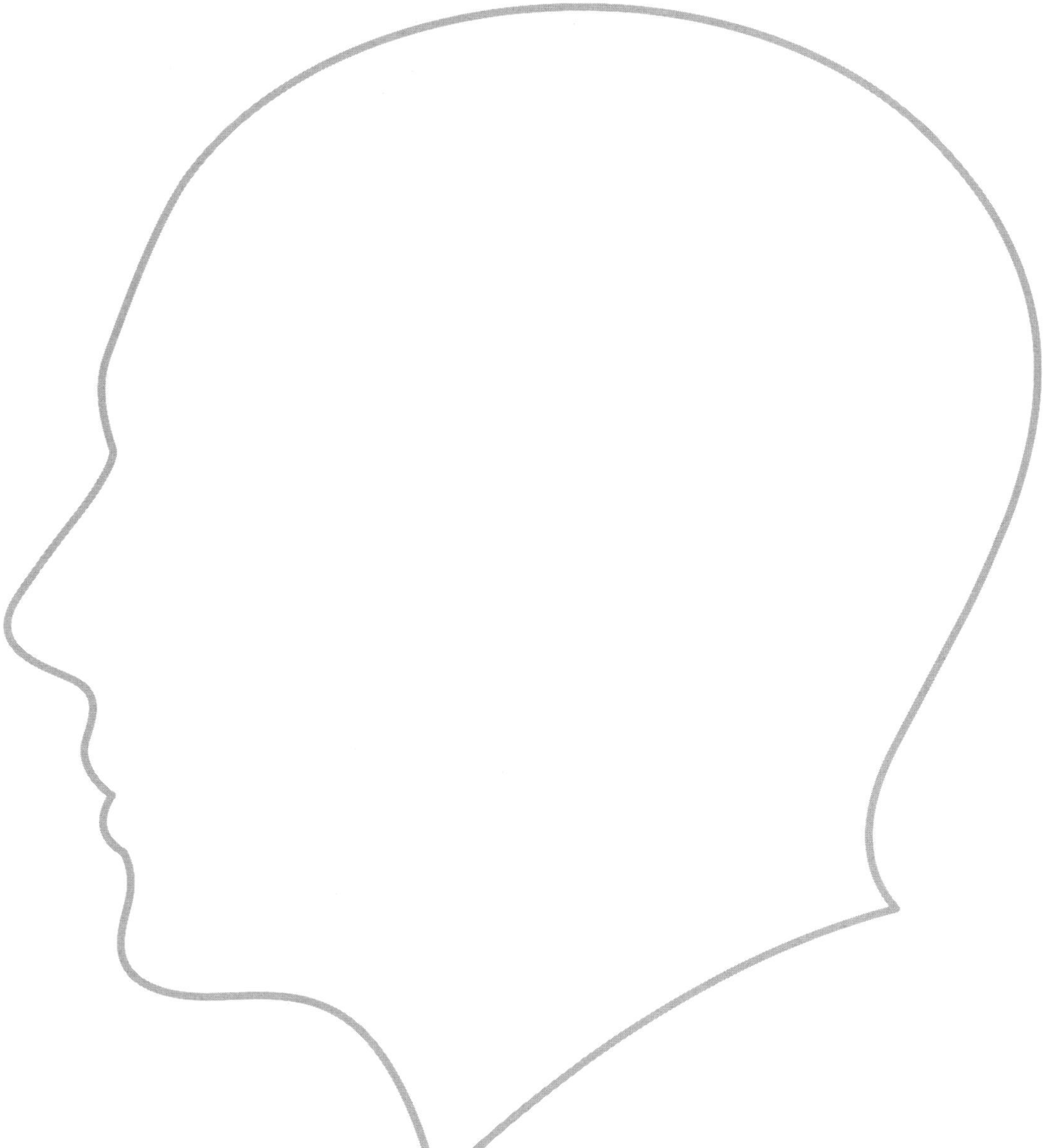

5 검사 결과를 통한 강약점의 이해

효과적인 학습을 위해서는 다수의 전략적 행동이 요구된다. MLST 학습전략검사는 학습 과정에서 일어나는 습관적, 행동적, 전략적 효율성을 측정한다.

이러한 요인들은 현재의 학업성취도에 직접적인 영향을 줄 수 있을 뿐만 아니라, 학년의 증가에 따라 지능 이상의 영향력을 발휘하며 자기주도적 학습능력의 근간을 이룬다.

또한 본인의 노력과 경험, 그리고 훈련에 의해 충분히 변화할 수 있는 부분이기 때문에 학습전략에서의 장점과 단점을 이해하는 것은 학업성취에 있어서 매우 실제적인 의미를 가지고 있다.

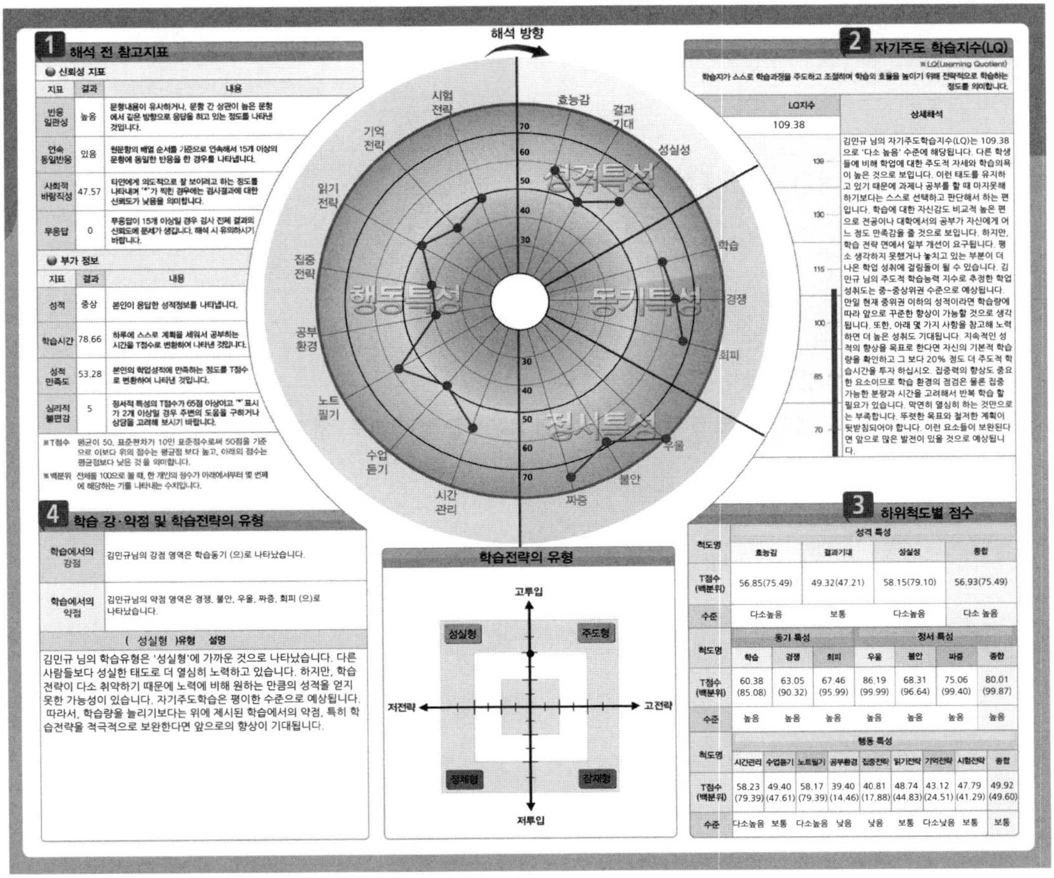

1 해석 전 참고지표

● 신뢰성 지표

지표	결과	내용
반응 일관성	높음	문항내용이 유사하거나, 문항 간 상관이 높은 문항에서 같은 방향으로 응답을 하고 있는 정도를 나타낸 것입니다.
연속 동일반응	있음	원문항의 배열 순서를 기준으로 연속해서 15개 이상의 문항에 동일한 반응을 한 경우를 나타냅니다.
사회적 바람직성	47.57	타인에게 의도적으로 잘 보이려고 하는 정도를 나타내며 "*"가 찍힌 경우에는 검사결과에 대한 신뢰도가 낮음을 의미합니다.
무응답	0	무응답이 15개 이상일 경우 검사 전체 결과의 신뢰도에 문제가 생깁니다. 해석 시 유의하시기 바랍니다.

● 부가 정보

지표	결과	내용
성적	중상	본인이 응답한 성적정보를 나타냅니다.
학습시간	78.66	하루에 스스로 계획을 세워서 공부하는 시간을 T점수로 변환하여 나타낸 것입니다.
성적 만족도	53.28	본인의 학업성적에 만족하는 정도를 T점수로 변환하여 나타낸 것입니다.
심리적 불편감	5	정서적 특성의 T점수가 65점 이상이고 "*" 표시가 2개 이상일 경우 주변의 도움을 구하거나 상담을 고려해 보시기 바랍니다.

※T점수 평균이 50, 표준편차가 10인 표준점수로써 50점을 기준으로 이보다 위의 점수는 평균점 보다 높고, 아래의 점수는 평균점보다 낮은 것을 의미합니다.

※백분위 전체를 100으로 볼 때, 한 개인의 점수가 아래에서부터 몇 번째에 해당하는 가를 나타내는 수치입니다.

2 자기주도 학습지수(LQ)

※LQ(Learning Quotient)

학습자가 스스로 학습과정을 주도하고 조절하며 학습의 효율을 높이기 위해 전략적으로 학습하는 정도를 의미합니다.

LQ지수	상세해석
109.38	김민규 님의 자기주도학습지수(LQ)는 109.38으로 '다소 높음' 수준에 해당됩니다. 다른 학생들에 비해 학업에 대한 주도적 자세와 학습의욕이 높은 것으로 보입니다. 이런 태도를 유지하고 있기 때문에 과제나 공부를 할 때 마지못해 하기보다는 스스로 선택하고 판단해서 하는 편입니다. 학습에 대한 자신감도 비교적 높은 편으로 전공이나 대학에서의 공부가 자신에게 어느 정도 만족감을 줄 것으로 보입니다. 하지만, 학습 전략 면에서 일부 개선이 요구됩니다. 평소 생각하지 못했거나 놓치고 있는 부분이 더 나은 학업 성취에 걸림돌이 될 수 있습니다. 김민규 님의 주도적 학습능력 지수로 추정한 학업성취도는 중~중상위권 수준으로 예상됩니다. 만일 현재 중위권 이하의 성적이라면 학습량에 따라 앞으로 꾸준한 향상이 가능할 것으로 생각됩니다. 또한, 아래 몇 가지 사항을 참고해 노력하면 더 높은 성취도 기대됩니다. 지속적인 성적의 향상을 목표로 한다면 자신의 기본적 학습량을 확인하고 그 보다 20% 정도 더 주도적 학습시간을 투자 하십시오. 집중력의 향상도 중요한 요소이므로 학습 환경의 점검은 물론 집중 가능한 분량과 시간을 고려해서 반복 학습 할 필요가 있습니다. 막연히 열심히 하는 것만으로는 부족합니다. 뚜렷한 목표와 철저한 계획이 뒷받침되어야 합니다. 이런 요소들이 보완된다면 앞으로 많은 발전이 있을 것으로 예상됩니다.

3 하위척도별 점수

척도명	성격 특성			
	효능감	결과기대	성실성	종합
T점수(백분위)	56.85(75.49)	49.32(47.21)	58.15(79.10)	56.93(75.49)
수준	다소높음	보통	다소높음	다소 높음

척도명	동기 특성			정서 특성			
	학습	경쟁	회피	우울	불안	짜증	종합
T점수(백분위)	60.38 (85.08)	63.05 (90.32)	67.46 (95.99)	86.19 (99.99)	68.31 (96.64)	75.06 (99.40)	80.01 (99.87)
수준	높음	높음	높음	높음	높음	높음	높음

척도명	행동 특성								
	시간관리	수업듣기	노트필기	공부환경	집중전략	읽기전략	기억전략	시험전략	종합
T점수(백분위)	58.23 (79.39)	49.40 (47.61)	58.17 (79.39)	39.40 (14.46)	40.81 (17.88)	48.74 (44.83)	43.12 (24.51)	47.79 (41.29)	49.92 (49.60)
수준	다소높음	보통	다소높음	낮음	낮음	보통	다소낮음	보통	보통

4 학습 강·약점 및 학습전략의 유형

학습에서의 강점	김민규님의 강점 영역은 학습동기 (으)로 나타났습니다.
학습에서의 약점	김민규님의 약점 영역은 경쟁, 불안, 우울, 짜증, 회피 (으)로 나타났습니다.

(성실형)유형 설명

김민규 님의 학습유형은 '성실형'에 가까운 것으로 나타났습니다. 다른 사람들보다 성실한 태도로 더 열심히 노력하고 있습니다. 하지만, 학습전략이 다소 취약하기 때문에 노력에 비해 원하는 만큼의 성적을 얻지 못한 가능성이 있습니다. 자기주도학습은 평이한 수준으로 예상됩니다. 따라서, 학습량을 늘리기보다는 위에 제시된 학습에서의 약점, 특히 학습전략을 적극적으로 보완한다면 앞으로의 향상이 기대됩니다.

1) **성격적 특성**을 통해 알 수 있는 공부에 대한 **자신감**

✿ 공부에 대한 자신감은 자신의 능 력 에 대해 얼마나 확신하고 있는지에 따라 달라진다. 검사 결과 나의 성격적 특성 종합점수는 어디에 해당되는가? 아래 그래프에 ✔ 표시해 보자.

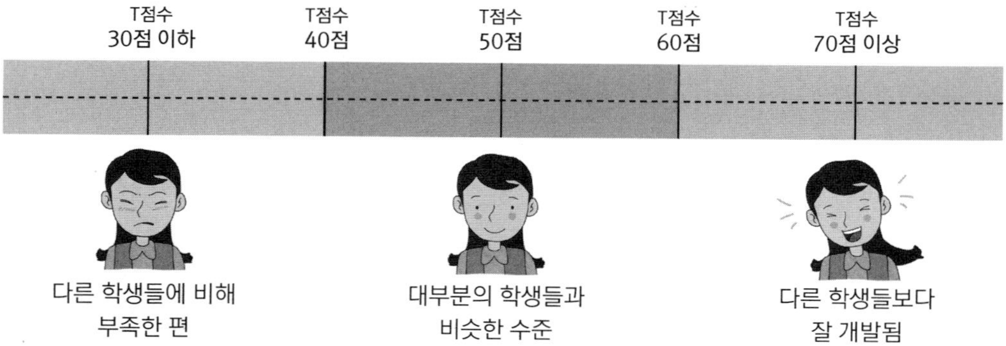

✿ 자신감을 키우려면 어떻게 해야 할까?

- 작은 목표를 정하고 실천해 봄으로써 성공경험을 쌓는다.
- 더 잘할 수 있는 방법을 찾고 배운다.
- '괜찮아, 노력하면 성공할 수 있어.'와 같이 긍정적으로 생각하는 연습을 한다.

2) 동기적 특성을 통해 알 수 있는 **동기**

✿ 동기란 공부하는 목 표 와 이 유 에 따라 달라진다. 어떤 동기가 가장 높게 나왔는지 자신의 동기 패턴을 확인해 보자.

학습동기	배움 그 자체를 중요하게 여기고 학습에 대한 흥미와 호기심, 만족감을 느끼는 정도를 측정
경쟁동기	자신의 능력이나 성취를 다른 사람들에게 과시하고자 하는 욕구, 인정받고자 하는 욕구를 측정
회피동기	자신의 부족하거나 열등한 모습을 보이고 싶어 하지 않으려는 욕구를 측정

✿ 학습동기를 높이려면 어떻게 해야 할까?

- 진로 목표를 뚜렷이 한다.
- 현재 전공과 교과목을 공부할 미래 목표와의 연결고리를 자주 생각해 본다.
- 학습내용을 적극적으로 찾고 스스로 결정한다.
- 스터디 그룹 등 공부를 조금이라도 재미있게 할 수 있는 방법을 찾는다.

3) **정서적 특성**을 통해 알 수 있는 **마음상태**

✿ 정서적 특성이란 공부에 방해되는 자신의 정서적 [불][편][감]의 정도를 나타낸다. 검사 결과 나의 정서적 특성 종합점수는 어디에 해당되는가? 아래 그래프에 ✔ 표시해 보자.

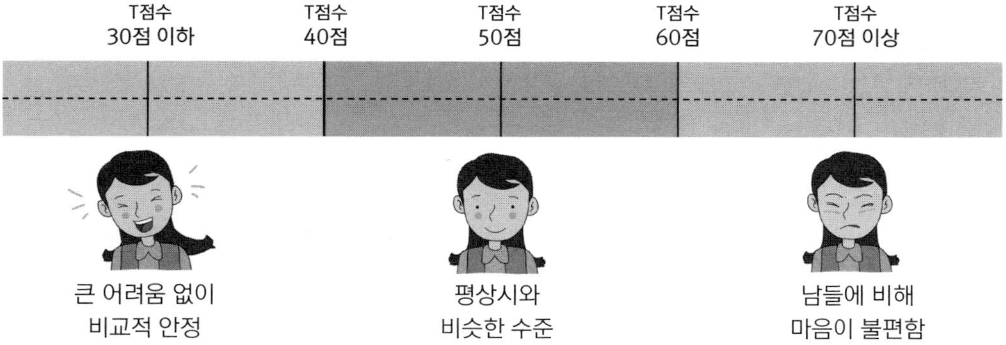

✿ 안정된 마음을 유지하려면 어떻게 해야 할까?

- 스트레스를 찾아 적극적으로 해결한다.
- 가족, 친구들과 대화하는 시간을 늘린다.
- 즐겁고, 마음을 편안하게 해 주는 활동을 함으로써 스트레스를 해소한다.
- 혼자 해결하기 어려운 것은 부모님이나 선생님께 도움을 청한다.

4) 행동적 특성을 통해 알 수 있는 나의 **학습전략**

✿ 학습전략이란 공부를 할 때 주로 어떤 [전][략]과 [습][관]을 가지고 있는지를 의미한다. 검사 결과 나의 행동 특성 종합점수는 어디에 해당되는가? 아래 그래프에 ✔ 표시해 보자.

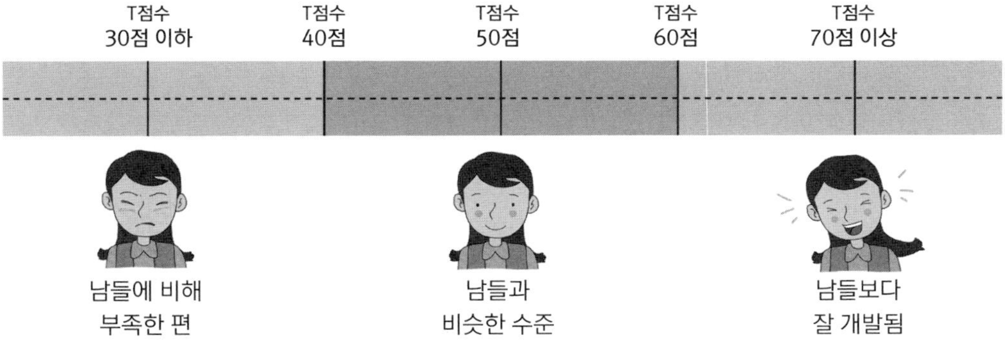

✿ 상대적으로 부족한 학습기술은 무엇인가?

6 학습에서의 강약점 SWOT 분석

SWOT는 강점(Strength), 약점(Weakness), 기회(Opportunity), 위협(Threat)의 머리글자를 모아 만든 단어로 대개 마케팅 장면에서 경영 전략을 수립하기 위한 분석에 자주 활용된다. 내적인 면을 분석하는 강점/약점 분석과, 외적 환경을 분석하는 기회/위협 분석으로 나누기도 하며 긍정적인 면을 보는 강점과 기회 그리고 그 반대로 위험을 불러오는 약점, 위협을 저울질하는 도구이다. 공부에 있어 자신의 강약점을 SWOT 분석의 형태로 정리해 보자.

	유리한 점	취약점
내적인 측면	Strength 강점 예) 성실하다 수업을 빠지지 않는다	Weakness 약점 예) 시간관리를 잘 못한다 집중력이 약하다
환경적 측면	Opportunity 기회 예) 학교에서의 다양한 지원 마음에 맞는 친구들	Threat 위협 예) 스트레스가 많다 교수님과의 갈등

자신의 사례를 직접 기록하고 논의해 보자.

	유리한 점	취약점
내적인 측면	Strength 강점(유지)	Weakness 약점(보완)
환경적 측면	Opportunity 기회(활용)	Threat 위협(대처)

7 문제점에 대한 해결책 탐색하기

검사 결과를 포함해서 앞에서 찾아본 공부에서의 어려움과 문제점 중 가장 중요한 것을 3가지 고른다. 그리고 해결책에 대해 찾아보자. 내가 이미 가지고 있는 강점과 기회를 잘 활용해 보자.

문제점 하나!	→ 어떻게 하면 이 문제점을 해결할 수 있을까?
문제점 둘!	→ 어떻게 하면 이 문제점을 해결할 수 있을까?
문제점 셋!	→ 어떻게 하면 이 문제점을 해결할 수 있을까?

8 실행 목표 정하기

아주 작은 행동이 큰 변화의 마중물 역할을 할 수 있다. 하루 단 10분간 적용해 볼 수 있는 실행 목표를 3가지만 적어 보자.

①

②

③

적용 과제

워크넷에 접속해서 진로탐색 검사를 실시한 후 결과지를 출력해서 가져오기

http://www.work.go.kr

제2장

동기향상과 목표

A-VIP 모형에 따른 진로목표 탐색

지난 시간 내용 정리

지난 시간에는 학습에 있어서 자신의 장단점을 정리하고 단점을 보완할 수 있는 실천 전략에 대해 생각해 보았다. 실천한 것이 무엇이고 그 결과는 어떠했는지 논의해 보자.

토론 자료

목표설정의 힘

하버드 경영대학원 MBA과정 재학생들을 대상으로 목표설정에 관한 연구가 진행된 적이 있다. 이들에게 졸업 후 어떤 목표를 가지고 있는지 글로 작성해서 제출하도록 했다. 그 결과 뚜렷한 목표를 세우고 그것을 달성하기 위한 구체적인 계획을 세운 학생은 전체의 3%뿐이었다. 13%는 목표가 있었지만 구체적인 실천계획이 없었고 나머지 84%의 학생들은 목표와 계획 모두 제출하지 못했다.

재미있는 것은 졸업 후 그들의 삶의 질과 수입의 정도였다. 목표와 계획이 뚜렷했던 3%는 나머지 97%의 평균수입보다 10배에 달하는 높은 수입을 올리고 있었고 목표만 있던 13%는 아무런 목표도 없는 학생들보다 평균 2배의 수입을 올리고 있었다. 목표와 계획이, 같은 강의실에 앉아 있던 사람들의 운명을 바꾸어 버린 것이다.

대부분의 학생들은 지도도 표지판도 없이 낯선 세계를 여행하듯이 살아간다. 즉, 무엇을 해야 하는지, 자신이 잘할 수 있는 일이 무엇인지 잘 찾아보지도 않고 막연하게 살아가고 공부하는 경우가 대부분이다. 그럴 때 우리의 미래는 언제나 막연하고 자신감을 가지기 어렵게 된다.

세계적인 경영컨설턴트이자 베스트셀러 저자인 브레이언 트레이시는 '목표는 막연한 꿈이 아닌 기술'이라고 강조하고 있다. 그는 성공하려면 앞에서 조사된 상위 3%의 방식을 따라 해야 한다고 말한다. 즉, 무엇이 되고 싶은지, 어떻게 그것에 도달할지에 대해서 미리 생각하고 움직여야 하며 그러한 마음의 지도를 갖는 것이 매우 중요하다고 강조하였다.

목표를 성취하기 위해서는 목표, 계획, 실행이 중요하다. 이 모든 것의 출발점은 목표설정이다. 분명한 목표를 수립하지 않고서는 그 어떤 일도 시작조차 할 수 없다. 생각해 보라. 보이지 않는 표적을 어떻게 맞출 것인가?

토론하기

✿ 주변에서 미래에 대해 가장 뚜렷한 목표의식을 가진 사람은 누구인가? 나의 경우는 어떠한가?

진로 준비도 체크리스트

문항	✓
1. 내가 선택한 진로 영역에서 잘 해낼 자신이 있다.	
2. 나는 어떤 진로를 선택하든지 간에 잘할 자신이 있다.	
3. 나는 노력만 하면 내가 원하는 진로를 이루어 낼 수 있다.	
4. 나는 내가 원하는 진로 영역에서 상사에게 인정받을 자신이 있다.	
5. 나는 학교를 다니고 있는 현재에도 앞으로의 진로에 대해 자주 상상해 본다.	
6. 자신이 원하는 진로를 찾기 위해 미리 계획을 세워 놓아야 한다.	
7. 내가 계획한 진로와 관련된 정보를 찾는 데 관심이 많다.	
8. 뉴스를 볼 때, 내가 원하는 직업에서 성공한 사람의 이야기를 관심 있게 본다.	
9. 누군가 내가 원하는 진로 및 직업에 대해 설명회를 해 주면 좋겠다.	
10. 나는 진로선택에 필요한 흥미나 성격 등을 알아보기 위해 상담 받기를 원한다.	

9 ~ 10점	진로 준비도가 매우 높음
6 ~ 8점	진로에 대한 관심도가 비교적 높음
4 ~ 6점	진로에 대한 고민이 다소 부족
3점 이하	진로에 대한 준비가 많이 부족

논의: 체크리스트를 통해 확인한 자신의 강점과 약점은?

1 직업 선택의 기준

1) 직업을 선택할 때 중요하게 생각하는 기준은 무엇인가? 우선순위에 따라 3가지를 적어 보자.

1위	
2위	
3위	

2) 다른 사람들은 어떤 것을 가장 중요한 기준으로 선택했는지 주변 사람들의 의견을 정리해서 순위를 매겨 보자.

1위	
2위	
3위	

3) 다른 사람들은 어떤 기준으로 진로를 선택할까?

다음은 진로선택에 대한 연구 결과이다. 빈칸에 들어갈 답을 추측해서 적어 보자.

• "직업 선택 시 가장 중요하게 생각하는 요인은?" (출처: 2012년 통계청)

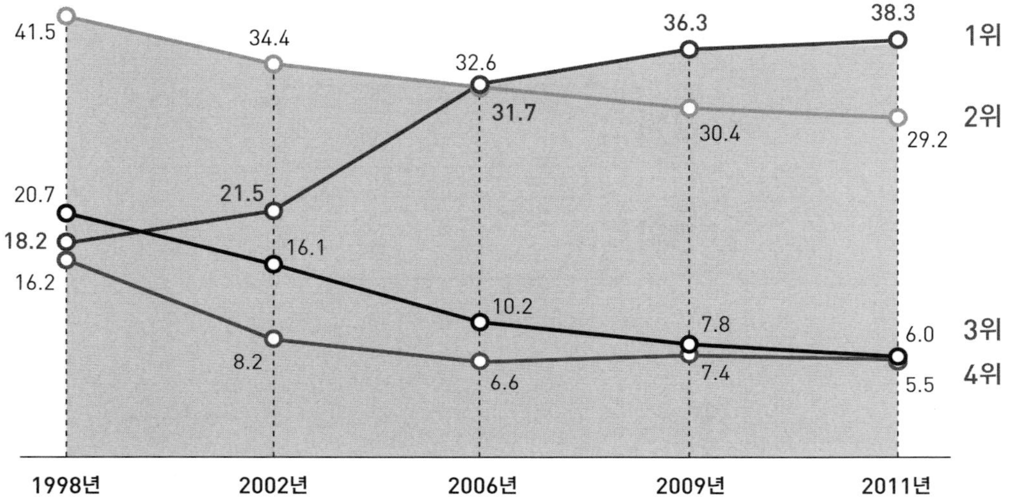

1위	수입	2위	안정성
3위	발전가능성	4위	자아성취

• "직업에 대한 만족도가 가장 높은 직업과 낮은 직업은?" (출처: 2012. 한국고용정보원)

만족도가 높은 직업		만족도가 낮은 직업	
1위	초등학교 교장	44위	의사
2위	성우	57위	변호사
3위	상담전문가	149위	약사
4위	신부(성직자)	135위	가수
5위	작곡가	223위	외교관

<보기>

프로축구선수, 상담전문가, 작곡가, 변호사, 프로게이머, 가수, 신부, 약사, 국회의원, 영화배우

✿ 앞에서 살펴본 연구 결과들이 시사하는 바는 무엇일까? 어떤 기준을 가지고 진로를 선택할 때 행복한 삶을 살 수 있을지 생각해 보자.

2 진로를 찾는 전략 A-VIP

다음 영역에 대한 답을 정리해야 진로에 관련된 '자기'를 이해하게 된다. 먼저 A-VIP 모형에 대해 이해해 보자.

Aptitude	Value
Interest	Psychological test

3 적성(Aptitude)의 탐색

적성이란 어떤 일을 하는 데 필요한 재능이나 능력을 말한다. 이것은 태어나면서부터 가지고 있는 기질이나 성격적인 측면으로부터 영향을 받을 뿐 아니라 자라 오면서 받은 환경적인 영향, 경험 등을 통해 생기는 것이다. 적성은 능력적인 부분을 반영하기 때문에 흔히 자신의 강점으로 찾아볼 수 있다.

많은 사람들이 '나는 특별히 잘하는 것이 없어~'라고 생각하며 강점 찾기를 어려워한다. 하지만 강점이 없는 사람은 존재하지 않는다. 다만 그동안 숨어 있는 자신의 강점을 관심 있게 찾아보지 않았을 뿐이다. 다음의 질문에 대답해 보며 나의 강점을 찾아보자.

1) 지금까지 해 봤던 일들 중에서 잘할 수 있다고 생각되는 일은 무엇인가?

-
-
-

2) 나를 잘 알고 있는 사람들이 내게 잘한다고 평가했던 것은 무엇인가?

-
-
-

3) 상대적으로 잘하는 과목이나 우수한 학업능력은?

-
-
-

– 강점표의 활용

0(해당되지 않음) – 1(약간의 소질) – 2(잘하는 편이라 느낌) – 3(매우 잘하는 편)

내용	점수	내용	점수
기계를 잘 다룬다	0—1—2—3	공감능력이 좋다	0—1—2—3
체력이 좋다	0—1—2—3	남을 잘 돕는다	0—1—2—3
운동을 잘한다	0—1—2—3	이해심이 많다	0—1—2—3
손재주가 있다	0—1—2—3	잘 가르친다	0—1—2—3
물건을 잘 고친다	0—1—2—3	사교성이 좋다	0—1—2—3
활기차다	0—1—2—3	대화를 잘한다	0—1—2—3
호기심이 많다	0—1—2—3	설득력이 좋다	0—1—2—3
분석을 잘한다	0—1—2—3	리더십이 있다	0—1—2—3
생각이 깊다	0—1—2—3	열정적이다	0—1—2—3
책을 잘 읽는다	0—1—2—3	배짱이 있다	0—1—2—3
논리적이다	0—1—2—3	경쟁적이다	0—1—2—3
관찰력이 좋다	0—1—2—3	결정을 잘 내린다	0—1—2—3
창의적이다	0—1—2—3	정리정돈을 잘 한다	0—1—2—3
상상력이 풍부하다	0—1—2—3	계획적이다	0—1—2—3
패션감각이 있다	0—1—2—3	꼼꼼하다	0—1—2—3
음악적 소질이 있다	0—1—2—3	조심성이 있다	0—1—2—3
그림을 잘 그린다	0—1—2—3	돈을 잘 관리한다	0—1—2—3
자유롭다	0—1—2—3	질서를 잘 지킨다	0—1—2—3

2점 이상 해당되는 강점의 공통점을 찾아 정리한 후 다른 사람에게 설명해 보자.

4 흥미(Interest) 영역 정리하기

생활하면서 즐거움을 느끼고 관심이 있는 일이나 활동들을 자유롭게 적어 보자. 단지 시간이 잘 가거나 단순한 재미를 느낄 수 있는 활동보다는 관심의 기간이 길고 구체적인 활동이 포함되어야 한다.

– 내 흥미의 무게는?

✿ 먼저 저울판에 있는 6개의 동그라미에 자신의 흥미를 적어 보자. 그 다음 흥미의 정도와 강도를 무게로 표시한다. 최소 1kg에서 최대 10kg으로 무게를 매길 수 있다.

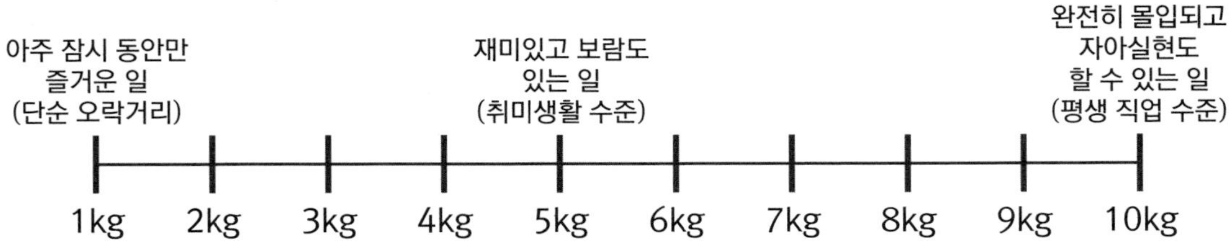

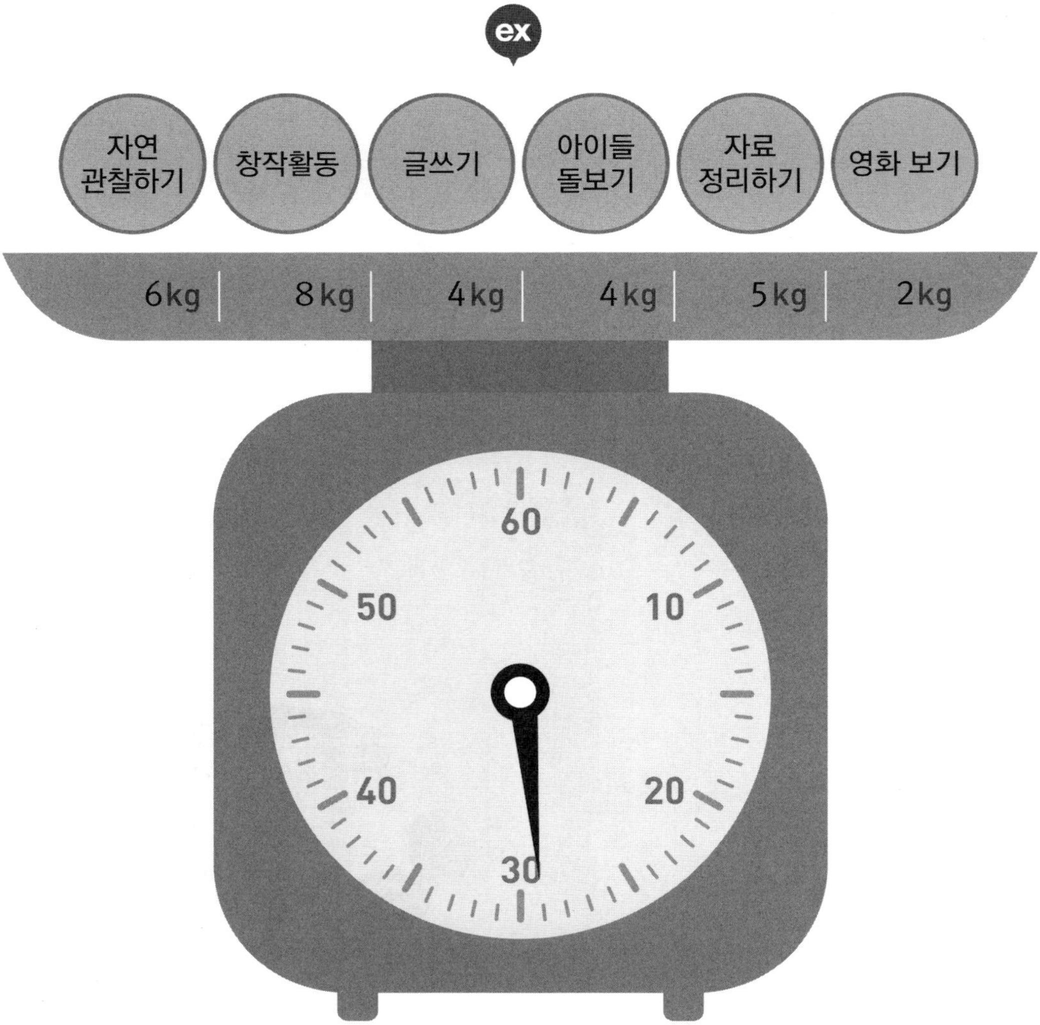

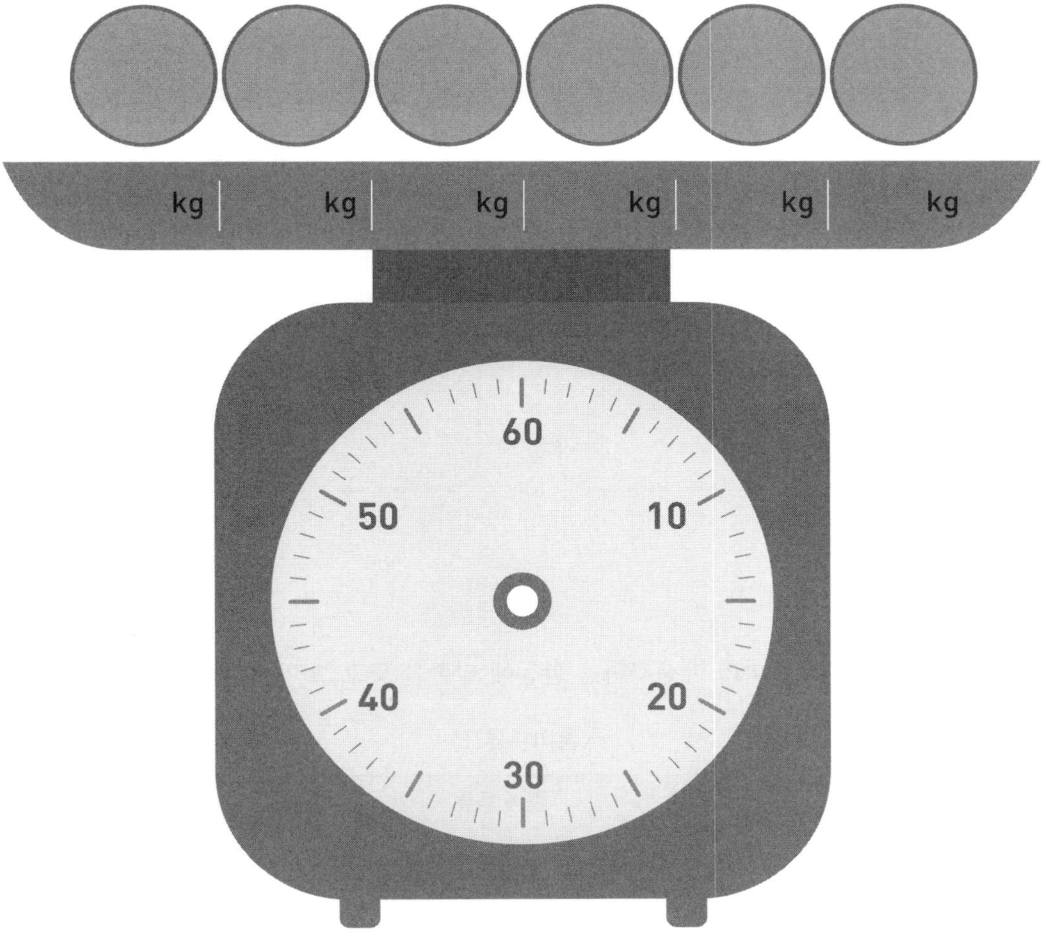

✿ 자신의 흥미의 무게가 총 몇 kg인지 계산해 보자. 그리고 저울에 총 몇 kg인지 표시해 보자.

_____________ kg

✿ 이번에는 흥미의 정도를 아래 상자에 분류해 보자.

즉흥적인 흥미(3kg 이하)	지속적 흥미(7kg 이상)

- 흥미의 분류

✿ 평소 자신의 흥미 분야라고 생각하는 활동에 밑줄을 긋고 그 개수를 기록해 보자.

〈흥미분류표〉

분야	활동 종류	개수
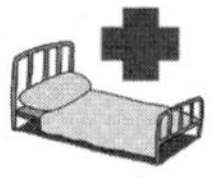 돌보기 활동	어린아이 돌보기, 노인 방문하기, 다른 친구들에게 모르는 문제 가르쳐 주기, 방문객 안내하기, 봉사하거나 자원 활동하기, 간호하기	
 대인관계 활동	자선 단체 조직하기, 토론하기, 논쟁하기, 청소년 단체 참여하기, 학교 동아리 활동 참여하기, 게임 고안하기, 다른 사람의 이야기 들어 주기, 다른 사람 설득하기	
 언어 활동	문학 서적 읽기, 철학 서적 읽기, 역사 서적 읽기, 단어의 어원 찾기, 출판물 편집하기, 기사 작성하기, 영어로 외국인과 대화하기, 외국어 배우기	
 과학 활동	화학 공부하기, 물리 공부하기, 생물 공부하기, 천체와 별 관찰하기, 동식물 관찰하기, 환경 변화 탐구하기, 과학 관련 책 읽기	

 계산/정리 활동	용돈 사용 계획 작성하기, 가계부 정리하기, 돈 관리하기, 다이어리 정리하기, 주변환경 청소하기, 신문의 경제면 읽기	
 기구활용 활동	모형 비행기 만들기, 프라모델 만들기, 시계나 자전거 등을 수리하기, 전기 기구 설치 및 수리하기, 가구 제작하기, 조립하기, 장난감 고치기, 목재 공작하기	
 실습 활동	십자수, 뜨개질, 가구 칠하기나 닦기, 옷 수선 및 재단하기, 조리하기, 주변 장식하기, 식물 재배하기, 정원 가꾸기	
 예술 활동	음악 듣기, 시 쓰기, 도자기 만들기, 춤추기, 그림 그리기, 사진 찍기, 악기 연주하기, 예쁜 글씨 쓰기, 귀여운 캐릭터 그리기	
 신체 활동	축구, 야구, 수영, 등산, 자전거, 단체 게임	

〈출처: 2011. 경기도 교육청〉

5 가치관(Value) 탐색

우리는 살아가면서 선택을 해야 하는 무수한 상황에 맞닥뜨리게 된다. 이때 선택의 기준이 되는 것이 가치관이다. 가치관은 자신이 삶에서 중요하다고 믿고 의미 있다고 생각하는 것을 의미한다.

✿ 우리 삶 속에서 가치관은 어떻게 작용할까?

구제역 수의사의 절망

구제역 방역이 장기화하면서 가축의 살처분을 도맡아 하는 방역 공무원들이 육체적·정신적으로 고통스런 시간을 보내고 있다. 경기도 제2축산위생연구소 가축방역팀의 백○○(37·수의사) 씨는, 지난달 16일 파주지역에 투입된 뒤 22일째 여관에서 지내면서 아침부터 밤늦은 시간까지 구제역과 싸우고 있다. 초기에는 거의 매일 새벽 4~5시까지 밤샘작업을 했다고 한다. 백 씨 등 경기도 제2축산위생연구소 가축방역관 30여 명은 가축의 상태를 판단하고 소독에서 살처분·매몰까지 모든 과정을 지휘하는 경기 북부지역 구제역 현장 사령관들이다. 행정 공무원과 군인, 경찰, 소방대, 민간인 등 지원 인력에 대한 교육과, 예방 살처분에 반발하는 농민을 설득하고 매몰지를 선정하는 일이 모두 이들의 몫이다.

8살 아이를 둔 백 씨는 "무엇보다 가장 견디기 힘든 것은 젖먹이 송아지나 새끼돼지를 살처분할 때"라며 "이럴 때면 직업에 대한 회의감이 몰려오고, 악몽에 시달리곤 한다."고 말했다. 지난해 1월 경기도 연천에서 발생한 구제역 살처분에 동원된 뒤엔 외상후 스트레스와 우울증을 겪었다고 했다. 당시 살처분 한우농장이 우연히도 지지난해 브루셀라 감염 때문에 자신의 손으로 살처분했던 농가여서 후유증이 더 컸다고 말했다. 두 번씩이나 같은 집 가축을 없앴다는 죄책감 때문에 사흘간 농가에 머물며 울면서 사죄했지만, 현장을 떠난 뒤에도 한참 동안 소·돼지 울음소리가 환청처럼 들리고 소·돼지에 쫓기는 악몽에 시달렸다고 했다. 이날 한나라당 구제역대책특위 간사인 김영우 의원이 내놓은 자료를 보면, 최근 살처분 참여 공무원 211명을 설문조사한 결과 71.1%가 정신적 스트레스, 악몽 등에 따른 수면장애를 겪는다고 했다.

백 씨는 "생명을 살려야 할 수의사가 생명을 없애는 일도 해야 하니 가슴이 아프다"면서도 "구제역 차단을 위해선 살처분은 불가피하다."고 말했다. 그는 "축산농가들도 방역에 힘쓰는 등 자신의 재산을 지키는 노력을 해 달라."고 당부했다.

2011년 1월 ##신문

✿ 이 사건에서 수의사들이 겪는 어려움의 이유는 무엇일까?

✿ 이와 같은 상황이 아니더라도, 만약 나의 가치관과 어긋나는 직업을 선택하게 된다면 어떤 결과가 나타날지에 대해 논의해 보자.

– 직업 가치관의 종류 이해하기

✿ 다음 가치관 분류표의 설명을 읽고 평소 자신의 가치관에 가장 잘 부합하는 것 3가지를 골라 ✓ 표시해 보자.

가치관	설명	✓
성취	스스로 달성하기 어려운 목표를 세우고 이를 달성하여 성취감을 맛보는 것을 중시하는 가치	
봉사	자신의 이익보다는 사회의 이익을 고려하며, 어려운 사람을 돕고, 남을 위해 봉사하는 것을 중시하는 가치	
개별 활동	여러 사람과 어울려 일하기보다 자신만의 시간과 공간을 가지고 혼자 일하는 것을 중시하는 가치	
직업 안정	해고나 조기퇴직의 걱정 없이 오랫동안 안정적으로 일하며 안정적인 수입을 중시하는 가치	
변화 지향	일이 반복적이거나 정형화되어 있지 않으며 다양하고 새로운 것을 경험할 수 있는지를 중시하는 가치	
몸과 마음의 여유	건강을 유지할 수 있으며 스트레스를 적게 받고 몸과 마음의 여유를 가질 수 있는 업무나 직업을 중시하는 가치	
영향력 발휘	타인에게 영향력을 행사하고 일을 자신의 뜻대로 진행할 수 있는지를 중시하는 가치	
지식 추구	일에서 새로운 지식과 기술을 얻을 수 있고 새로운 지식을 발견할 수 있는지를 중시하는 가치	
애국	국가의 장래나 발전을 위하여 기여하는 것을 중시하는 가치	
자율성	다른 사람들에게 지시나 통제를 받지 않고 자율적으로 업무를 해 나가는 것을 중시하는 가치	
금전적 보상	생활하는 데 경제적인 어려움이 없고 돈을 많이 벌 수 있는지를 중시하는 가치	
인정	자신의 일이 다른 사람들로부터 인정받고 존경받을 수 있는지를 중시하는 가치	
실내 활동	주로 사무실에서 일할 수 있으며 신체활동을 적게 요구하는 업무나 직업을 중시하는 가치	

〈출처: 한국고용정보원〉

- 가치관 세 잎 클로버

가치관 분류표에서 선택한 핵심 가치관 3개를 아래 클로버에 기록하고 그것을 선택한 이유도 함께 정리해 보자.

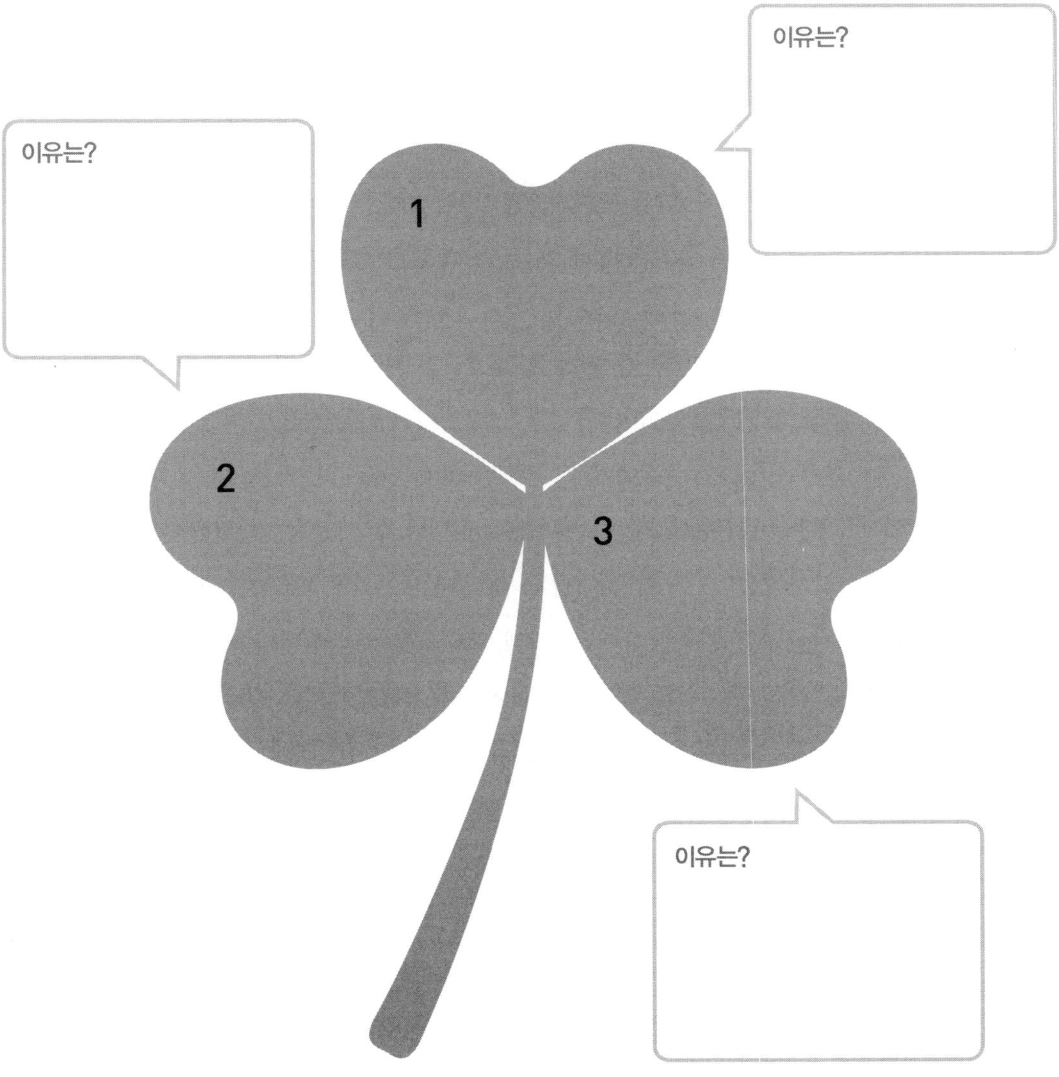

6 진로탐색 검사의 활용

1) Holland의 이론

Holland의 이론은, 인간의 직업적 성격이나 특성이 대표적인 몇 개의 유형으로 구분된다는 직업적 성격이론이다. 유형론은 아래와 같은 내용에 근거하고 있다.

첫째, 대부분의 사람들은 6가지 성격 유형 중 한 가지 유형에 해당된다. 이를 Holland의 6각 모형(RIASEC 모형)이라 하는데, 6가지 유형은 [현][실]형(Realistic type), [탐][구]형(Investigative type), [예][술]형(Artistic type), [사][회]형(Social type), [기][업]형(Enterprising type), [관][습]형(Conventional type)으로 구성된다.

둘째, 개인을 둘러싼 실제 생활환경 역시 실재적, 탐구적, 예술적, 사회적, 기업적, 관습적 환경의 6가지 환경으로 구성되어 있다.

셋째, 개인의 성격은 그 사람의 강한 [흥][미]가 되고, 이는 다시 개인의 특정한 능력감을 창출해 낸다고 가정한다. 가령 실재형에 해당되는 사람은 기계에 관심이 많고, 자주 기계를 다루면서 이에 대한 자신감도 높아지게 되는 것이다. 이러한 관심과 자신감은 그 사람이 특별한 방법으로 생각하고 느끼고 행동하도록 하는 독특한 성격적 특성을 만들어 내고, 한 부모나 문화적 특성과 같은 환경적인 요인들도 이에 영향을 미치게 된다. 이러한 과정은 청소년 시기에 끝나는 것이 아니라 평생 동안 겪게 되는 개인의 여러 경험을 통해 계속적으로 발달해 가는 것이다.

넷째, 개인은 자신의 [태][도]와 [가][치]를 표현할 수 있고, 기술과 능력을 시험해 볼 수 있으며, 문제와 역할을 수용할 수 있게끔 해 주는, 즉 자신에게 적합한 환경을 찾는 경향이 있다. 가령 인간관계가 가장 중요시되는 사회적 환경에서는 실재적 성격특성을 갖는 사람이 적응하기가 어려울 것이다.

2) Holland 6각 모형(RIASEC 모형) 세부 내용

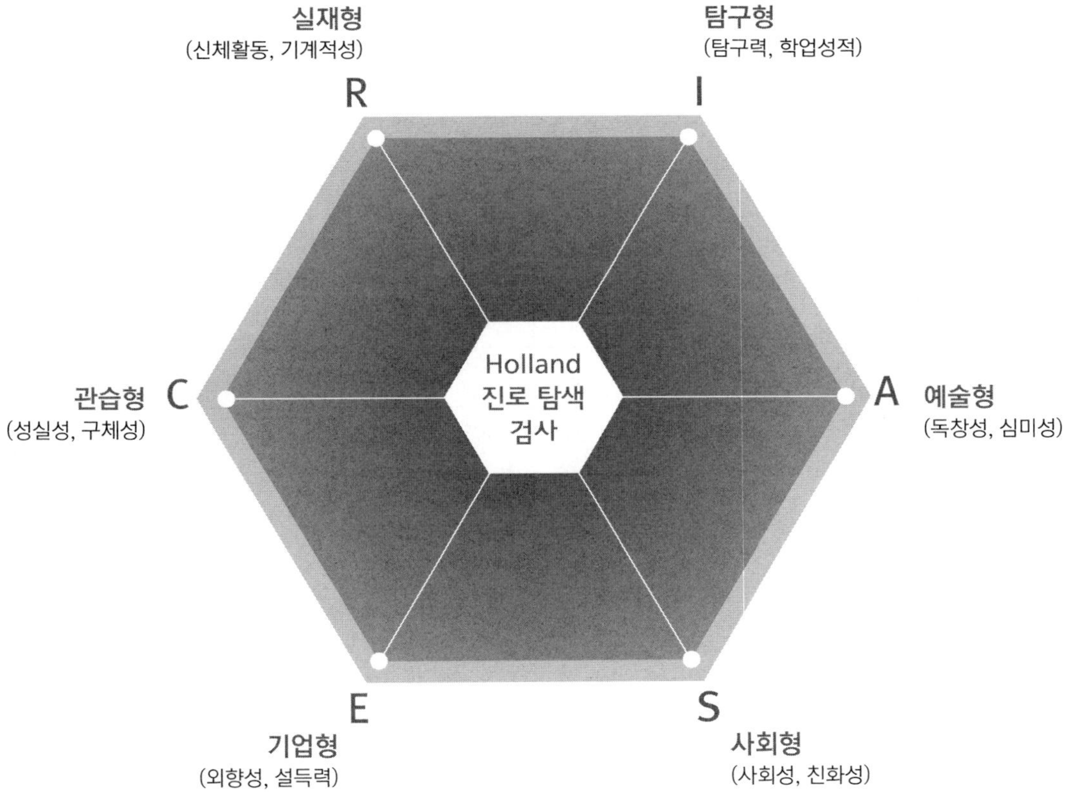

실재적 유형(Realistic Type)	탐구적 유형(Investigative Type)
엔지니어, 기술자, 정비사, 전기기사, 농부, 기술공 같은 직업을 선호한다. 기계적 능력은 뛰어난 반면, 사회적 기술은 부족하다. 실재적 유형을 잘 설명하는 단어들 남성적, 솔직하고 성실한, 검소한, 건강한, 말이 적은, 소박한, 구체적인, 실리적인, 냉정한, 비사교적인, 순응적인, 직선적인, 단순한, 순수한, 끈덕진, 통찰력이 없는 대표 특징은? **"사물을 잘 다루는"** 실재형의 대표적 직업: **엔지니어, 군인, 운동선수, 항공기 조종사, 통신기술자 등**	생물학자, 물리학자, 화학자, 인류학자, 지질학자, 의사, 교수, 연구원 같은 직업을 선호한다. 수학적/과학적 능력은 우수하지만 리더십은 부족하다. 탐구적 유형을 잘 설명하는 단어들 논리적이고 분석적인, 합리적인, 탐구심이 많은, 지적 호기심이 많은, 정확한, 학구적인, 나서지 않는, 소극적인, 비판적인, 내성적인, 인기가 없는, 수줍어하는, 조심하는, 복잡한, 지적인 대표 특징은? **"깊이 생각하는 것을 좋아하는"** 탐구형의 대표적 직업: **수학자, 물리학자, 대학교수, 의사, 심리학자 등**
사회적 유형(Social Type)	**기업적 유형(Enterprising Type)**
교사, 상담가, 종교인, 임상치료가, 언어치료사 등과 같은 직업을 선호한다. 사회적인 기술과 재능은 있지만 기계적/과학적 능력은 부족하다. 사회적 유형을 잘 설명하는 단어들 사람을 좋아하는, 어울리기 좋아하는, 친절한, 배려심 있는, 우호적인, 외향적인, 관대한, 따뜻한, 협동적인, 재치있는, 봉사적인, 열성적인, 책임이 있는, 이해하는, 도움이 되는 대표 특징은? **"다른 사람을 돕기 좋아하는"** 사회형의 대표적 직업: **교사, 상담치료사, 성직자, 사회복지사, 간호사 등**	관리인, 사업가, 판매인, PD, 바이어 등과 같은 직업을 선호한다. 언어구사력이 뛰어나고 리더십이 있지만, 과학적 능력은 부족하다. 기업적 유형을 잘 설명하는 단어들 지배적인, 지도력이 있는, 말을 잘 하는, 설득적인, 쟁취하는, 과시적인, 활기찬, 자신감 있는, 외향적인, 모험적인, 사교적인, 야심 있는, 낙관적인, 열성적인, 쾌락추구의 대표 특징은? **"리더십과 설득력이 있는"** 기업형의 대표적 직업: **기업경영인, 정치인, 변호사, 판사, 검사, 영업사원, PD 등**

예술적 유형(Artistic Type)	관습적 유형(Conventional Type)
작곡가, 음악가, 무대감독, 작가, 배우 등과 같은 직업을 선호한다. 예술적 능력은 뛰어나지만 사무적인 능력은 부족하다. 예술적 유형을 잘 설명하는 단어들 상상력이 풍부한, 감수성이 강한, 자유분방한, 개방적인, 직관적인, 순응하지 않는, 즉흥적인, 감정이 풍부한, 협동적이지 않은, 무질서한, 상상력이 있는, 민감한 대표 특징은? **"예술적 표현력이 뛰어난"** 예술형의 대표적 직업: **작곡가, 무대감독, 작가, 소설가, 배우, 디자이너 등**	은행원, 경제분석가, 세무사, 공인회계사, 편집자 등과 같은 직업을 선호한다. 사무적인 능력은 뛰어나지만 예술적 능력은 부족하다. 관습적 유형을 잘 설명하는 단어들 정확한, 빈틈이 없는, 조심성이 있는, 계획성이 있는, 관습적인, 보수적인, 순응적인, 사무적인, 검소한, 질서정연한, 상상력이 없는, 책임감이 강한, 완고한, 효율적인, 주의 깊은 대표 특징은? **"꼼꼼하고 철저한"** 관습형의 대표적 직업: **은행원, 세무사, 회계사, 재무분석가, 안전관리사 등**

✿ Holland의 6각 모형에 포함되는 각 유형의 사람들은 상대적으로 잘할 수 있는 일과 어려워하는 일이 서로 다르다. 서로의 유형에 대해 논의해서 다음 내용을 채워 보자.

	가장 잘할 것 같은 일	가장 어려워할 것 같은 일
실재형 R		
탐구형 I		
사회형 S		
기업형 E		
예술형 A		
관습형 C		

✿ 나의 Holland 진로유형 코드는? 가장 점수가 높게 나온 2개만 적기!

점수:	점수:

✿ 나의 직업적 성격 특성은? 대표적인 것만 간단하게 적기!

7 A-VIP 정리하기

이제까지 논의하고 생각한 내용을 아래 표에 정리해 보자.

적성(A) 내가 잘할 수 있는 것은?	나의 강점은?
가치관(V) 내가 중요하다고 생각하는 것은?	나의 가치관은?
흥미(I) 내가 좋아하는 것은?	나의 흥미는?
검사 결과(P)	흥미 유형은?

8 관련 직업 찾아보기

✿ 자신의 특성과 관련된 직업을 찾아 써 보자. 잘 떠오르지 않는 경우 주변 사람들과 논의해서 찾아보자.

적성(A) 내가 잘할 수 있는 것은?	관련 직업
가치관(V) 내가 중요하다고 생각하는 것은?	관련 직업
흥미(I) 내가 좋아하는 것은?	관련 직업
검사 결과(P)	관련 직업

적용 과제

✿ 진로와 관련된 자기이해 모형인 A-VIP를 통해 확인한 내용을 보완하고 관련 직업을 더 찾아보자. 직업에 대한 구체적인 정보를 정리해 보자.

제3장

단기목표 설정

목표 설정기술과 학점 목표 세우기

지난 시간 내용 정리

✿ 자신의 직업적 흥미는 무엇인가?

✿ 자신이 생각하는 적성과 강점은 무엇인가?

✿ 자신의 가치관은 무엇인가?

✿ 진로와 관련된 자기이해 모형인 A-VIP를 통해 확인한 내용을 보완하고 관련 직업을 찾아보았다. 어떤 직업들이 있었는지 서로 소개해 보자. 그리고 이 작업에서 느낀 바가 있다면 함께 나누어 보자.

내가 찾은 직업	찾은 내용 및 느낀 점

토론 자료

마음의 벽을 뛰어넘어 만들어 낸 육상 신기록

1950년대까지 육상선수들에게 있어 1마일(1.609km)을 4분 안에 주파하는 것은 불가능한 일로 여겨졌다. 300년에 가까운 근대 육상운동의 역사 가운데 많은 선수들이 4분의 기록을 깨기 위해 도전했지만, 아무도 이룰 수가 없었기 때문이다. 그래서 1마일 4분이라는 기록은 인간 한계의 상징이며, 선수들에게는 결코 깨뜨릴 수 없는 심리적, 육체적 장벽으로 여겨졌다. 심지어 어떤 과학자는 인간이 신체의 한계인 4분의 벽을 뛰어넘게 되면 죽게 될 것이라고 말하기도 했다.

하지만, 1954년 5월 6일 영국의 로저 베니스터라는 선수가 3분 59초 6의 기록으로 마의 4분이라는 한계의 벽을 넘어서게 되었다. 불가능하다고 생각되던 것이 일단 가능하게 되자 4분이라는 '한계'는 더 이상 육상 선수들에게 불가능이 아니었고 '도전'으로 바뀌게 되었다. 이 최초의 기록이 깨지고 1년이 지나지 않아 무려 37명의 선수들이 1마일 4분의 벽을 돌파했고, 그 다음 해에는 300명이 넘는 선수들이 4분의 기록을 뛰어넘었다. 현재 1마일 세계 신기록은 모로코의 히참 엘 구레로가 1999년에 세운 3분 43초로 이제는 3분 30초를 깨기 위한 새로운 도전이 이루어지고 있다고 한다.

20세기 스포츠 역사에서 가장 빛나는 기록 중 하나였던 이 사건이 우리에게 주는 교훈은 무엇일까? '할 수 있다는 믿음은 불가능을 이기게 한다!'는 식의 구호일까? 하지만, 그저 할 수 있다는 생각만으로는 아무것도 이룰 수 없다. 최초로 4분 벽을 깼던 로저 베니스터란 선수는 4분의 벽을 목표로 잡고 2년 동안 치밀한 계획하에 마치 묵묵히 고행길을 걷는 수도자처럼 하루도 빠짐없이 똑같은 훈련을 거르지 않았다고 한다.

할 수 있다는 믿음은 목표를 성취하기 위한 '필요조건'임에 틀림없지만, 그것을 실제로 가능하게 만드는 치밀한 노력과 실천이라는 '충분조건'이 뒤따르지 않으면 이 믿음은 불가능의 벽을 높이는 공허한 구호로 끝나게 된다. 한계란 우리 마음속에 있는 벽에 지나지 않는다. 먼저 그 마음의 벽을 무너뜨리고, 이미 그 벽을 넘은 사람처럼 꾸준한 노력을 기울일 때 꿈은 내 것이 된다.

토론하기

✿ 자신이 알고 있는 예 중에서 거의 불가능할 정도로 어렵다고 알려진 일들이 실제로 성취되고 이루어진 예를 찾아 논의해 보자. 그 성공 과정에 대해 설명하면 더 도움이 된다.

목표의식 체크리스트

문항	✓
1. 1년 후, 5년 후의 내 모습에 대한 구체적인 그림이 있다.	
2. 공부해야 할 분명한 목표가 있다.	
3. 목표는 나에게 정말 중요하다.	
4. 나는 무슨 일을 하기 전, 목표를 세우는 편이다.	
5. 힘들더라도 목표를 이루기 위해 참고 공부한다.	
6. 여러 가지 일을 해야 할 때는 일의 순서를 정한 다음에 시작한다.	
7. 즐기고 싶은 일이 있을 때도, 우선 목표로 한 일을 끝내놓고 나서 하는 편이다.	
8. 목표를 이루기 위해 오늘 해야 할 일이 무엇인지 잘 알고 있다.	
	총 개수:

논의: 체크리스트를 통해 확인한 자신의 강점과 약점은?

1 진로의사 결정하기

step 1. '고려할 점' 칸에 적혀 있는 각각의 항목들의 중요도를 결정한다.

중요도 점수는 1~3점 사이에서 결정한다.

1: 약간 중요/ 2: 중요한 편/ 3: 매우 중요

step 2. 가능한 직업 칸에 앞에서 찾은 직업들 중 가장 공통된 직업 혹은 본인의 희망과 가장 잘 맞는 직업 3가지를 적는다.

step 3. 가능한 직업들의 적합한 정도(적합도)를 표시한다(−2, −1, 0, 1, 2)

−2: 전혀 적합하지 않다 / −1: 맞지 않는 편이다 / 0: 별 관계없다 /

1: 적합한 편이다 / 2: 매우 적합하다

step 4. 가능한 직업에 적은 적합도 점수와 고려할 점의 중요도의 값을 곱해서 모두 합산한다.

고려할 점	중요도		가능한 직업 ❶				가능한 직업 ❷				가능한 직업 ❸		
			적합도		점수		적합도		점수		적합도		점수
나의 흥미	의 중요도는? (　)	×	-2 -1 0 1 2	=		×	-2 -1 0 1 2	=		×	-2 -1 0 1 2	=	
나의 적성	의 중요도는? (　)	×	-2 -1 0 1 2	=		×	-2 -1 0 1 2	=		×	-2 -1 0 1 2	=	
나의 가치관	의 중요도는? (　)	×	-2 -1 0 1 2	=		×	-2 -1 0 1 2	=		×	-2 -1 0 1 2	=	
부모님의 견해	의 중요도는? (　)	×	-2 -1 0 1 2	=		×	-2 -1 0 1 2	=		×	-2 -1 0 1 2	=	
검사 결과	의 중요도는? (　)	×	-2 -1 0 1 2	=		×	-2 -1 0 1 2	=		×	-2 -1 0 1 2	=	
합													

나에게 가장 적합한 진로목표는?

2 결정된 목표에 대한 정보 찾아 정리하기

(참고: 워크넷 직업검색 활용)

목표 직업	
하는 일	
되는 길	
관련 학과 및 자격증	
임금/전망	
필요한 능력/지식	
업무환경	
필요한 성격/흥미/가치관	

3 목표란?

目標 = 자신이 성 취 하려고 노력하는 구체적인 대 상

- 목표 관련 실험 예

✿ 목표가 있는 사람들이 목표가 없는 사람들보다 일을 더 잘하게 마련이다. 그리고 같은 사람도 목표가 있을 때에 목표가 없을 때보다 일을 더 잘할 수 있다. 다음 실험을 통해 확인해 보자.

자, 지금부터 2분 동안 윗몸 일으키기를 한다. 몇 개쯤 할 수 있을까?

✿ 체력조건이 비슷한 A, B반 학생들을 대상으로 윗몸 일으키기를 하도록 하였다. A반 학생들에게는 자신들이 2분 동안 얼마나 많은 윗몸 일으키기를 할 것인가에 대한 목표를 세우도록 했고, B반 학생들에게는 미리 정한 목표 없이 윗몸 일으키기를 하도록 했다. 누가 더 많이 했을지, **그 이유는 무엇일지** 생각하고 논의해 보자.

4 이루어지는 '제대로 된' 목표의 네 가지 조건

현(現)행(行)시(時)측(測)

목표가 있다고 해서 그것이 모두 이루어지는 것은 아니다. 같은 목표를 가지고 있다 하더라도 그것을 이루는 사람과 그렇지 못한 사람이 있다. 실천할 수 있고 이룰 수 있는 목표는 다음과 같은 특징을 가지고 있다. 따라서 목표를 세울 때에는 항상 다음 사항을 명심해야 한다.

1) 현재 주어진 능력으로 이룰 수 있는 '현(실)(적)(인)' 목표

- 그 일이 현실화될 가능성이 최소한 70% 이상 되어야 한다.
- 가능성에 대한 근거가 있거나 이전에 비슷한 목표를 설정하고 달성해 본 적이 있어야 한다.

2) 당장 실천할 수 있는 '행(동)'으로 바꿀 수 있다

- 어떤 공부방법을 사용할지까지 구체적으로 작성해야 한다.
예: 영어-매일 영어단어 20개씩 외우기

3) 언제까지 이룰 것인지 '시(한)'을 정한다

- '몇 시까지, 오늘까지, 이번 주까지, 이번 달 말까지, 중간고사까지, 이번 기말고사까지'와 같이 구체적인 마감시한을 정해야 한다.

4) 목표가 제대로 이루어지는지 '측(정)' 할 수 있다

- '몇 페이지, 몇 과, 단어 몇 개, 몇 문제 등'과 같이 잴 수 있는 계획의 양을 정해야 한다.

5 적용연습

앞에서 배운 구체적인 목표 세우기의 원칙을 연습해 보자. 다음과 같은 다소 애매모호한 목표를 '현행시측'하게 변화시켜 보자.

- 살을 빼자.

현 :

행 :

시 :

측 :

하나의 문장으로 이어 보자.

• 대인관계를 더 넓히고 싶다.

현 :

행 :

시 :

측 :

하나의 문장으로 이어 보자.

6 성적 목표 세우기

1) 현실적인 목표: 현실적으로 이룰 수 있는 정도의 수준인가?

높이 점프하려면 발밑의 땅을 힘껏 디뎌야 한다. 만일 발밑에 무엇이 있는지 알지 못한다면 점프는커녕, 그 자리에서 넘어질 수도 있다. 지금 내가 서 있는 곳은 어디인지, 현재 어디까지 와 있는지 먼저 정리해 본다.

이전 학기 평점		목표 성적
( )점	➡	( )점

• 이렇게 목표를 정한 이유에 대해서도 생각해 보자.

달성 가능성은?	내가 성적 목표를 이렇게 잡은 이유는...
( )%	

• 한 번 더 생각해 보자! 지금의 목표가 구체적이고 좋은 목표의 기준에 맞는지, 만일 아니라면 성적 목표를 다시 한번 수정해 본다.

2) 행동적인: 목표를 이루기 위해 어떤 행동이 필요할까?

(1) 행동의 목표 정하기

✿ 목표 성적을 정했으면 이번에는 그 목표를 이루는 데 특별히 치중해야 할 과목을 정해보자. 그러한 과목은 대체로 어렵고 취약하기 마련이다. 평균 학점을 올리기 위해서는 평소에 그러한 과목들을 미리 결정해서 준비해야 한다.

목표(취약)과목	잘하지 못한 이유
❶	
❷	
❸	

(2) 어떻게 행동할지 구체적으로!

✿ 자신이 부족한 과목을 미리 보완할 수 있는 방법에는 어떤 것들이 있을지 찾아보자.

목표과목	평소에 할 수 있는 공부 방법
❶	복습 +
❷	복습 +
❸	복습 +

3) 마감시간: 언제까지 끝내야 하는가?

✿ 일을 시작하기 전, 스스로 '마감시간'을 설정하는 것은 적당한 긴장감을 주어 목표달성에 전념하도록 도와준다. 반대로 마감시간을 정하지 않고 일을 시작하면 대체로 미루거나 나태해지기 쉽다. 자신이 정한 목표의 마감시간을 정해 보자.

이 정도 마감시간이 내 목표달성에 적당한 근거는 무엇인가?

4) 목표 측정하기: 목표의 수행 여부를 객관적으로 측정할 수 있는 방법은?

목표달성을 위해 지속적으로 노력하려면 반드시 자신의 수행 여부를 측정하고 판단할 수 있는 명확한 기준이 필요하다.

(1) 결과 측정하기

목표과목	목표 학점

(2) 과정 측정하기

✿ 목표과목이 점차 향상되고 있는지 그 과정을 측정할 수 있는 방법을 생각해 보자.

목표과목	향상 여부의 측정 방법

7 목표 정리하기

앞 시간부터 우리는 목표에 대해 생각하고 정리하였다. 아래의 표에 목표를 달성하기 위한 중간목표, 단기목표를 정리해 보자. 몇 살쯤 그 직업을 갖고 싶은지, 필요한 자격증 시험이나 도움이 되는 경력활동은 언제쯤 준비할 것인지, 현재 대학에서 어떤 준비를 할 수 있을지 등을 구체적으로 계획해 본다.

	예상 나이	계획 내용
직업 목표		
중간목표 (향후 2~3년간 준비해야 할 자격이나 스펙)		
단기목표 (현재 당면 과제, 학점목표)		

8 목표달성에 대한 이미지 트레이닝

현재로부터 15년 후 2__ __ __년 __월 __일 나는 어디에서 무엇을 하고 있을지(싶은지) 바라는 대로 상상해 보자.

15년 후에 나는...

1) 몇 살?

2) 어디서?

3) 무엇을 하고 있을까?

4) 이상적인 자신의 모습은?

적용 과제

타임캡슐 만들기

✿ 자신이 사용하는 메일 사이트에 들어가서 예약메일로 최대 일정을 기록해서 보내 보자.
(참고: DAUM의 경우 '예약발송' 옵션을 선택하면 최대 2년까지 설정이 가능함)

제4장

시간관리의 원칙

우선순위와 파레토 법칙의 이해와 적용

지난 시간 내용 정리

✿ 목표가 중요한 이유는 무엇인가?

✿ 최종적으로 결정된 자신의 진로목표는 무엇인가?

✿ 제대로 된 목표의 조건 4가지는 무엇인가?

✿ 지난 시간에는 자신의 목표를 구체적으로 결정하고 인생 계획을 세워 보았다. 또한 자신의 꿈과 다짐에 대해 '타임캡슐'을 보냈다. 자신이 보낸 타임캡슐의 시점과 내용에 대해 함께 공유해 보자. 그리고 다시 한번 그것을 이루기 위한 노력을 다짐해 보자.

토론 자료

항아리에 채울 수 있는 것들

한 시간관리 전문가가 강연 도중 커다란 항아리를 하나 책상 위에 올려놓았다. 그리고 주먹만 한 돌을 꺼내 항아리 속에 하나씩 넣더니, 돌이 가득 차자 사람들에게 물었다. "이 항아리가 가득 찼습니까?" 강연을 듣던 사람들은 일제히 '예.'라고 대답했다. 그러자 조그만 자갈을 항아리에 넣고 흔들어 돌 사이의 빈틈을 매웠다. 그리고 다시 물었다. "이 항아리가 가득 찼습니까?" 머쓱해진 사람들은 '글쎄요.'라고 대답했다. 또다시 전문가는 모래를 꺼내 항아리 속 빈틈을 가득 채웠고, "이 항아리가 가득 찼습니까?"라고 물었다. 그러자 사람들은 '아니요.'라고 대답했다. 전문가는 "그렇습니다." 라고 말하면서 주전자에 있는 물을 항아리에 부었다.

그런 다음, "방금 보여 드렸던 것에서 우리가 배워야 할 점은 무엇일까요?"라는 질문을 던졌다. 사람들은 '스케줄이 빡빡해도 노력하면 새로운 일을 할 수 있는 틈이 있다.'라는 식의 대답을 했다. 그러자 전문가는, "아닙니다. 여기서 배울 점은 큰 돌부터 넣지 않는다면, 이 모든 것을 항아리에 넣을 수 없다는 것입니다."라고 응답했다.

이 일화는 시간관리를 설명하는 대표적인 내용으로, 우선순위를 계획하는 것이 매우 중요하다는 것을 알게 해 준다. 우리의 인생에서 큰 돌멩이는 무엇일까? 항아리에 큰 돌부터 넣는다면 자갈, 모래, 물을 차례대로 모두 넣을 수 있지만, 물과 모래부터 넣는다면 정작 넣고 싶은 큰 돌은 하나도 넣지 못하게 된다. 시간도 마찬가지이다. 누구에게나 하루는 24시간이다. 제한된 시간 동안 큰 돌멩이, 자갈, 모래, 물과 같은 활동을 모두 하려면, 반드시 우선순위에 따른 계획이 필요하다.

나는 지금 내 인생의 항아리에 무엇을 채우고 있을까? 그다음에 들어갈 것이 무엇인지 알고 있는가?

토론하기

✿ 인생의 항아리에 가치 있는 것을 가득 채우고 싶다면 현재의 삶에서 가장 먼저 투입해야 할 것은 무엇인가? 왜 그렇다고 생각하는가?

우선순위 체크리스트

✿ 다음은 우선순위에 따라 시간을 얼마나 잘 관리하고 있는지에 대해 알아보는 문항들이다. 각 문항을 읽고 자신에게 해당되는 곳에 ✔ 표시해 보자.

문항		✔
1. 여러 가지 일을 해야 할 때에는 일의 순서를 정하고 난 다음에 시작한다.		
2. 숙제나 시험공부는 미루지 않고 제때 처리한다.		
3. 과목별로 미리 시간 분배를 해서 공부한다.		
4. 어떤 일을 할 때 그것이 내게 가치 있는 일인가를 생각해 본다.		
5. 내가 하는 일의 중요성에 따라 우선순위를 매길 수 있다.		
6. 시간이 남을 때 무엇을 해야 할지 알고 있다.		
7. 매일 공부에 우선순위를 두고 행동한다.		
8. 시험준비를 할 때 미리 계획을 세운다.		
9. 다른 일이 생겨도 계획한 공부를 먼저 실천한다.		
10. 마음이 내키지 않을지라도 계획한 공부를 먼저 한다.		
	합	점

2점 이하	우선순위 관리가 전혀 안 되고 있음
3 ~ 5점	알지만 실천하지 못하는 부분이 있음
6 ~ 8점	비교적 성실하게 일의 순서를 지키는 편
9점 이상	미루는 일 없이 계획적인 생활을 하고 있음

체크리스트

논의: 체크리스트를 통해 확인한 자신의 강점과 약점은?

1 평소의 우선순위 점검하기

1) 어제 했던 일 목록 작성하기

어제 했던 일의 목록을 만들어 보자. 실제 했던 일이면 무엇이든 떠오르는 대로 기록하면 된다. 공부는 물론이고 공부와 관련이 없어도 어떤 것이든 상관없다. 예를 들어, 학교에서 배운 전공 수업 복습하기, 중간/기말고사 준비, 과제 작성하기, 컴퓨터 게임 하기, TV 보기, 운동하기 등 여러 가지가 있을 수 있다. 오른쪽 두 칸은 일단 비워 둔다.

어제 했던 일들	중요도(1~3점)	순서

2) 중요도와 우선순위 평가하기

(1) 앞에서 작성한 목록을 보면서 어제 했던 일들의 중요도에 따라 오른쪽 칸에 점수를 매긴다.

매우 중요한 일	3점
중요한 일	2점
약간 중요한 일	1점

(2) 중요도에 따라 점수를 부여했다면, 해야 할 일 목록 중 어떤 일부터 하는 것이 좋을지 생각해 보고 제일 오른쪽 칸에 순위를 매긴다.

일의 순서에 따라 중요도 점수가 몇 점인지 맞추어 보며 확인해 보자.
1순위에 해당하는 일은 몇 점인가? ( ) 점

시간관리의 기본은 할 일의 목록을 짜서 하루가 시작될 때 우선순위에 따라 그 일들을 실천해 가는 것이다. 이러한 할 일 목록(to-do list)만으로도 우리는 무엇을 해야 할지 주저하는 시간도 줄일 수 있고, 자신이 하고 있는 일에 대한 집중력도 높일 수 있다.

2 중요한 일을 먼저 처리했을 때의 결과와 경험

✿ 우선순위를 따라 일을 할 때와 우선순위를 따르지 않고 일을 할 때의 결과는 어떻게 다를까? 각자의 생각을 적은 후, 다른 사람들과 토의해 보자.

우선순위를 따라 일을 할 때의 결과	우선순위를 따르지 않고 일을 할 때의 결과

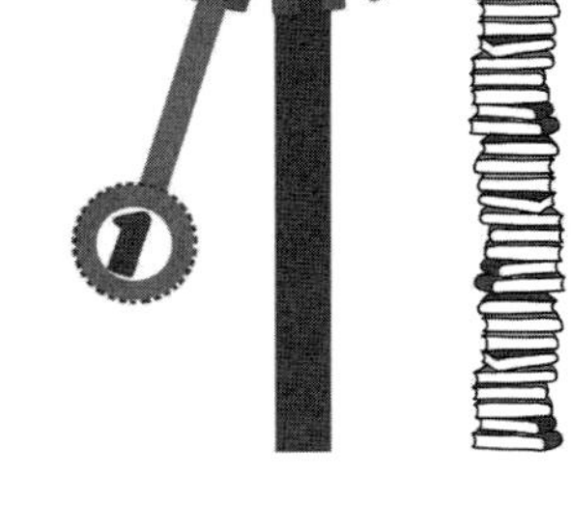

3 우선순위를 결정하는 방법(1) - 중요도

우선순위를 결정하는 것은 결코 쉬운 일이 아니다. 특히, 시간이 없고 할 일이 많을 때(예를 들어, 시험 기간)는 더더욱 혼란스럽고 어려울 수 있다.

우선순위를 결정하려면 크게 두 가지 기준이 필요하다. 첫 번째는 일의 중요도이고 두 번째는 일의 긴급도이다. 우리가 하는 일은 중요도와 긴급도에 따라 네 가지로 구분할 수 있다.

1) 중요한 일의 기준

일의 중요도는 자신의 목표에 따라 결정된다. 만약 내가 세운 목표가 '국어 점수를 10점 향상시키자.'라면 그 목표와 관련된 일이 바로 중요한 일이 되고 목표와 별로 관련 없는 TV 보기는 중요하지 않은 일이 된다.

2) 아래 표에 자신의 목표를 다시 정리하라.

장기적인 목표(인생목표, 진로목표)	단기적인 목표(성적목표, 이번 주 과제목표)

3) 이번 주에 했던 일을 떠오르는 대로 적어 보자. 그리고 앞 페이지에서 기록한 목표와의 관련성에 점수를 매겨 보자.

0 : 목표와 아무 관련 없음 / 1: 목표와 약간의 관련성이 있음 / 2: 목표와 관련성이 높음

이번 주에 했던 일들	중요도 점수		
	0	1	2
	0	1	2
	0	1	2
	0	1	2
	0	1	2
	0	1	2
	0	1	2
	0	1	2

4 우선순위를 결정하는 방법(2) - 긴급도

급한 일의 기준은 그 일을 반드시 끝마쳐야 하는 시간, 즉 마 감 시 간 이 얼마나 멀고 가까운지의 여부로 결정할 수 있다. 가령 내일까지 해야 하는 과제가 있다면 그것은 급한 일에 해당되는 것이고, 한 학기 후에 봐야 할 영어 시험은 시간상 덜 급한 일로 나눌 수 있다.

1) 앞으로 한 달 안에 해야 할 일들을 떠오르는 대로 적어 보자. 그리고 긴급도의 정도를 표시해 보자.

0 : 급할 것 없지만 언젠가 해야 할 일 / 1: 곧 처리해야 할 일 / 2: 바로 눈앞에 닥친 일

앞으로 해야 할 일들	긴급도 점수		
	0	1	2
	0	1	2
	0	1	2
	0	1	2
	0	1	2
	0	1	2
	0	1	2
	0	1	2

5 우선순위 결정표의 이해와 적용

1) 중요도와 긴급도에 따라 다음과 같이 해야 할 일들을 나누어 볼 수 있다.

← 중요한 정도

↑ 급한 정도

중요하고 급한 일 - 시험, 숙제와 같이 당장 해야 할 일	중요하지 않고 급한 일 - 급하게 느껴지지만 목표와 관련성은 낮은 일들
중요하고 덜 급한 일 - 장기적 계획이 요구되는 일들	중요하지도 않고 급하지도 않은 일 - 하지 않아도 우리 삶에 별다른 영향을 주지 않는 일들

해야 할 일들을 표의 네 칸에 나누어 적어 보면 순서를 정하는 것은 아주 쉬워진다. 가장 먼저 해야 할 일, 즉 1순위의 일은 '중요하고 급한 일'이 되는 것이고, 2순위의 일은 '중요하지만 덜 급한 일', 그리고 3순위는 '중요하지 않지만 급한 일'이 되는 것이다. 마지막 4순위는 당연히 '중요하지도 급하지도 않은 일'이 된다.

2) 우선순위를 세우는 방법을 아래 표에 연습해 보자.

✿ 목표를 '다음 학기 학점 올리기'로 했을 때 할 일들을 우선순위에 맞추어 적어 보자.

〈다음 주 할 일들〉

• 동아리 뒷풀이	• 내일까지 내야 하는 학교 숙제
• 조별과제 준비	• 전공 과목 노트 정리하기
• 컴퓨터 게임	• 빈둥거리기
• 시험 준비	• 영어 단어 외우기
• 낮잠	• 데이트하기
• 친구 카톡에 답장하기	• 운동하기
• 오늘 밤에 하는 TV 드라마 보기	• 씻기

← 중요한 정도

↑ 급한 정도

중요하고 급한 일	중요하지 않고 급한 일
중요하고 덜 급한 일	중요하지도 않고 급하지도 않은 일

3) 우선순위에 따른 일 처리 원칙

✿ 우선순위별로 어떻게 일을 처리해야 하는지 원칙을 정리해 보자.

중요한 정도 ←

급한 정도 ↑

중요하고 급한 일	중요하지 않고 급한 일
중요하고 덜 급한 일	중요하지도 않고 급하지도 않은 일

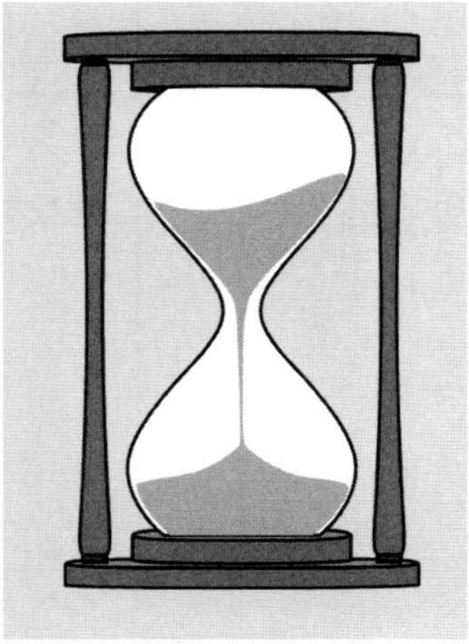

4) 다음 주 해야 할 일에 대한 자신의 우선순위를 정해 보자.

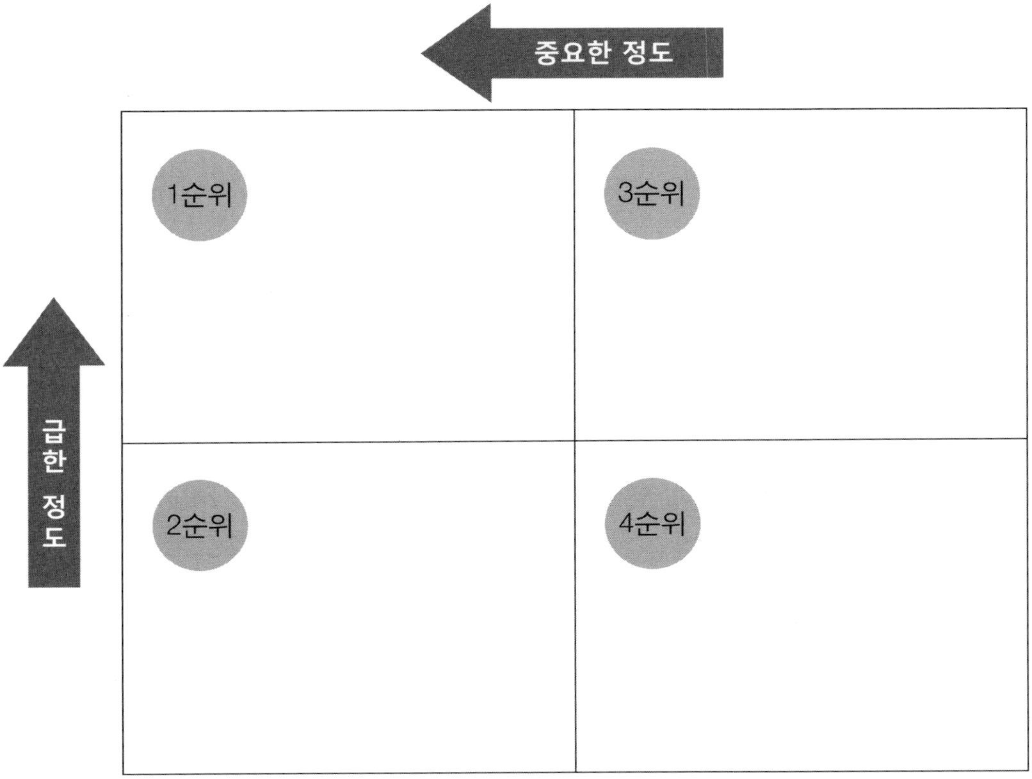

6 파레토 법칙의 이해

"국내 총생산의 80%는 인구의 20%가 만들어 낸다."

"내가 받는 전화의 80%는 아는 사람 중 20%가 거는 것이다."

"어떤 회사의 총수익은 제품의 20%에서 발생한다."

"내가 주로 접속하는 인터넷 사이트는 알고 있는 사이트의 20%에 해당한다."

"나에게 가장 중요한 일의 80%는 하루 중 20%의 시간 동안에 이루어진다."

파레토 법칙은 이탈리아의 유명한 경제학자이자 사회학자인 파레토의 이름을 딴 법칙이다. 파레토는 전체 인구의 비중과 그들이 소유하고 있는 부의 정도 사이에 어떤 규칙이 있음을 발견했다. 대략 전체 인구의 20%가 전체 부의 80%를 차지하고 있다는 것인데, 이러한 원리를 '파레토 법칙' 혹은 '20/80 법칙'이라고 부른다. 즉, [결][과]의 80%가 [원][인]의 20%에서 일어나며 적은 비율의 노력과 원인이 큰 비율의 결과로 나타난다는 것을 의미한다. 이 법칙은 경제 현상뿐만 아니라 다른 많은 현상에도 동일하게 나타나며 시간관리에도 적용할 수 있다.

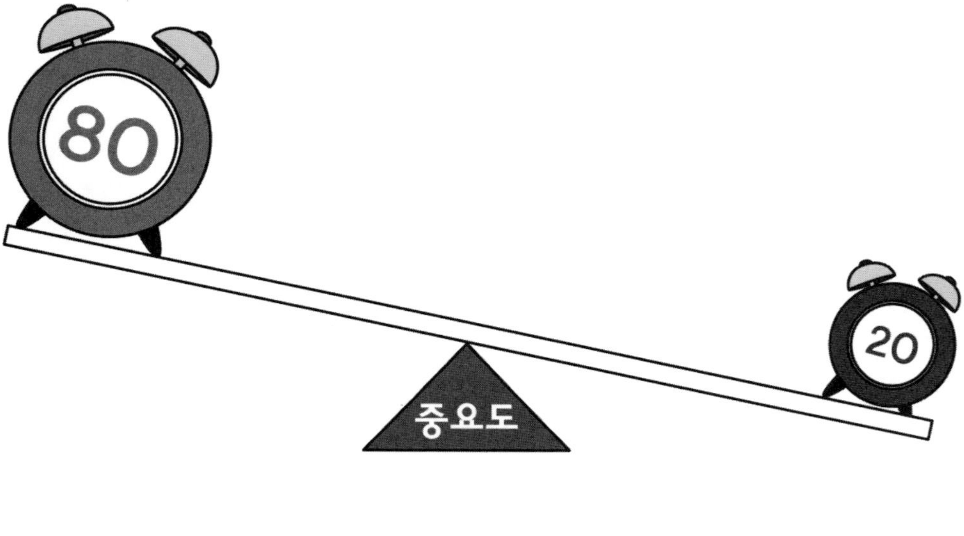

1) 파레토 법칙이 중요한 이유

파레토 법칙처럼 사람들이 항상 중요한 일에 매달려 사는 것 같지만, 정작 자신의 목표를 이루는 데 필요한 일을 하는 시간은 생각보다 많지 않다는 것에 주목할 필요가 있다. 누구에게나 하루 24시간이 주어지는 것 같지만, 그 시간의 1/3가량은 잠을 자야 하고 또 나머지 1/3은 학교 수업, 동아리 활동과 같이 '이미 짜여진 일'로 차 있기 때문에 내가 세운 계획을 실천할 수 있는 시간은 그리 많지 않다.

그나마 남아 있는 1/3의 시간을 헛되이 보내고 있다면 정말 안타까운 일이 아닐 수 없다. '파레토 법칙'을 시간관리에 적용해 보면, 자신에게 가장 소중한 시간이 언제인지 알고 그 시간을 최대한 아껴서 사용하기 위한 노력이 필요하다는 것을 배울 수가 있다. 즉, 파레토 법칙은 내가 해야 할 일들에 대해 [우][선][순][위]를 정할 때 취할 수 있는 좋은 원칙이 된다.

만약 내 20%의 시간 및 행동이 80%의 성과를 가져다준다면 나머지 80%는 모두 합쳐 20%밖에 영향을 미치지 못한다는 것이다. 그러나 반대로 생각해 보면, 하루 중 20%만 제대로 활용해도 목표를 이룰 수 있다는 것이다. 그렇다면 어떤 행동들이 나에게 가장 큰 성과를 가져다줄까? 내가 해야 할 일들 중에서 그러한 것을 구별할 수 있다면 이제부터는 가장 중요한 20%에 정신력과 에너지를 집중할 수 있게 되고 오히려 시간을 여유롭게 쓰면서 성과를 올릴 수 있게 된다.

7 파레토 법칙의 적용

앞에서 정리했던 우선순위 칸의 1순위에 있는 일들을 하기 위해 하루 중 얼마 정도의 시간을 써야 할까?

파레토 법칙에 따라 생각해 보고 정리해 보자.

• 나에게 실질적인 성과를 안겨 주는 20%의 시간은 무엇인가?

8 학습에서의 파레토 법칙

다음의 글을 읽고 실제 수업 중에서 파레토 법칙이 적용 가능한 내용이 무엇인지 찾아보자.

파레토 법칙에 근거하여 성공적인 삶을 살고 있는 리차드 코치(Richard Koch)가 신입생일 때, 지도교수는 학생들에게 이렇게 말했다고 한다.

"재미삼아 읽을 때 말고는 절대로 책을 처음부터 끝까지 읽지 마라. 공부하기 위해서 책을 읽을 때는 처음부터 끝까지 읽지 말고 먼저 그 책이 무엇을 전달하는지 요점부터 파악해라. 그러니 결론을 먼저 읽고 나중에 서론을 보고 다시 결론을 본 후에 다시 관심 있는 부분을 봐라."

교수는 책 한 권에서 찾을 수 있는 가치의 80%는 그 책의 20% 정도의 페이지에 있다고 학생들에게 가르쳤다. 그는 지도교수의 이러한 조언을 참작해서 과거의 시험지들을 분석했다. 그 결과 놀랍게도 시험문제의 80%, 심지어는 거의 100%가 해당과목의 핵심적인 지식 20%만 알면 풀 수 있다는 사실을 확인했다. 시험출제위원들의 입장에서 보면 중요하지 않은 문제를 출제할 이유가 없으며 제한된 시간 내에 풀어야 하는 시험문제를 전 분야에서 같은 비중으로 출제하기도 어렵기 때문에 결국 꼭 알아야 할 내용을 중심으로 출제하기 마련인 것이다. 이 점을 파악해서 그는 학습 효율을 획기적으로 높일 수 있었다고 한다. 결국 그는 필사적으로 공부하는 다른 동료들보다 훨씬 좋은 성적을 받아 최상급의 학점으로 졸업을 하게 되었다.

중요한 것은 그 20%가 무엇인지를 아는 것이다. 투자한 시간과 노력의 20%가 80%의 결과를 낳는다는 것이 현실이라면 고작 20%의 결과밖에 만들어 내지 못하는 나머지 80%의 노력은 매우 비생산적이라는 점을 생각해 봐야 한다. 지금까지의 노력에 비해 성과가 없었다고 생각한다면 무조건 열심히 하기보다는 효율적인 방법을 찾아야 한다. 투자한 시간과 노력에 비해 상대적으로 높은 성과를 얻었던 과거 경험들을 확인해 보고 최고의 주의집중을 할 수 있는 시간대, 방해받지 않고 몰두할 수 있는 장소, 함께 있을 때 가장 도움이 되는 친구를 파악해서 그것을 이용해야 한다. 그리고 생산성이 낮은 공부습관, 방해가 되는 활동들은 과감하게 제거하도록 노력한다.

참고로 기업에서도 파레토 법칙은 유용하게 쓰인다. 미국에서는 80/20 원칙이 한동안 인정을 받지 못했다고 한다. 그러나 일본에서는 재빠르게 이를 터득하여 핵심적인 소수, 즉, 20%에 집중하여 생산성과 효율성을 높였고, 결국 일본은 미국의 자동차 시장에 재빠르게 파고들 수 있었다.

IBM에서도 80%의 컴퓨터 사용시간 중 20%의 프로그램 코드가 가장 많이 사용되는 것을 발견하였다. 이 20% 프로그램 코드에 집중하여 이들이 더 빨리 안정적으로 실행될 수 있도록 연구 개발하였고, 그 결과는 대성공이었다.

빌 게이츠의 마이크로소프트는 대단히 적극적으로 80/20 원칙을 사업에 적용하고 있다. 이제는 미국 최고의 기업들은 80/20 원칙을 그들의 사업에 있어서 필수적인 것으로 인식하고 있다고 한다.

– 리차드 코치, 『80/20원칙: 적은 노력으로 많은 일을 해낼 수 있다』 중에서

적용 과제

우선순위에 맞추어 목표과목 공부하기

✿ 이번 시간의 과제는 자신에게 중요한 과제나 과목 3개를 정해서 내 나름대로의 방법으로 일주일간 공부해 보는 것이다. 아래의 표에 자신에게 가장 중요한 목표과목 3가지를 적어 보고 그 목표과목을 어떤 방법으로 공부할지에 대해서도 구체적으로 생각해 보자.

목표과목	목표과목의 구체적인 공부 방법
①	
②	
③	

각자 실천한 내용을 확인할 수 있도록 아래에 있는 표에 기록한다.

날짜	공부한 내용	확인
월 (/)		○
		○
		○
화 (/)		○
		○
		○
수 (/)		○
		○
		○

목 (/)		◯
		◯
		◯
금 (/)		◯
		◯
		◯
토 (/)		◯
		◯
		◯
일 (/)		◯
		◯
		◯

제5장

플래너 작성하기

플래너 이해와 실습

지난 시간 내용 정리

우선순위의 원칙–중요도란?

우선순위의 원칙–긴급도란?

이전 시간에 시간관리의 핵심 원칙인 우선순위와 파레토 법칙에 대해 생각해 보았다. 이런 원칙에 따라 자신에게 보다 중요한 과목의 공부를 시도해 보았을 것이다. 그렇다면 목표와 함께한 나의 일주일이 어땠는지를 스스로 평가해 보자.

[목표과목]		[일주일에 투자한 시간]		[평가 점수]
①	→	(　) 시간 (　) 분	→	0–1–2–3
②	→	(　) 시간 (　) 분	→	0–1–2–3
③	→	(　) 시간 (　) 분	→	0–1–2–3

0: 목표를 잊고 전혀 실천하지 못함　　1: 조금 노력한 정도

2: 비교적 성실히 노력했음　　3: 최선을 다했음

☆ 내가 잘했다고 느껴지는 부분은 무엇인가?

☆ 아쉬운 느낌이 들고 조금 더 노력해야 한다고 생각되는 부분은 무엇인가?

토론 자료

감각박탈실험

가끔은 아무것도 안 하고 며칠씩 누워 있고 싶을 때가 있다. 바쁘게 살다 보면 때로 휴식이 필요한 것은 사실이다. 하지만 사람은 할 일이 없고 아무것도 안 할 때에 바쁠 때보다 더 큰 고통을 경험하게 된다.

도날드 헵이라는 심리학자가 실험에 참가할 사람을 모집했다. 참가자들이 해야 할 일은 아무것도 안 하고 침대에서 최대한 오래 누워 있기만 하면 되는 것이었다. 이렇게 침대에서 '버티기만' 하면 일을 해서 버는 것보다 더 많은 돈을 실험 참가비로 받을 수 있었다.

참가자들은 '아무것도' 안 해야 하기 때문에 소리와 빛이 차단된 방에 들어가 아주 부드러운 옷과 장갑을 끼고 푹신한 침대에 가만히 누워 있어야 했다. 이렇게 빈둥거리면서 돈을 벌 수 있다니 정말 신나는 일이지 않겠는가?

하지만 이 실험을 이틀 이상 버틴 사람은 거의 없었다. 하루가 지나가 참가자들은 생각을 집중할 수 없었고, 머릿속이 너무나 혼란스러워졌다. 이틀이 지나자 정신이 흐려졌고, 캄캄하고 조용한 방에서 무언가 어른거리는 듯한 환각도 나타나기 시작했다. 그러고는 얼마 지나지 않아 많은 돈을 벌 수도 있는 실험 참가를 포기하게 되었다.

우리는 일과 휴식을 골고루 취해야 건강하게 살 수 있다. 해야 할 일이 있고, 또 쉴 수 있는 시간이 있을 때가 가장 행복한 것이다. 삶에서 일과 휴식의 적절한 균형을 유지하기 위해서는 시간관리가 필수라는 사실도 명심해야 한다.

토론하기

✿ 독방에 갇힌 죄수처럼 아무런 할 일이 없어 고통스러울 정도의 무료함을 경험해 본 적이 있는가? 왜 이런 무료함이 고통을 일으키는지 생각해 보자.

체크리스트

문항	✓
1. 공부를 하기 위해 매일 일정한 시간을 정해 놓는다.	
2. 나만의 공부 계획표를 가지고 있다.	
3. 할 일이 많을 때 무엇을 먼저 해야 하는지 알고 있다.	
4. 하루 중 공부가 가장 잘되는 시간이 언제인지 안다.	
5. 평상시에 예습과 복습을 잘하는 편이다.	
6. 노트를 가지고 복습에 활용한다.	
7. 숙제는 빠짐없이 제때에 끝내는 편이다.	
8. 기분이 안 좋아도 해야 할 공부와 일은 하는 편이다.	
9. 시험은 미리미리 준비한다.	
10. 계획한 공부는 거의 실천하는 편이다.	

0 ~ 2개	무계획형
3 ~ 4개	벼락치기형
5 ~ 6개	미루기형
7 ~ 8개	성실형
9 ~ 10개	계획형

논의: 체크리스트를 통해 확인한 자신의 강점과 약점은?

1 시간관리의 어려움과 이유

사람들이 시간을 관리하는 방법은 크게 두 가지로 나뉜다. 시간을 중심으로 계획을 세우는 '시간 중심 계획표'와 할 일 목록을 중심으로 계획을 세우는 '과제 중심 계획표'이다. 이 두 가지 방식은 장점도 있지만 좋은 시간관리의 도구로 쓰기에는 몇 가지 문제가 있다. 우리가 시간관리를 제대로 하지 못하는 원인 중 몇 가지는 계획표 도구가 적절하지 않은 데에서도 찾아볼 수 있다. 두 계획표 양식의 장단점에 대해 생각해 보자.

'시간 중심 계획표'	장점	단점
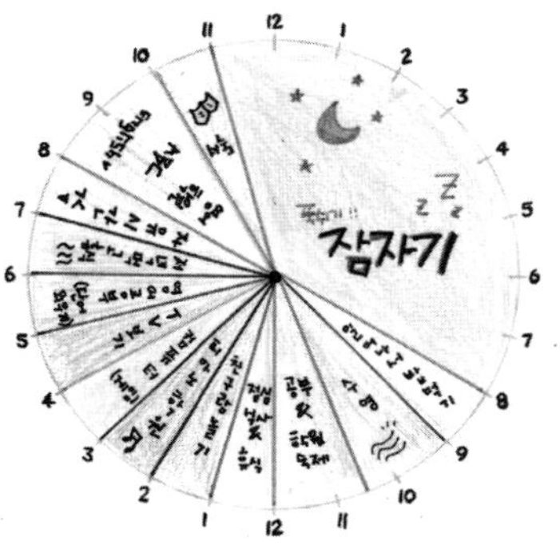	- 전체 일정이 한눈에 보인다. - 시작과 끝 시간을 명확히 알 수 있다.	- 24시간 모두 기록하여 복잡하다. - 한 가지 항목이 밀리면 모두 밀리기 쉽다. - 계획 수정이 어렵다. - 무엇을 우선으로 해야 하는지 내용이 불분명하다.

'과제 중심 계획표'	장점	단점
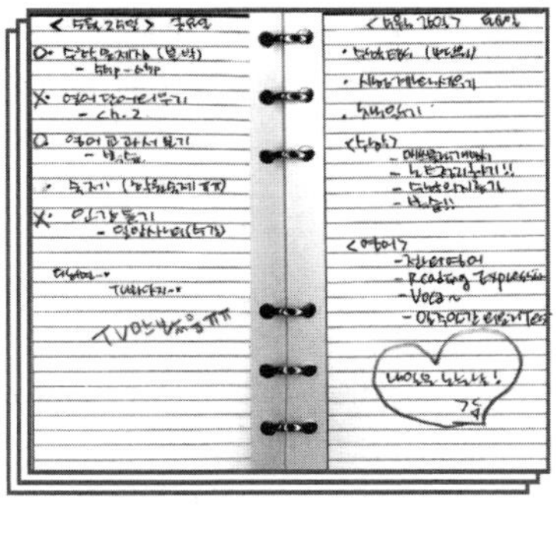	- 할 일만 적기 때문에 간결하다. - 밀린 일정이 수정 가능하다.	- 시작과 끝이 분명하지 않아 미루기가 쉽다. - 전체 일정을 확인하기 어렵다.

2 평소 시간 사용 분석하기

1) 하고 싶은 일들: 스스로 즐겁게 느끼며 누가 시키지 않아도 하게 되는 일

(예: 게임, TV 보기, 잠자기 등)

하고 싶은 일	필요시간(하루 기준)
	(　　) 시간 (　　) 분
	(　　) 시간 (　　) 분
	(　　) 시간 (　　) 분
	(　　) 시간 (　　) 분
	(　　) 시간 (　　) 분
	(　　) 시간 (　　) 분
합계	(　　) 시간 (　　) 분

2) 해야 하는 일들: 당장 즐겁지 않아도 어떤 필요에 의해 꼭 해야 하는 일

(예: 시험공부, 숙제 등)

해야 하는 일	필요시간(하루 기준)
	(　　) 시간 (　　) 분
	(　　) 시간 (　　) 분
	(　　) 시간 (　　) 분
	(　　) 시간 (　　) 분
	(　　) 시간 (　　) 분
	(　　) 시간 (　　) 분
합계	(　　) 시간 (　　) 분

3) 시간계산을 해 보자.

(1) 언제든지 하고 싶어지는 일들을 하는 데 필요한 시간	( ) 시간 ( ) 분
(2) 해야 하는 일들을 하는 데 필요한 시간	( ) 시간 ( ) 분
	합 : ( ) 시간 ( ) 분

✿ 이 모든 일을 하는 데 하루 24시간으로 충분한가? 만일 시간이 남거나 모자란다면 그것은 무엇을 의미하는지에 대해 생각해 보자.

3 시간 사용 평가하기와 문제점 탐색

일기를 쓰게 되면 자신의 하루를 뒤돌아보고 더 나은 내일을 계획할 수 있다. 마찬가지로 시간 사용 습관을 바꾸기 위해서는 '시간일기'를 쓰는 것이 큰 도움이 된다.

1) 지난주 시간 사용 기록하기

	월	화	수	목	금	토	일
AM 12							
1							
2							
3							
4							
5							
6							
7							
8							
9							
10							
11							
PM 12							
1							
2							
3							
4							
5							
6							
7							
8							
9							
10							
11							
12							

2) 일주일 동안 어떻게 시간을 보냈는지를 기록했다면 이번에는 시간 사용을 분석해 보자. 다음의 표를 작성하면 자신의 시간 사용 내역에 대한 대략적인 평균을 낼 수 있다.

시간일기 항목	하루 평균 사용 시간	사용 순위
잠		
통학		
학교수업		
동아리		
숙제		
자기공부		
TV 시청		
컴퓨터(게임, 채팅, 인터넷)		
스마트폰		
책 읽기		
친구 만난 시간		
빈둥거린 시간		
생각 안 나는 시간		

4 시간 사용에 대해 평가하기

1) 일주일간의 생활 중에서 가장 보람되게 사용했다고 느껴지는 시간은?

2) 일주일간의 생활 중에서 가장 헛되이 사용했다고 느껴지는 시간은?

3) 앞으로 늘리고 싶은 항목은?

4) 앞으로 줄여야 한다고 생각되는 항목은?

5 시간의 4가지 유형

주머니에 100원밖에 없는 사람이 100원 이상의 지출을 하게 되면 그것은 고스란히 빚으로 남게 된다. 시간의 사용도 마찬가지여서 내 의지와 계획에 따라 쓸 수 있는 시간의 양을 모르는 상태에서 작성한 계획은 결코 지켜질 수 없다. 따라서 효과적인 계획표를 구성하려면 시간의 종류를 나눌 수 있어야 하며, 각각의 특성을 고려한 다음 계획을 세워야 한다.

1) 고정시간

고정시간이란? 이미 [정] [해] [져] 있는 일들,

따로 [계] [획] 할 필요가 없는 일들

예)

2) 가용시간

가용시간이란? 자신의 의지대로 [계] [획] 해서 쓸 수 있는 시간

〈가용시간의 계산 방법〉

일주일 전체 시간(168시간) − 기본활동시간

나의 일주일 가용시간은 (　　)시간

3) 목표학습시간 정하기

가용시간이 결정되고 나면 이 중 얼마만큼의 시간을 내 공부에 사용할지 결정해야 한다. 목표시간을 결정하지 않으면 지나치게 많거나 적은 학습량을 잡기 때문에 좋은 계획을 세우는 데 걸림돌이 될 수 있다. 목표학습시간이란 쉽게 말해 '일주일 동안 내가 스스로 공부

하기로 계획한 시간'을 의미한다. 목표학습시간을 잡는 기준은 다음 3가지가 있다.

(1) [가][용][시][간]의 20%

예) 만일 가용시간이 일주일에 50시간이라면 목표학습시간은 이 중의 20%인 10시간이 적당하다.

(2) [평][소][학][습][량]보다 20% 정도 더 늘리기

예) 계획이 없는 상태에서 평소 혼자 공부하는 시간이 5시간이었다면 목표학습시간은 6시간 정도가 적당하다.

(3) [목][표][달][성]에 필요한 시간

예) 만일 다음 번 성적 목표를 이루기 위해 공부해야 할 양이 하루 2시간이라면 일주일 전체 학습목표는 14시간이 된다.

(4) 이와 같은 방식으로 여러분의 목표학습시간을 한 번 정해 보자.

나의 목표학습시간은?	일주일에 시간

목표학습시간을 이렇게 정한 이유는 무엇인지 정리해 보자.

4) 골든타임

책상에 앉는다고 아무 때나 공부가 잘되는 것이 아니다. 또한 앞에서 배운 대로 목표학습시간은 그리 많지 않기 때문에 그 공부시간을 황금과 같이 소중하게 사용해야 한다. 내 가용시간 중 집중하기 가장 유리한 시간을 미리 찾아보자. 이러한 시간을 Golden Time이라 한다.

하루 중 [집][중]하기에 가장 유리한 시간

(1) 골든타임을 결정하는 기준은, 다음 4가지이다.

[졸][리][지] 않은 시간

비교적 [조][용][한] 시간

[컨][디][션]이 좋은 시간

[유][혹]이 적은 시간

(2) 하루 중 이상의 조건에 잘 맞는 시간이 언제인지 찾아보자.

시간대		월	화	수	목	금	토	일
아침	6~7							
	7~8							
오전	9~10							
	10~11							
	11~12							
오후	1~2							
	2~3							
	3~4							
	4~5							
저녁	5~6							
	6~7							
	7~8							
	8~9							
밤	9~10							
	10~11							
	11~12							
	12~1							
	1~2							

6 플래너의 구성요소

우리는 이제까지 시간관리를 잘하기 위한 몇 가지 방법에 대해 살펴보았다. 할 일의 목록을 짜고, 어떤 것을 먼저 할지 우선순위도 정할 수 있게 되었다. 하지만, 여전히 이것만으로는 부족하다. 지속적인 시간관리를 위해서는 그러한 모든 것들을 일목요연하게 정리할 수 있는 도구가 필요하다.

앞에서 알아본 '시간 중심 계획표'나 '과제 중심 계획표'는 각각의 단점이 존재하기 때문에, 한 가지 방법만 사용하는 것은 바람직하지 않다. 두 가지 방식의 장점이 고루 사용되도록 하는 것이 좋다. 실천하기 좋은 계획표는 다음과 같은 3가지 요소를 포함한다.

종류	내용
기본 시간표	기본적으로 하루 동안 고정적으로 하는 일들을 기록한다. 자는 시간, 식사시간, 수업시간, 아르바이트 시간과 같이, 파레토 법칙에서 설명하는 80%에 해당하는 시간들을 표시하면 된다. 반면, TV 보기나 자기, 공부시간과 같은 것은 마음먹기에 따라 다른 일을 할 수도 있기 때문에 포함하지 않는다.
주간 계획표	그 주 안에 마무리를 해야 하는 일들을 기록한다. 숙제, 시험, 특별히 신경 써야 할 과목들을 미리 적어 본다. 주말에는 밀린 일을 해치울 수 있도록 여유시간을 따로 마련하면 좋다.
일일 계획표	하루 동안에 해야 할 일을 우선순위에 따라 구체적으로 기록한다. 이는 주간계획을 하루에 다룰 수 있는 정도로 작게 나눈 것으로, 일과 중 시간상으로 20%인 일들이 중요성에서는 80% 이상이라는 점을 명심해야 한다.

1) 기본시간표와 주간계획표의 작성

1step. 기본시간표 위에 위치한 나의 진로목표를 쓰는 칸에 '**미래에 내가 갖고 싶은 직업**'을 기록합니다. 그리고 그 아래 나의 학점목표를 쓰는 칸에는 '**다음 학기에 받고 싶은 학점**'을 기록합니다.

2step.
기본시간표에는 일주일간 생활을 하면서 반복적으로 하게 되는 '**이미 짜여 있는 일들**'을 기록합니다. 예를 들어, 잠자기 시작한 시간과 일어난 시간에 색연필 등으로 표시하고 항목을 적습니다.
'골든타임'이란 집중에 유리한 시간을 말합니다. 내가 하루 중 가장 집중을 잘할 수 있는 시간은 언제인지 생각해 봅니다.

3step.
'**가용시간**'을 체크해 봅니다.
(실제 사용할 수 있는 시간)

4step. 주간계획에는 '**일주일간 해야 할 공부목표**'를 기록합니다.

2) 일일계획표 작성하기

1step. '**오늘 날짜**'를 적고 공부할 준비가 됐는지 스스로 점검해 봅니다.

2step.
주간계획에 있는 항목 중 '**오늘 해야 할 일을 과목, 시간, 분량으로 기록**'합니다. 제대로 실천했는지도 표시해 봅니다.

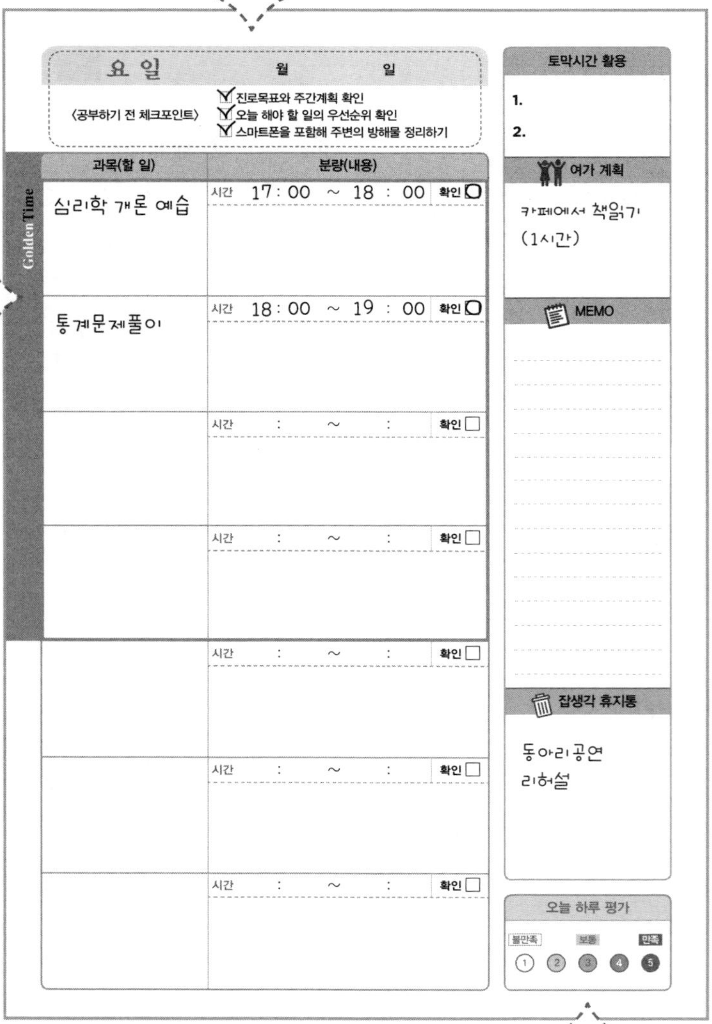

3step.
특이사항을 메모하거나 여러 가지 잡생각을 적으며 정리하는 '**메모/잡생각 휴지통**'
하루를 보람차게 보낸 자신에게 주는 특별 서비스 '**여가 계획**'
하루의 깔끔한 마무리를 위한 '**하루 평가**'

월 째 주

나의 진로목표	
학점목표	평점 점에서 점으로 향상시키기

기본시간표

	월	화	수	목	금	토	일
01:00							
02:00							
03:00							
04:00							
05:00							
06:00							
07:00							
08:00							
09:00							
10:00							
11:00							
12:00							
01:00							
02:00							
03:00							
04:00							
05:00							
06:00							
07:00							
08:00							
09:00							
10:00							
11:00							
12:00							
01:00							
가용시간							

오전

오후

이번 주 **총 가용 시간** ________시간 / **목표 학습 시간** ________시간

주간계획

목표과목	시간	기타일정	시간

요 일　　월　　일

〈공부하기 전 체크포인트〉
- ☐ 진로목표와 주간계획 확인
- ☐ 오늘 해야 할 일의 우선순위 확인
- ☐ 스마트폰을 포함해 주변의 방해물 정리하기

Golden Time

과목(할 일)	분량(내용)
	시간 : ~ : 확인 ☐
	시간 : ~ : 확인 ☐
	시간 : ~ : 확인 ☐
	시간 : ~ : 확인 ☐
	시간 : ~ : 확인 ☐
	시간 : ~ : 확인 ☐
	시간 : ~ : 확인 ☐

토막시간 활용

1.

2.

여가 계획

MEMO

잡생각 휴지통

오늘 하루 평가

불만족　보통　만족

① ② ③ ④ ⑤

7 자투리 시간의 활용 방법

1) 자투리 시간 찾기

자투리 시간의 종류	하루 평균 시간
학교 쉬는 시간	분
점심 식사 후 남는 시간	분
통학 시간	분
친구 기다리는 시간	분
그 외:	분
그 외:	분

하루 총 자투리 시간: 시간 분

2) 자투리 시간 활용 방법

하루 동안 적지 않은 자투리 시간이 있다는 것을 알게 되었다. 하지만 자투리 시간들은 모두 이어 붙일 수 없기 때문에 조금 다른 방식의 시간 활용법을 찾아봐야 한다. 어떻게 하면 자투리 시간을 알뜰하고도 효과적으로 사용할 수 있을지 생각해 보자. 혹시 자신만의 방법이 있다면 다른 친구들과 나누어 보자.

예) 참고 서적 읽기
영어 MP3 파일 듣기

8 여가시간 활용하기

1) 여가시간(휴식과 놀이)의 중요성

시간관리에서 가장 중요한 것은, 나의 공부 목표를 이루기 위해 효율적으로 시간을 사용하는 것이다. 그래서 미리 계획표도 짜고, 얼마나 실천했는지 점검도 하는 것이다. 하지만 계속해서 공부만 하는 것은 불가능하다. 적당한 휴식과 놀이 역시 공부만큼 중요하고 필요한 일이며, 어떤 면에서는 공부의 연장으로도 볼 수 있다.

그렇다면, 잘 쉬고 잘 노는 것이 공부에 어떻게 도움이 될 수 있는지에 대해 생각해 보자.

예) 스트레스가 해소된다. 그래서 더 집중해서 공부할 수 있다.

2) 여가시간에 할 즐거운 활동 계획하기

무엇을 해야 여가시간을 즐겁게 보낼 수 있을까? 심리학자들의 연구 결과에 따르면 지나친 TV 시청이나 게임은 오히려 우울한 기분을 일으켜 공부에 방해가 된다고 한다. 기분 전환에 도움이 될 만한 활동에는 무엇이 있을지 생각해 보자. 잘 떠오르지 않는다면 다음 페이지의 '즐거운 활동 목록'을 참고한다.

예) 강아지랑 산책하기, 친구들과 운동하기

- 즐거운 활동 목록

항목	✓	항목	✓
반신욕하기		봉사활동 하기	
물건 수집하기(동전, 우표 등)		운동하기	
미래 상상하기		노래하기	
오래된 물건 정리하기		종교 활동하기	
영화 보기		십자말풀이 하기	
조깅이나 걷기		그림 그리기	
음악 듣기		자신의 장점 생각해 보기	
라디오 듣기		악기 연주하기	
사진 보기		누군가에게 줄 선물 만들기	
잡지나 신문 보기		책 읽기	
취미활동하기		자전거 타기	
요리해서 먹기		스포츠 관람하기	
집안 청소하기		사진 찍기	
식물 가꾸기		애완동물과 놀아 주기	
연기하기		행복했던 일 기억하기	
춤추기		카드놀이	

✿ 나에게 적당한 즐거운 활동은?

___

✿ 그 활동을 구체적으로 언제, 어떻게 할까?

___

적용 과제

✿ 한 주간 계획표를 구성해서 실천해 보자.

월 짜 주

나의 진로목표	
학점목표	평점 점에서 점으로 향상시키기

기본 시간표

	월	화	수	목	금	토	일
01:00							
02:00							
03:00							
04:00							
05:00							
06:00							
07:00							
08:00							
09:00							
10:00							
11:00							
12:00							
01:00							
02:00							
03:00							
04:00							
05:00							
06:00							
07:00							
08:00							
09:00							
10:00							
11:00							
12:00							
01:00							
가용시간							

오전

오후

이번 주 **총 가용 시간** ________시간 / **목표 학습 시간** ________시간

주간계획

목표과목	시간	기타일정	시간

제6장

실행력 증진 전략

자기감찰 기술과 미루지 않기 전략

지난 시간 내용 정리

- 평소 시간 사용에서의 문제점은 무엇이었는가?
- 고정시간과 가용시간의 개념은 무엇인가?
- 자신의 골든타임은 언제인가?
- 일주일간 플래너를 작성하고 실천했던 경험에 대해 함께 논의해 보라. 어떤 점이 도움이 되었고 어떤 점이 어려웠는가?

토론 자료

마시멜로 실험

1960년대 스탠포드 대학의 심리학자 월터 미쉘은 유아를 대상으로 흥미로운 실험을 하나 진행했다. 실험 내용은 즉각적인 유혹을 견디는 아이들의 특징을 알고자 하는 것이었다. 교사 역할의 실험자는 아이들을 한 명씩 방으로 데리고 가서 마시멜로가 놓인 접시를 제공하고 다음과 같은 조건을 제시했다. "원한다면 당장 마시멜로를 먹어도 상관없어. 하지만 선생님이 다시 돌아올 때까지 참으면 마시멜로를 2개 먹을 수 있단다."

어떤 아이는 선생님이 떠나기 무섭게 마시멜로를 먹어 버렸고 다른 아이들은 15분에 가까운 시간을 기다려 마시멜로를 하나 더 받아 냈다. 어린아이들이 눈앞에 놓인 마시멜로를 이렇게 오랜 시간 먹지 않고 기다리는 것은 매우 어려운 일이었다.

비디오 관찰 결과 이토록 긴 시간 동안 유혹을 이겨 낸 아이들은 막연한 인내심으로 성공한 것이 아니었다. 이 아이들은 되도록 마시멜로를 쳐다보지 않으려고 노력했다(만일 마시멜로 위에 접시를 하나 덮어 보이지 않게 해 주면 아이들이 인내하는 시간은 두 배로 증가한다). 혹은 상상 놀이를 하거나 노래를 부르거나 심지어 일부러 잠을 자는 아이들도 있었다. 이런 대처를 통해 유혹을 이겨 낼 수 있었던 것이다.

월터 미쉘은 종단 연구를 통해 이 아이들이 그렇지 않았던 아이들에 비해 미국 대학수학능력시험(SAT)에서 더 높은 점수를 받았고, 대인관계에서도 더 좋은 평가를 받는다는 사실을 알게 되었다. 이러한 능력을 '만족지연능력'이라 부르며 성취 영역에서는 때로 지능보다도 더 중요한 역할을 한다고 알려져 있다.

토론하기

앞에서 살펴본 마시멜로 실험을 통해 인내심을 가지고 만족을 미루는 능력에 전략이 필요하다는 것을 살펴보았다. 대학생으로서 어떤 전략들이 미루기를 막고 필요한 일에 집중하는 실천력을 부여하는 전략이 될 수 있을지 관련된 경험이나 아이디어를 공유해 보자.

1 계획표 점검하기

내가 세운 공부 계획들을 잘 지킬 수 있는 또 다른 방법은 계획표를 점검하는 것이다. 주기적으로 계획표를 점검하다 보면, 내가 잘하는 점과 잘 못하는 점에 대해서 알 수 있게 된다. 이런 내용들을 다음 번 계획표에 반영한다면, 계획을 실천할 수 있는 가능성은 더욱 높아질 것이다.

1) 계획표 점검하기 1단계: 계획표의 형식적인 측면 점검하기

단계	내용	확인	
		아니다	그렇다
〈1단계〉 기본 시간표	• 자신의 목표를 기록했는가?	0	1
	• 고정된 활동만 기록되어 있는가?	0	1
	• 테두리와 색을 사용해서 알아보기 쉽게 그렸는가?	0	1
	• 골든타임을 표시했는가?	0	1
	• 가용시간은 정확히 계산되었는가?	0	1
	• 가용시간을 바탕으로 이번 주의 목표학습시간을 정했는가?	0	1
〈2단계〉 주간 계획표	• 우선순위에 맞게 기록했는가?	0	1
	• 숙제 및 기타 공부를 기록했는가?	0	1
	• 각각의 공부시간을 적었는가?	0	1
	• 총 공부시간이 목표시간과 같거나 많은가?	0	1
〈3단계〉 일일 계획표	• 그날 해야 할 공부를 빠짐없이 기록했는가?	0	1
	• 기본시간표에 있는 골든타임 위주로 공부시간을 결정했는가?	0	1
	• 시작 시간과 끝 시간을 적었는가?	0	1
	• 구체적인 분량을 결정했는가?	0	1
	• 토막시간을 활용하기 위해 계획을 세웠는가?	0	1
	• 공부를 마친 후 하고 싶은 일들은 무엇이 있는지 기록했는가?	0	1

총 점수: ________	
잘된 점	개선해야 할 점

2 성취도 계산하기

계획을 세우는 것보다 더 중요한 것은 실천하는 것이다. 실천을 잘하기 위한 방법 중 하나는, 이번 주에 내가 계획한 것들을 얼마나 잘 지켰는지 계산해 보는 것이다. 이를 성취도라고 한다.

성취도는 일일계획표를 토대로 계산하면 된다. 즉, 전체 일일계획의 개수를 분모에, 그 중에서 실제로 실천한 일일계획의 개수를 분자에 넣은 뒤, 여기에 100%를 곱하면 그 주의 성취도가 계산된다.

$$\frac{\text{실제로 지킨 일일계획의 개수}}{\text{이번 주 전체 일일계획의 개수}} \times 100$$

가령, 한 주 동안 총 12개의 계획을 세운 사람이 이 중에서 총 6개의 계획을 실천했다면, 실천도는 (6개/12개) × 100으로, 50%가 된다.

1) 계획을 시도했던 지난주 실천도를 계산해 보자.

%

2) 성취도와 실제 공부시간을 그래프에 표시하기

앞에서 계산한 성취도와 실제 공부시간을 성취도 그래프에 표시한다. 그래프는 눈에 잘 보이는 곳에 붙여 두고 매주 확인하도록 한다.

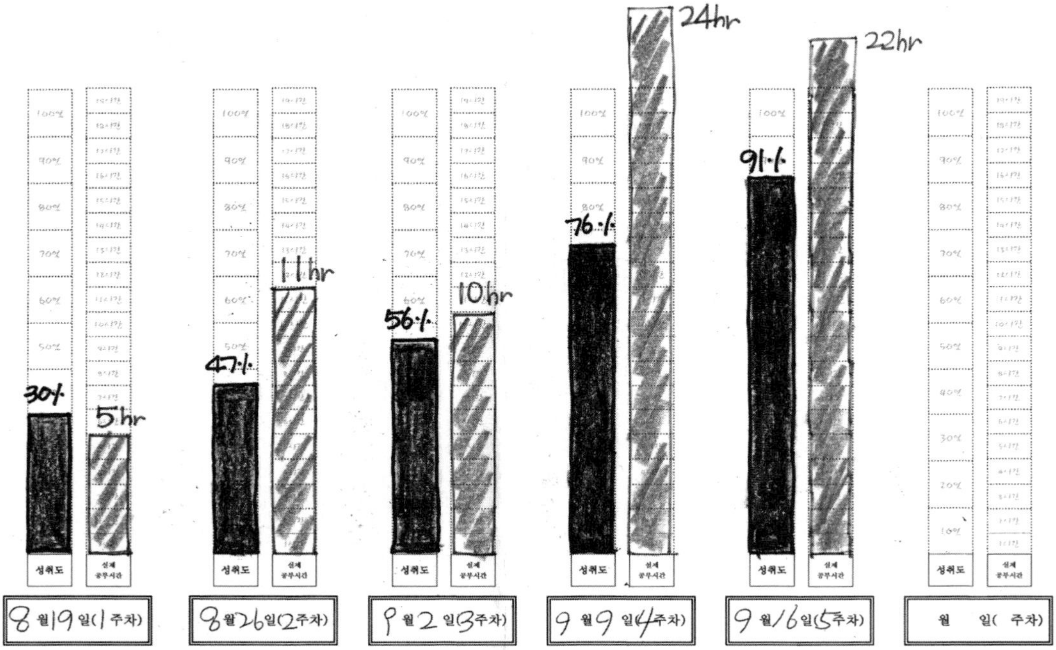

3 내 계획표의 잘된 점, 아쉬운 점 찾아 정리하기

내 계획표의 잘된 점은 무엇일까? 먼저 예시를 살펴본 뒤, 내가 잘했던 점에 대해 적어 본다.

〈잘된 점 예시〉

"이번 주에는 기본시간표를 깔끔하게 잘 그려서 알아보기가 쉬웠어."

"일일계획표에 분량을 아주 구체적으로 적어서 실천하기가 좋았어."

"지난주보다 성취도가 더 올라갔어!"

자, 이번에는 내 계획표의 잘된 점을 적어 보자.

〈아쉬운 점 예시〉

"까먹고 계획표를 세우지 않았어."

"일일계획표에 시간과 분량을 정확하게 적지 않았어."

"계획 세운 것을 절반도 지키지 못했어."

자, 이번에는 내 계획표의 아쉬운 점을 적어 보자.

4 시간관리를 하면서 어려웠던 점 토론하기

앞에서도 말했듯이, 계획표를 만드는 일과 지키는 일은 별개이다. 사실 계획표를 세우는 것보다는 그것을 지키는 것이 더 어려운 일이다. 계획한 것들을 잘 실천하기 위해서는 마음가짐도 중요하지만, 적절한 방법과 요령이 중요하다.

✿ 내가 시간관리를 하면서 어려웠던 점을 3가지 적어 보자.

-
-
-

✿ 이번에는 주변 사람들과 상의하여 시간관리를 하면서 공통으로 경험했던 어려웠던 점 2가지를 적고, 각각에 대한 해결 방법을 찾아보자.

◆ 어려웠던 점: ______________________________

☞ 해결 방법은?

-
-

◆ 어려웠던 점: ______________________________

☞ 해결 방법은?

-
-

5 성공적인 시간관리를 위한 주의사항

사실 내가 세운 계획표를 실천하여 시간관리를 제대로 한다는 것은 어느 누구에게도 아주 어려운 일임에 틀림없다. 그래서 처음에는 시간관리에 실패하기 쉽고 내 마음처럼 되지 않는 경험을 하게 된다. 중요한 것은 이런 상황에서 쉽게 좌절하거나 포기하지 않고, 꾸준하게 시간관리를 실천해 보는 것이다.

다음은 성공적인 시간관리를 위해 명심해야 할 사항들이다.

- 시간관리를 실패하는 대부분의 원인은 [무][리][한] 계획 때문이다.
  처음부터 욕심부리지 않는다.

- [실][패]는 당연한 것이다. 다만 어떻게 하면 성공할 수 있을지 늘 고민한다.

- [여][가] 시간도 미리 계획한다. 그러기 위해서 평소 시간을 아껴서 사용해야 한다.

- 계획표는 적어도 [하][루] 전에 만들어야 한다.

- 적어도 [3] 개월 정도는 사용해야 시간관리가 습관으로 자리 잡는다.

6 자기보상/처벌 전략

스키너(Skinner)라는 심리학자는 다음과 같은 실험을 통해 동물들이 특정한 행동을 습관적으로 반복하도록 만들 수 있었다. 쥐를 레버가 달려 있는 작은 상자에 넣고 쥐가 레버를 누를 때마다 먹이를 제공한 것이다. 배고픈 쥐는 처음에는 상자 안에서 어쩔 줄 몰라 이리저리 오가다가 우연히 레버를 누르게 되는데 이후에는 레버 누르는 행동이 급증하기 시작한다. 이렇게 어떤 행동을 증가하게 만드는 것을 '보상'이라고 한다. 어릴 때 학교에서 칭찬이나 스티커를 받은 후 행동이 달라지는 것도 이런 원리이다.

반면, 원래 행동 뒤에 자주 벌이 따르면 그 행동은 감소하게 된다. 레버를 자주 누르게 된 쥐에게 이번에는 레버를 누르면 곧바로 약한 전기충격을 주었다. 그러자 쥐는 몇 번 만에 레버 누르기를 그만두게 되었다. 이런 현상을 '처벌'이라고 한다.

다시 말해, 자신의 행동 뒤에 보상이라 부르는 좋은 결과 혹은 처벌이라 부르는 부정적 결과를 뒤따르게 하면 행동은 급격히 변화하게 된다.

✿ 아래 표에 계획을 잘 실천했을 때 스스로에게 줄 수 있는 보상과 처벌을 찾아보자.

자기보상 목록	자기처벌 목록
예) 공부 끝난 후 미드 1편 시청하기	예) 딴짓하느라 계획을 지키지 못했을 때, 그 날은 좋아하는 간식 금지

7 자기선언문 작성하기

✿ 자신의 결심과 계획을 공개하는 것은 책임감을 증가시키며 타인의 평가에 예민하게 만들기 때문에 실천력 증진에 도움이 된다. 아래 선언문을 작성해서 주변 사람들에게 공개해 보자.

나 (   )는 학습계획을 실천할 것을 스스로에게 약속합니다.

힘들고 어렵더라도 앞으로 (   )까지 실천해 보겠습니다.

실천력을 높이기 위해 다음 사항을 반드시 지키겠습니다.

1) 매주 (   )% 이상의 계획을 실천하겠습니다.

2) 매주 (   ) 시간 이상의 공부를 하겠습니다.

3) 매주 일요일 저녁에는 다음 주 일주일 계획을 세우고 공개하겠습니다.
(지금 바로 일요일 저녁 시간에 '계획 세우기' 알람을 맞춰 보자)

다음 사항을 잘 지키면 스스로에게 다음과 같은 상을 주겠습니다.

•
•

위 사항을 지키지 못하면 스스로에게 다음과 같은 벌을 부과하겠습니다.

년 월 일 (서명)

8 미루는 것을 막는 전략

해야 할 일이 뻔히 있지만 그것을 미루는 경우는 매우 흔하다. 특히 계획을 세울수록 그런 일은 더 많이 생기는 경향이 있다.

1) 먼저 실천해야 한다고 생각하지만 미루고 있는 일을 3가지 정도 기록하고 미루는 이유에 대해 논의해 보자.

미루고 있는 일들	미루는 이유
1)	
2)	
3)	

2) 주변 사람들과의 논의를 통해 일을 미루게 만드는 '달콤한' 생각들을 찾아보자.

일을 미루게 만드는 생각
예) 내일 하면 더 잘될 거야!
1)
2)
3)
4)

3) 미루는 것을 막을 수 있는 생각을 찾아보자. 다음과 같은 생각은 덜 미루는 데 도움이 된다.

일을 덜 미루게 만드는 생각
예) 내일 하면 더 하기 싫고 일이 늘어난다. 최선의 시간은 바로 지금이다!
1)
2)
3)
4)

4) 미루고 있는 일 중 가장 만만한 일을 하나 골라 보자. 자신의 생명이 24시간밖에 남지 않았다고 가정해 보자. 미루고 있는 일 하나 정도는 끝내고 세상을 떠난다는 심정으로 그 일을 기록하고 어떻게 처리할 것인지 방법도 생각해 보자.

내가 죽기 전에 끝낼 단 하나의 일	일을 처리하는 방법

적용 과제

다음 주 계획의 실천 목표를 정해 보자. 그리고 실천력을 높이기 위해 적용할 수 있는 방법을 2가지만 생각해서 적용해 보자.

①

②

제7장

수면과 컨디션 조절

수면의 이해와
수면 습관, 식사 습관 점검

지난 시간 내용 정리

✿ 일주일간 플래너를 작성하고 실천했던 경험에 대해 함께 논의해 보라. 성취도 그래프에는 어떤 변화가 있는가? 어떤 점이 도움이 되었고 어떤 점이 어려웠는가?

✿ 이전 시간에는 계획을 실천할 수 있는 전략에 대해 생각해 보았다. 한 주 동안의 시간 관리는 어떠했는지, 어떤 실천 전략을 적용해 보았는지 그 경험을 발표해 보자.

토론 자료

꿈속에서의 발견

방향족 탄화수소인 벤젠이 어떤 구조로 이루어져 있는지 알아내기 위해 많은 과학자들이 40년 동안이나 노력했지만 그 답을 찾기는 쉬운 일이 아니었다. 벤젠의 탄소 사슬이 어떤 식으로 얽혀 있는지를 밝혀내기 위해 노력하던 독일의 저명한 화학자 케쿨레(Friedrich August Kekule)는 어느 날 아주 이상한 꿈을 꾸었다. 여섯 마리의 뱀이 서로의 꼬리를 물고 원형의 띠를 이루면서 꿈틀대고 있는 장면이었다.

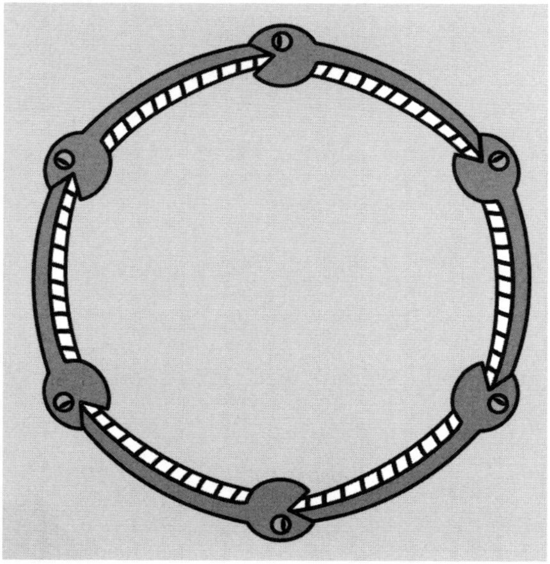

잠에서 깨자마자 케쿨레는 꿈에서 본 장면을 그림으로 옮겼고, 그것이 바로 6각형에 탄소와 수소 6개를 가지고 있는 벤젠의 구조라는 것을 알게 되었다. 유기화학 분야에서 가장 값진 발견 중의 하나인 벤젠의 구조는 이렇게 놀랍게도 한 과학자가 잠을 자는 동안 꿈을 통해 그 힌트를 얻어 낸 것이다.

토론하기

수면과 창의성 간의 관련성에 대한 각자의 견해를 나누어 보자.

수면 습관 체크리스트

평소 자신의 수면 습관이 얼마나 건강하고 좋은지 확인해 보자.

번호	문항	✓
1	늘 규칙적인 시간에 자고 깬다.	
2	아침에 일어나면 머리가 맑은 느낌이다.	
3	자리에 누우면 20분 안에 잠이 드는 편이다.	
4	잠자기 전에 과식을 하지 않는다.	
5	웬만해서는 낮잠을 자지 않는다.	
6	조느라 수업을 놓치는 경우는 거의 없다.	
7	주말에도 규칙적으로 자고 깨는 편이다.	
8	한번 잠들면 자주 깨지 않고 푹 자는 편이다.	

1 ~ 2점	수면 습관이 매우 안 좋음
3 ~ 4점	고쳐야 할 수면 습관이 있음
5 ~ 6점	수면 습관이 양호한 편
7 ~ 8점	좋은 수면 습관을 가지고 있음

논의: 체크리스트를 통해 확인한 자신의 강점과 약점은?

1 잠에 대한 에피소드

여러분은 '잠' 하면 어떤 에피소드가 떠오르는가? 잠에 얽힌 재미있는 경험이 있다면 한 번 적어 보자.

나는 '잠' 하면 이게 떠올라요.

2 평소 수면량 점검하기

10시간			
9시간			
8시간			
7시간			
6시간			
5시간			
4시간			
3시간			
2시간			
1시간			
	집에서	집 밖에서	합계

3 수면 평가

평소에 잠이 충분하다고 느끼는가? 각자의 경험을 정리해서 적어 보자.

YES!	

네, 저는 항상 잠이 충분하다고 느껴요. 그 이유는,

No!	

아니에요, 저는 항상 잠이 부족해요. 그 이유는,

4 수면의 중요성 이해하기

1) 수면 ○× 퀴즈

질문 1. 낮에 운동을 하거나 체력을 많이 사용하면 잠을 더 많이 자야 한다.

답: ○ / ×

설명: 낮에 활동을 많이 하면 지치고 피로감을 느끼는 것이 당연하다. 하지만 근육의 피로는 꼭 잠이 아니어도 회복된다. 다시 말해, 운동을 많이 했다고 더 많이 잘 필요는 없는 것이다.

질문 2. 잠을 자는 동안 뇌는 완전히 휴식을 취한다.

답: ○ / ×

설명: 잠을 자는 동안 뇌의 활동이 줄어들기는 하지만, 가전제품의 스위치를 내리는 것처럼 완전히 활동을 멈추지 않는다. 꿈을 꾸거나 낮 동안 일어났던 일을 정리하거나 외부의 자극에 반응할 만큼의 활동은 멈추지 않는다.

질문 3. 8시간을 잔다면 사람은 낮과 밤을 거꾸로 살아도 별 문제는 없다.

답: ○ / ×

설명: 야간 근로자와 같이 낮과 밤을 거꾸로 사는 사람은 수명이 평균 4년 정도 더 짧다는 연구 결과가 있다. 이뿐 아니라 면역력이 떨어져 질병에 쉽게 걸리고 사고를 당할 확률도 더 높다. 다시 말해, 잠은 밤에 자야 한다.

질문 4. 눈을 감고 침대에 누워 쉬는 것만으로도 잠을 잔 것과 같은 효과가 있다.

답: ○ / ×

설명: 불면증 환자의 고통은 누워 있지만 잠들지 못하기 때문에 일어난다. 아무리 오래 누워 있어도 잠에 빠지지 못하면 우리 몸은 심각한 고통을 겪게 된다.

질문 5. 코를 고는 것은 시끄러울 뿐 해롭지는 않다.

답: ○ / ×

설명: 심한 코골이는 수면증 무호흡증을 유발한다. 즉, 잠을 자다 숨을 쉬지 못하는 기간이 발생하고 이 기간 동안 사람은 숨을 쉬기 위해 잠깐씩 잠을 깨게 된다. 숙면을 취하지 못하기 때문에 낮에 심한 피로감을 느끼게 된다.

질문 6. 모든 사람은 매일 꿈을 꾼다.

답: ○ / ×

설명: 모든 사람은 꿈을 꾼다. 다만 기억하지 못할 뿐이다.

2) 수면 부족의 결과

성인에게 필요한 평균 수면량은? (8) 시간

"필요량보다 수면이 (2)시간 이상 부족하면 나타나는 현상"

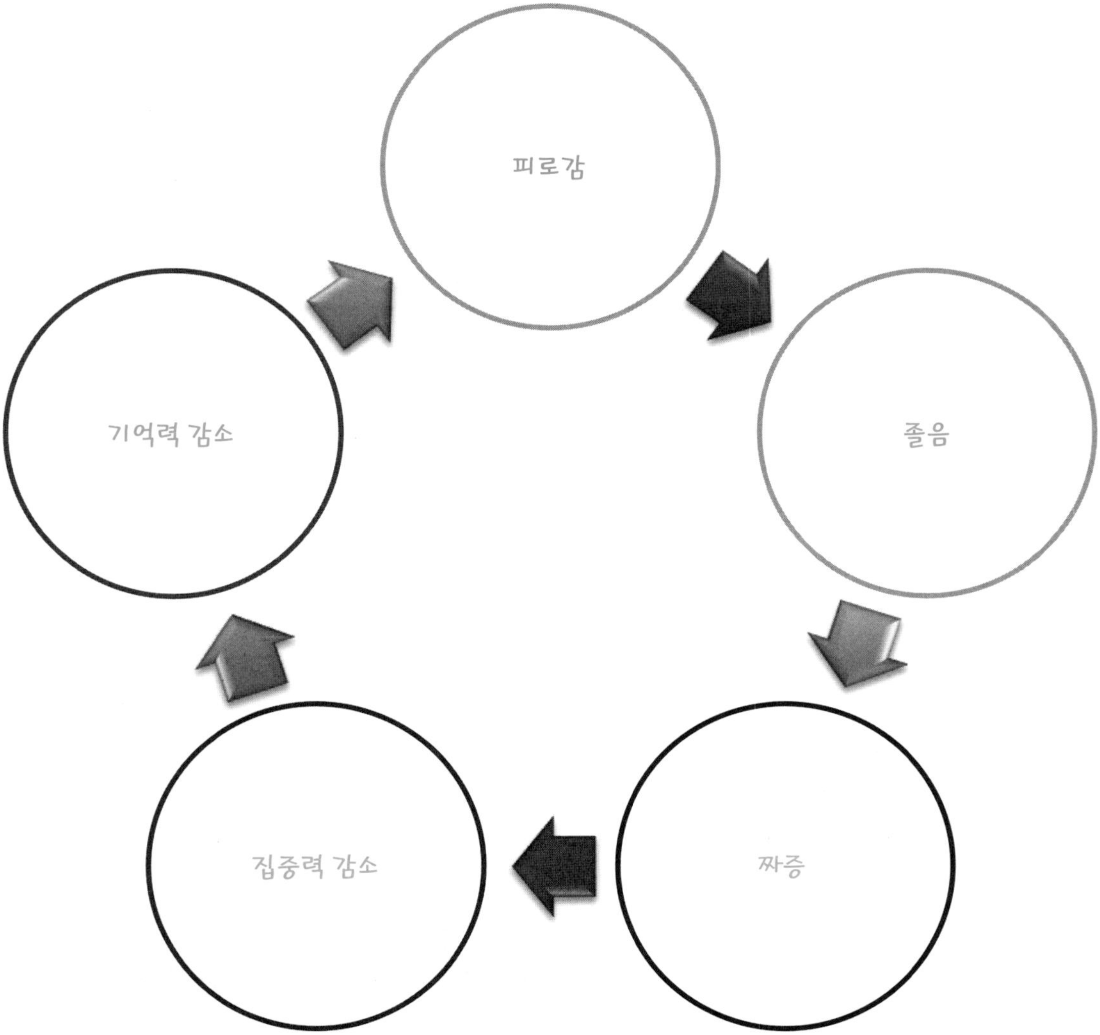

3) 건강한 수면을 위한 잠의 과학

• 우리 뇌의 활동을 측정하는 기계를 통해 [뇌][파]를 측정하면 수면이 [5]개의 단계에 걸쳐 일어난다는 것을 알 수 있다.

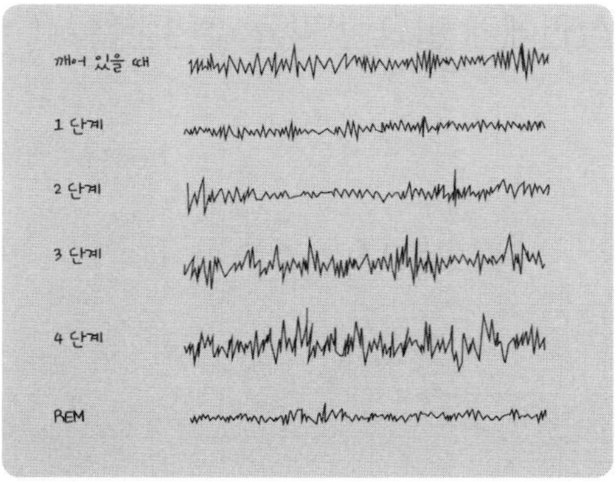

• 이 중 [R][E][M] 수면은 4단계 수면이 시작된 지 약 45분 후 나타나며 뇌의 활동이 갑자기 활발해진다. 이때 잠을 깨우면 대부분의 사람들은 꿈을 보고한다.

• 최근 발표된 연구에서, [8] 시간 정도 충분히 자고 기억테스트를 받은 학생들과 잠을 제대로 자지 못하고 테스트를 받은 학생들의 성적을 비교한 결과, 잠을 충분히 잔 학생들의 성적이 잠을 못 잔 학생들에 비해 평균 [2][0]% 이상 좋았다.

학생용
p. 173

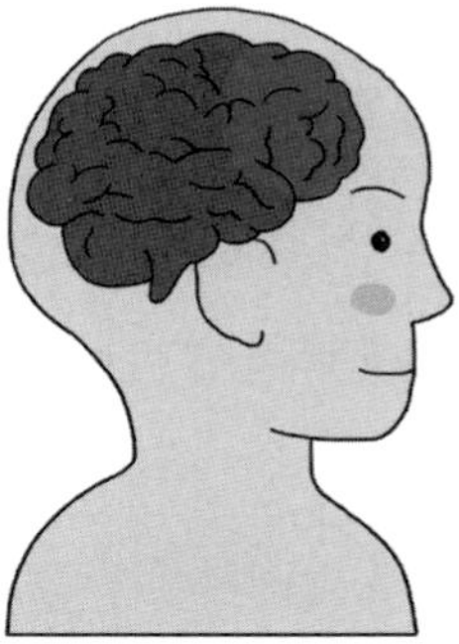

• 수면이 부족하게 되면 혈류에서 포 도 당 을 뽑아 내는 신체기능이 약화되고, 그 결과 기본적인 에너지가 충분히 뇌에 전달되지 못해, 학습에서 가장 중요한 영역인 대뇌의 전 두 엽 이 제대로 활동하지 못한다.

5 숙면 방법과 수면리듬 만들기

• 낮 잠 은 짧게 잔다. 낮 시간에 졸음이 오는 것은 정상적인 것이다. 하지만, 이때 3 0 분 이상 잠을 자게 되면 수면리듬에 영향을 받게 되고 밤에 잠이 쉽게 들지 않는다.

• 휴일에 몰아서 자지 않는다. 평소에 부족한 잠을 메우려고 한 번에 10시간 이상 몰아서 잠을 자게 되면 신 체 리 듬 에 균형이 깨지기 때문에 휴일이 끝나는 다음 날 활동에 지장을 받게 된다. 월요일이 유난히 피곤하게 느껴지는 '월 요 병'은 이런 이유로 일어난다.

• 잠들기 전 긴 장 을 줄이자. 그날 해결하지 못한 일들에 대해 잠자리에서 집착하지 말고 모두 적어 두었다가 다음 날 다시 생각하면 된다.

• 잠들기 3시간 이내에는 과 식 을 피하자. 더구나 밤늦게 먹는 것은 비만의 원인이 되기도 한다.

• 잠잘 때 방의 환경은 어 둡 고 조 용 하고 환 기 가 잘되어야 한다.

• 잠이 오지 않을 때는 억지로 잠을 자려는 시도를 하지 말아야 한다. 이렇게 하면 불 면 증 이 더 심해질 수 있다. 오히려, 그때는 불을 켜고 일어나서 활동적이지 않은 정 적 인 일(예를 들면, 책 읽기)을 하다가, 졸릴 때 다시 잠자리에 드는 것이 좋다. 그리고 잠을 적게 잤더라도 다음 날 제시간에 일어나야 정상적인 수면리듬을 찾을 수 있다.

• 커피, 홍차, 녹차, 초콜릿 등의 카 페 인 함유 식품을 저녁에 섭취하는 것은 피해야 한다. 카페인에 예민한 사람은 오후에 한 잔만 마셔도 수면에 방해를 받는 경우가 있다.

6 집중을 높여 주는 휴식 방법

집중을 하는 것은 근육을 사용하는 것과 비슷해서 일정 시간 이상 지속할 수 없다. 중간중간 적당한 휴식을 취해야 최상의 집중 상태를 유지할 수 있다. 하지만 잘못 쉬면 아예 공부를 못 하게 되기도 한다.

1) 쉬면서 하기에 적당한 일과, 오히려 집중을 방해하기 때문에 해서는 안 되는 일을 구분해 보자.

쉬면서 하기에 적당한 일은?

- 음악 2~3곡 듣기
- 간단한 음료와 간식
- 스트레칭
- 먼 산 바라보기
-

쉬면서 하면 안 되는 일은?

- 침대에 눕기
- 스마트폰 켜기
- 게임하기
- 배불리 먹기
-

2) 집중을 높여 주는 스트레칭 방법

오랜 시간 한 자세로 책을 보게 되면 목이나 어깨 부분의 근육이 점차 경직된다. 이런 상태가 지속되면 통증을 느낄 수도 있고, 무엇보다 혈액순환이 원활하지 않아 집중에 좋지 않은 영향을 줄 수 있다. 다음과 같은 스트레칭은 혈액순환을 도와 집중력을 개선해 주므로 쉬는 시간에 자주 실천해 보자.

(1) 목 스트레칭

한 손을 머리에 살며시 얹고, 머리를 위에서 아래로 지그시 누른다. 반대편 목이 당겨지는 느낌을 약 10초간 유지한다. 손을 바꿔 반대편 목 근육도 당겨 준다.

(2) 어깨 스트레칭

한쪽 팔을 반대편 팔의 팔꿈치 쪽으로 붙이고 몸 안쪽으로 서서히 잡아당긴다. 반대편 팔과 어깨가 잡아당겨지는 느낌을 약 10초간 유지한다. 팔을 바꾸어 반대편 어깨도 당겨 준다.

(3) 팔 스트레칭

양손에 깍지를 끼고, 손바닥을 뒤집어 앞으로 쭉 내민다. 양팔 근육이 쭉 펴지는 느낌을 약 10초간 유지한다. 이 상태를 3~4회 반복한다.

(4) 옆구리 스트레칭

양손에 깍지를 끼고, 손을 위로 쭉 들어 편다. 그 상태에서 몸을 한쪽으로 서서히 기울인다. 한쪽 옆구리가 쭉 펴지는 느낌을 10초간 유지한다. 마찬가지 방법으로 반대편 옆구리도 당겨 준다.

7 식사의 중요성

1) 평소에 아침식사를 하는 편인가?

아니요, 거의 먹지 않아요	불규칙해요	항상 잘 챙겨 먹어요

2) 식사를 거르고 수업을 듣거나 공부할 때 집중과 기억에 있어 어려움은 없었는지 자신의 경험을 적어 보자.

3) 아침식사는 다음과 같은 이유로 집중력에 영향을 준다.

두뇌가 작동하기 위해서는 반드시 [포] [도] [당] 이 공급되어야 한다. 아침에는 밤 사이 따로 섭취한 영양분이 없기 때문에 혈액 내에 포도당 수준이 매우 낮은 상태가 된다. 따라서, 쌀밥과 같은 탄수화물을 섭취해야 두뇌가 활동할 수 있는 에너지인 포도당이 공급되는 것이다. 다시 말해, 아침밥을 거르면 집중력, 기억력, 문제해결능력과 같은 학습능력에 관련된 뇌의 활동이 줄어드는 것이다.

4) 집중력을 높이는 데 도움이 되는 음식은 어떤 것이 있을까? 다음 중에서 골라 보자.

사과, 깻잎, 과자, 아몬드, 초콜릿, 귤, 호두, 계란 노른자, 당근, 사탕, 탄산음료, 우유, 치즈, 요구르트, 버섯, 라면, 고등어

[잡][곡]이나 [과][일]에 포함된 복합탄수화물이 집중에 도움이 된다. 그 외의 음식물은 졸음이나 집중력 저하를 일으킬 수 있다.

8 수면리듬의 적용과 식사습관

1) 나에게 필요한 수면량 결정하기

- 수면량을 결정하는 기준은 다음과 같다.
  - 아침에 일어날 때 가뿐한 느낌이 들어야 한다.
  - 낮 동안 공부할 때 졸음을 느끼지 않아야 한다.
  - 일상생활에 지장이 없을 만큼의 길이여야 한다.
  - 권장 수면시간에서 너무 많이 벗어나지 않는다.

- 나에게 필요한 수면 시간은 [ ][ ]시간, [ ][ ]분

2) 요일에 따라 자고 일어나는 시간의 규칙을 정해 보자.

시간	월	화	수	목	금	토	일
12(오전)							
1							
2							
3							
4							
5							
6							
7							
8							
9							
10							
11							
12(오후)							
1							
2							
3							
4							
5							
6							
7							
8							
9							
10							
11							

3) 숙면을 방해하는 잘못된 습관 찾기

좋은 수면 습관을 만들어야겠다고 생각했지만, 뜻대로 되지 않는 경우가 많다. 자신의 경우 어떤 잘못된 습관이 숙면을 방해하는지 찾아보자. 그리고 그것에 대한 해결책도 생각해 보자.

• 늦게 자고 늦게 일어나게 만드는 잘못된 습관은?

❶

❷

❸

❹

• 이런 문제들에 대한 해결책은?

적용 과제

수면리듬 기록하기

요일	취침시간	기상시간	수면량	하루의 느낌
월	□□ 시 □□ 분	□□ 시 □□ 분	□□ 시 □□ 분	□ 상쾌하고 집중이 잘됨 □ 보통 □ 멍하고 졸림
화	□□ 시 □□ 분	□□ 시 □□ 분	□□ 시 □□ 분	□ 상쾌하고 집중이 잘됨 □ 보통 □ 멍하고 졸림
수	□□ 시 □□ 분	□□ 시 □□ 분	□□ 시 □□ 분	□ 상쾌하고 집중이 잘됨 □ 보통 □ 멍하고 졸림
목	□□ 시 □□ 분	□□ 시 □□ 분	□□ 시 □□ 분	□ 상쾌하고 집중이 잘됨 □ 보통 □ 멍하고 졸림
금	□□ 시 □□ 분	□□ 시 □□ 분	□□ 시 □□ 분	□ 상쾌하고 집중이 잘됨 □ 보통 □ 멍하고 졸림
토	□□ 시 □□ 분	□□ 시 □□ 분	□□ 시 □□ 분	□ 상쾌하고 집중이 잘됨 □ 보통 □ 멍하고 졸림
일	□□ 시 □□ 분	□□ 시 □□ 분	□□ 시 □□ 분	□ 상쾌하고 집중이 잘됨 □ 보통 □ 멍하고 졸림

제8장

집중 향상 전략

집중의 이해와 주의력 향상 기술

지난 시간 내용 정리

- 일주일간 플래너를 작성하고 실천했던 경험에 대해 함께 논의해 보자. 성취도 그래프에는 어떤 변화가 있는가? 어떤 점이 도움이 되었고 어떤 점이 어려웠는가?
- 수면 부족은 어떤 문제를 일으키는가?
- 숙면 방법에는 어떤 것들이 있는가?
- 아침식사가 중요한 이유는 무엇인가?
- 이전 시간에는 수면과 식사를 포함한 컨디션 관리의 중요성에 대해 생각해 보았다. 일주일간 수면리듬을 조절했던 경험에 대해 나누어 보자.

토론 자료

환경의 영향

방의 색깔과 체감시간 간의 관계를 실험한 연구가 있었다. 이 실험에서 실험 참가자들은 각각 빨간색 계열의 방과 파란색 계열의 방에 들어간 후, 1시간이 지났다고 생각하면 방에서 나오도록 지시를 받았다. 방에는 시계가 없었기 때문에 참가자들은 자신의 감에 의지할 수밖에 없었다.

실험 결과, 빨간색 계열의 방에 들어간 참가자들은 40~50분 전후로 방을 나온 데 반해, 파란색 계열의 방에 들어간 참가자들은 1시간 10분~1시간 20분이 지나도 좀처럼 방을 나올 생각을 하지 않았다.

이처럼 빨간색 계열의 방은 사람을 예민하게 만들고, 시간이 더디게 가는 것 같은 느낌을 준다. 짧은 시간 내에 많은 사람들이 왔다 가야 이익을 낼 수 있는 패스트푸드점의 인테리어가 주로 붉은색 계통인 이유도 이런 점 때문이다. 따라서 공부방이나 침실은 빨간색 계열보다 파란색 계열의 색채를 많이 사용함으로써 안정적이고 편안한 느낌을 주는 것이 좋다고 한다.

또한 빨간색 방과 푸른색 방에 들어갔을 때 체감온도가 3° 정도 차이가 난다는 실험결과도 있다. 이렇듯, 색깔뿐만 아니라 주변환경이 우리에게 미치는 영향은 생각보다 크고 중요하다.

토론하기

공부하는 환경이 집중도나 학습의 결과에 영향을 주었던 경험에 대해 논의해 보자.

집중력 체크리스트

문항	✓
1. 공부할 때는 딴생각을 하지 않는다.	
2. 공부할 때는 전적으로 공부에만 집중한다.	
3. 공부하는 동안 소음이 들리면 무시하려고 노력한다.	
4. 집중이 잘되지 않으면 집중을 잘하기 위해 나름대로 노력한다.	
5. 공부시간을 효과적으로 사용하고 있다.	
6. 공부하는 동안에 마음이 편안하다.	
7. 책상에 앉아서 졸지 않는다.	
8. 공부할 때는 음악이나 라디오를 듣지 않는다.	
	총 개수:

7 ~ 8개	집중관리 우수
5 ~ 6개	양호한 집중력
3 ~ 4개	다소 부족함
2개 이하	매우 부족함

논의: 체크리스트를 통해 확인한 자신의 강점과 약점은?

1 집중이란 무엇일까?

1) 내가 생각하는 '집중(集中)'이란...

2) 한 번에 집중할 때, 얼마나(몇 분 혹은 몇 시간) 집중하는 것이 적당할까? 그렇게 생각하는 이유도 함께 적어 보자.

내가 생각하는 적당한 집중의 길이:

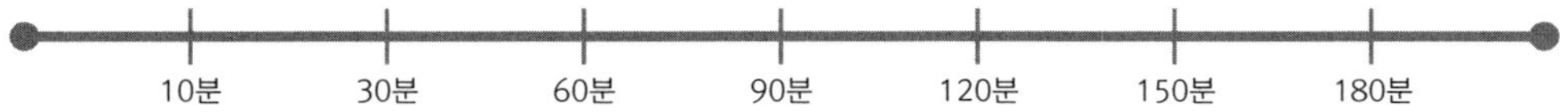

그렇게 생각하는 이유:

집중이란,

'한 가지 일에만 일정 시간 동안 주의를 기울이는 것'이라고 정의할 수 있다.

2 집중력에 대한 퀴즈

Quiz 1. 사람들은 누구나 마음만 먹으면 2시간 정도는 집중할 수 있다.	
설명	×: 아무리 힘이 센 사람이라도 무거운 물건을 몇 시간 동안 들고 있을 수 없듯이, 집중력에도 생물학적인 한계가 있다. 보통 한 번에 집중할 수 있는 시간은 대략 30~60분 정도이며, 이는 연령에 따라서 달라진다.

Quiz 2. 하루 중 체온이 가장 높은 낮 시간에 집중도가 가장 높다.	
설명	○: 사람의 체온이 가장 높은 시간은 하루 중 낮 시간에 해당된다. 체온이 높으면 혈액순환이 활발하게 이뤄지고, 당연히 뇌로 공급되는 혈액도 많아지게 된다. 따라서 두뇌의 활동도 보다 왕성해지게 되고, 집중도 이때 가장 잘된다.

Quiz 3. 게임을 할 때 3~4시간 빠지는 것도 공부와 동일한 집중력이다.	
설명	×: 보통 게임처럼 재미있고 자극적인 활동을 하다 보면 3~4시간 정도는 금방 흘러간다. 하지만 이런 현상은 '수동적 주의'로 학습에서의 집중과는 다른 현상이다. 집중이란 내가 애써서 주의를 기울이는 것을 말하는데, 게임에는 매력적인 요소들이 많기 때문에 굳이 주의를 기울이려 노력할 필요가 없기 때문이다.

Quiz 4. 힘들고 어려운 공부를 할 때 음악을 듣는 것은 집중에 도움이 된다.	
설명	×: 사람의 뇌는 동시에 여러 가지 자극을 처리하는 데 능숙하지 못하다. 만약 동시에 2가지 자극이 들어오게 되면, 보다 재미있는 자극만을 선택하여 처리한다. 공부할 때 음악을 듣게 되면 공부하는 내용보다는 음악이 더 우선적으로 처리되므로, 공부에 방해가 되는 것이다.

3 집중력 테스트

아래에는 1부터 30까지의 숫자들이 있다. 1부터 시작해서 2, 3, 4의 순서대로 선을 긋는다. 되도록 연필을 종이에서 떼지 않고, 되도록 빨리한다. 제한시간은 60초.

4 주의력이 발휘되는 상황과 그렇지 않은 때의 차이

집중력이 항상 같은 것은 아니다. 공부하는 과목이나 시간 등에 따라 달라질 수 있다. 상황에 따라 집중력은 어떻게 달라질 수 있는지 한번 생각해 보자.

집중이 잘될 때	집중이 안 될 때
 과목, 시간대, 내 상태 등을 생각해서 써 보자.	 과목, 시간대, 내 상태 등을 생각해서 써 보자.

5 집중의 기본 조건

1) 집중의 조건, 첫 번째: 뚜렷한 목표

어떤 일에 몰두하고 집중을 하려면 그 일에 관심이 있어야 하고, 관심을 가지려면 그 일이 나에게 중요하고 의미 있는 일이어야 한다.

"사람은 자신에게 [중][요]하고, [의][미] 있는 일에만 집중할 수 있다." 따라서 공부에 집중할 수 있으려면 반드시 뚜렷한 [목][표]를 가지고 있어야 한다.

장기목표는 동기를 높여 주지만, 단기목표는 당장의 행동을 불러일으켜 준다.

단기목표: 보상이나 현재 해야 할 학습과제에서 느끼는 재미와 흥미	장기목표: 진로 등 미래 목표

2) 집중의 조건, 두 번째: 골든타임 활용

〈체온에 관한 생체리듬〉

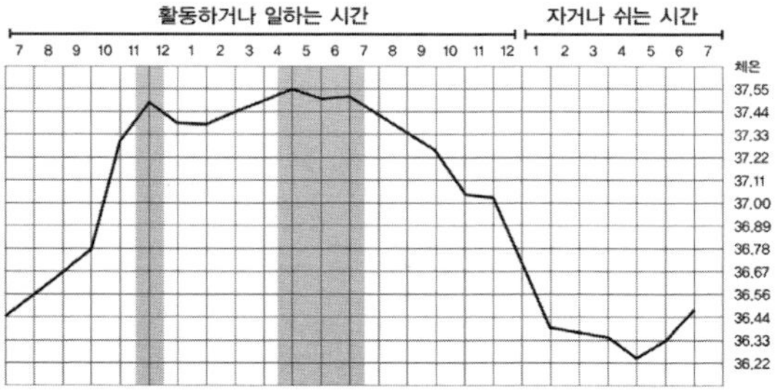

• 집중이 잘 안 되는 때에 2시간 공부한 것보다는, 집중이 잘되는 시간대에 1시간 하는 것이 훨씬 더 전략적이고 효과적인 공부 방법이다. 즉, 골든타임을 찾아 공부하는 것이 집중력 향상의 두 번째 방법이다.

• 골든타임을 결정하는 기준은 다음 4가지이다.

졸 리 지 않은 시간	비교적 조 용 한 시간
컨 디 션 이 좋은 시간	유 혹 이 적은 시간

• 나의 골든타임은 언제인가?

	1 잠만 오고 집중이 전혀 안 된다	2 깨어 있긴 하지만 집중은 안 된다	3 공부는 되지만 딴짓도 하게 된다	4 공부를 하면 집중이 잘 되는 편이다	5 집중이 아주 잘돼서 공부에 몰입할 수 있다
아침 (AM 6:00~8:00)					
오전 (AM 8:00~PM 12:00)					
오후 (PM 1:00~5:00)					
저녁 (PM 5:00~9:00)					
밤 (PM 9:00~AM 12:00)					
새벽 (AM 12:00~6:00)					

3) 집중의 조건, 세 번째: 규칙적인 학습

집중을 잘할 수 있는 세 번째 조건은, 늘 비슷한 시간대에 비슷한 장소에서 규칙적으로 공부하는 습관을 들이는 것이다. 이것을 반복하다 보면 우리의 몸과 마음은 '음... 이 시간은 조용히 책을 보고 공부하는 시간이지.'라는 것을 알게 되고, 몸과 마음의 상태도 여기에 맞추게 된다.

규칙적으로 공부하는 습관이 중요한 또 다른 이유는 다음과 같다. 공부를 하다 보면 집중이 잘되는 날도 있고 때에 따라서는 그렇지 못한 날도 있다. 내 상태가 어떠하냐에 따라 공부를 하기도 하고 안 하기도 하면 공부하는 습관, 특히 집중해서 공부하는 습관은 길러지지 않을 것이다. 집중이란 마치 달리기 실력과 같은 것이다. 달리기가 잘되든 그렇지 않든(집중이 잘되든 그렇지 않든) 늘 비슷한 시간대에 반복해서 연습하다 보면, 어느 시점에 달리기 실력이 일취월장해 있듯이 집중력도 탄탄하게 자리를 잡게 되는 것이다.

따라서 하루에 조금씩이라도 책상에 앉아 집중해서 공부하는 연습을 하는 것이 필요하다. 처음부터 너무 무리하게 할 필요는 없다. 처음에는 10분, 20분 정도 제대로 집중해서 공부하는 연습을 한다. 그러다가 그 정도가 충분히 가능해지면 집중하는 시간을 조금씩 늘려 나간다.

아래의 빈칸에, 매일 조금씩 어떤 공부를 규칙적으로 하면 좋을지에 대해서 간략한 계획을 세워 보자.

	하루에 얼마나?	구체적으로 언제?	이때 어떤 공부를 하면 좋을까?
평일일 때	— —분	__시 __분 ~ __시 __분	
주말일 때	— —분	__시 __분 ~ __시 __분	

4) 집중의 조건, 네 번째: 적절한 시간 길이

혹시 다이어트를 하기로 결심해 본 적이 있는가? "먹는 것도 조절하고 운동도 많이 해서 살 좀 빼야지!", "더 예뻐지고 더 멋있어져야지!" 하는 생각을 해 본 적이 있을 것이다. 자신에게 적당한 운동량은 빠르게 걷기 30~40분 정도인데, 무리하게 2시간씩 헬스장에 있거나 달리기를 하면 며칠 못하고 결국 포기하게 된다. 자신에게 적당한 양의 운동을 선택해야 꾸준하게 유지하는 것이 가능하기 때문이다.

공부도, 집중도 마찬가지이다. 내가 한 번에 집중할 수 있는 시간은 30분이 안 되는데, 자꾸 2시간씩 3시간씩 집중하려고 하는 건 무리하게 2~3시간씩 달리기를 하는 것과 똑같은 것이다.

즉, 집중력에는 생물학적인 한계가 있다. 따라서 집중력을 높이기 위해서는, 나에게 적당한 길이의 집중 시간을 알고, 그 시간 동안 제대로 집중해서 공부하는 연습을 하는 것이다. 이 연습을 충분히 하고 나면 집중 시간을 조금씩 늘려 나갈 수 있다.

내가 한 번에 제대로 집중할 수 있는 시간은 얼마나 되나요? ______분

______분 공부	→ [분 쉬고] →	______분 공부	→ [분 쉬고]

집중할 수 있는 시간단위 계획은, 과목에 따라 조금씩 달라질 수 있다. 과목에 따라 한 번에 집중할 수 있는 시간이 좀 더 길어질 수도 있고 짧아질 수도 있다.

6 공부환경의 구성 방법

내가 주로 공부하는 장소는?

공부 장소	유리한 점	방해되는 점
예) 내 방	예) 의자가 내 체형과 잘 맞기 때문에 앉으면 편하다.	예) 책상 위가 너무 어질러져 있어서 공부를 하려고 할 때마다 치워야 한다.
〈장소 1〉		
〈장소 2〉		

방해되는 점을 해결할 수 있는 방법에 대해 적어 보자.

1)

2)

3)

7 잡념 통제하기 기술

집중을 잘할 수 있는 앞의 4가지 조건들을 다 갖추었다 하더라도, 공부하는 동안 잡생각이 떠올라 집중이 흐트러질 수 있다. 집중에 방해가 되는 잡생각을 줄일 수 있는 효과적인 방법 두 가지를 소개한다.

1) 횟수 체크하기

공부를 하는 동안 옆에 하얀 종이를 두고 잡생각이 떠오를 때마다 빗금(/)을 긋는 행동을 가리킨다. 이러한 행동은 심리학적 용어로 '자기감찰효과'를 가져와 잡생각이 떠오르는 빈도를 줄여 준다.

〈공부하는 책이나 노트〉

〈옆에 둔 종이〉

2) 잡생각 휴지통

때로는 횟수 체크하기로도 없애지지 않는 잡생각들이 있다. 이럴 때는 '글로 쓰기' 방법이 효과적이다. 억지로 생각을 안 하려 애쓰기보다 반대로 그 생각을 더 많이, 떠오르지 않을 때까지 하면 오히려 도움이 될 수 있다. 마치 일기를 쓰듯이, 옆에 둔 종이에 어떤 일이 있었는지, 그래서 어떤 생각이 들고 기분은 어떤지 등등에 대해 써 보자.

〈공부하는 책이나 노트〉

〈옆에 둔 종이〉

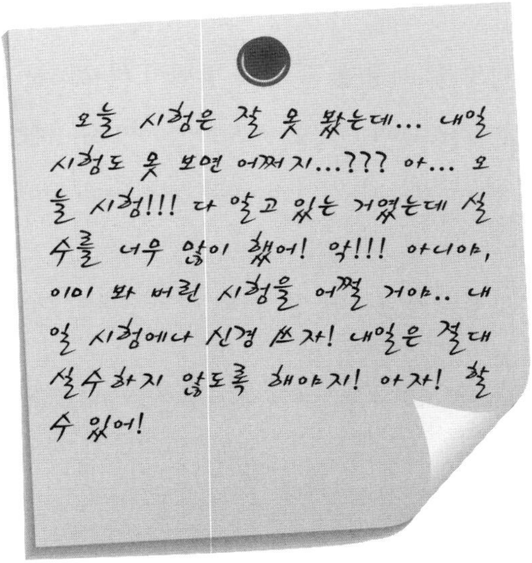

8 자기압박전략

1) 5분 학습법

앞에서 살펴보았듯이, 집중을 잘하기 위해서는 규칙적으로 공부하는 습관을 들여야 한다. 하지만 공부를 하다 보면 정말 집중이 전혀 되지 않는 날이 있기 마련이다.

이럴 땐 과감하게 공부를 접고 휴식을 취하는 것도 좋은 방법이다. 하지만 규칙적으로 공부하는 습관 자체가 집중에 도움이 되는 만큼, 조금이라도 공부하려고 노력해 보아야 한다.

이럴 때 사용할 수 있는 방법이 바로 '5분 학습법'이다. 이 방법은, 5분 정도 안에 끝낼 수 있는 최소한의 공부를 시도하는 것이다. 적은 양의 공부만 함으로써 순간적으로 집중을 끌어올릴 수 있는 방법이며, 그렇게 하다 보면 일종의 '시동 걸기 효과'가 발생할 수 있다.

그렇다면, 5분간 할 수 있는 공부에는 어떤 것들이 있을까?

5분간 할 수 있는 공부는?

- 교과서 한 문단만 읽기
- 수학 1문제만 풀기
- 영어단어 2개만 외우기
-
-

2) 스톱워치의 활용

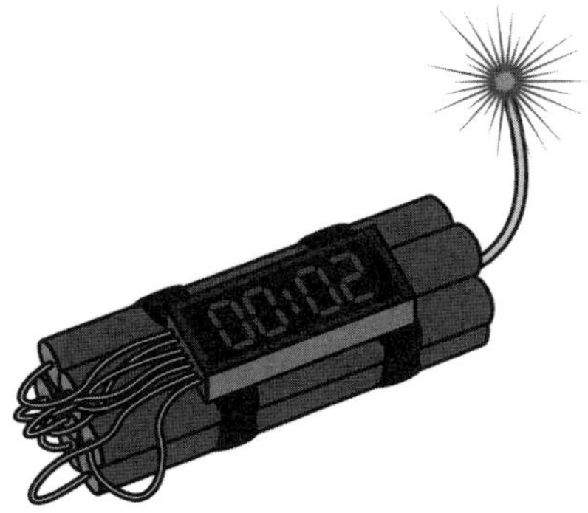

여유가 있다고 생각하면 긴장이 풀리면서 일하는 속도가 늦어지는 것을 누구나 경험해 보았을 것이다. 하지만 시험처럼 마감시간이 얼마 남지 않은 상황에서는 적당한 수준의 긴장감이 생기면서 쉬이 책에 집중하는 자신을 발견하게 된다. 따라서 평소 공부할 때도, 이러한 긴장감을 놓치지 않기 위해 '시간'을 제한해 두면서 공부하는 것이 집중력 향상에 도움이 된다. 이때 '스톱워치'는 제한시간을 알려 주는 유용한 도구로 쓰일 수 있다.

과목	분량	제한시간

9 집중이 안 되는 가장 큰 이유 정리하고 해결책 찾아보기

내가 집중이 안 되는 가장 큰 이유 3가지만 정리해 보자. 늘 집중을 방해하는 이유도 있을 것이고, 상황에 따라 나타나는 이유도 있을 것이다. 각각에 대해 정리한 뒤, 지금까지 배운 내용을 바탕으로 가능할 해결책에 대해서도 적어 보자.

집중이 안 되는 주요 이유	해결책
1	
2	
3	

적용 과제

일주일간 집중 그래프 그려 보기

✿ 일주일간 나의 집중 정도를 그래프로 그려 보고, 그 이유에 대해서도 적어 보자. 집중 정도는 최소 0에서 최대 100점까지이다. 해당되는 점수에 점을 찍어 일주일간 집중 정도 그래프를 완성한다. 그 아래에는 그렇게 집중하게 된 이유에 대해 적어 보자.

		월	화	수	목	금	토	일
집중 지수 그래프	100점							
	90점							
	80점							
	70점							
	60점							
	50점							
	40점							
	30점							
	20점							
	10점							
	0점							
그렇게 집중했던 이유는?								

제9장

수업 활용 전략

예습전략, 수업 중 집중 전략, 복습전략

지난 시간 내용 정리

✿ 일주일간 플래너를 작성하고 실천했던 경험에 대해 함께 논의해 보라. 성취도 그래프에는 어떤 변화가 있는가? 어떤 점이 도움이 되었고 어떤 점이 어려웠는가?

✿ 집중의 정의는 무엇인가?

✿ 집중의 기본 조건에는 어떤 것들이 있는가?

✿ 공부환경을 구성하는 원칙은 무엇인가?

✿ 잡념을 줄일 수 있는 방법은 무엇인가?

✿ 일주일간 공부를 하면서 집중도를 확인했던 결과에 대해 논의해 보자. 집중도가 높았던 날과 그렇지 않은 날의 차이는 무엇인지, 스스로 적용해 보았던 집중 향상 전략에는 어떤 것들이 있었는지 함께 논의해 보자.

토론 자료

子曰

吾嘗終日不食　오사종일불식

終夜不寢　종야불침

以思無益不如學也　이사무익불여학야

공자께서 말씀하시기를

내가 일찍이 종일토록 먹지 않고

밤새도록 잠을 안 자고

생각을 하였으나 득이 없었으니 남에게 배우는 것만 못하다.

- 논어(論語)

토론하기

현재까지의 삶 속에서 자신에게 가장 도움이 되었던 학교 수업은 어떤 시간이었고 그 이유는 무엇인지 논의해 보자.

수업 활용 체크리스트

문항	✓
1. 수업시간에는 딴짓하지 않는다.	
2. 어려운 과목은 이해를 잘하기 위해 미리 예습한다.	
3. 앉는 자세가 바른 편이다.	
4. 수업을 듣고 나면 중요한 내용을 파악할 수 있다.	
5. 남들이 떠들어도 수업에 집중하기 위해 신경 쓰지 않는다.	
6. 수업시간에는 최대한 집중해서 듣는다.	
7. 수업시간에 졸지 않는다.	
8. 수업시간을 통해서 시험 문제를 예상할 수 있다.	

7 ~ 8점	수업 활용도가 매우 높음
5 ~ 6점	수업 활용도가 양호함
3 ~ 4점	수업 활용도 다소 부족
2점 이하	수업을 통해 얻는 것이 별로 없음

논의: 체크리스트를 통해 확인한 자신의 강점과 약점은?

1 수업시간 집중도 확인하기

집중도	상태	과목	이유
상	매우 좋아하는 수업이며 거의 전적으로 수업에만 집중		
중	딱히 좋아하는 수업은 아니지만 필요에 따라 듣기도 하고 듣지 않기도 한다		
하	전혀 듣고 싶지 않아, 자주 결강하고 수업에 들어가도 제대로 듣지 않음		

나는 평소 수업을 들을 때 전체 수업의 평균 _____% 정도를 집중한다.

2 수업을 잘 들어야 하는 이유

1) 교 과 에 대한 이해가 훨씬 쉽다

수업을 무시하고 혼자서 공부하려고 하면 교수님의 설명을 들을 때보다 3 배 정도 더 많은 노력이 필요하게 되기 때문에 결국 이중으로 시간이 소비된다.

2) 자연스러운 기 억 이 가능해진다

사람의 기억력에는 기본적으로 한계가 있기 때문에 아무리 집중해서 공부한 내용이라도 100% 기억하기는 불가능하다. 수업을 중심으로 예습과 복습을 실천하면 자연스러운 반복 효과가 발생하기 때문에 교과 내용을 확실하게 이해하고 기억할 수 있다.

3) 시 험 문 제 를 잘 예상할 수 있다

시험 문제는 담당 교수가 출제한다. 혼자 아무리 열심히 공부해도 교수의 의도를 파악하지 못하면 좋은 결과를 기대하기 어렵다. 시험 문제의 대부분은 수업시간 중에 교수가 강조한 내용에서 나오기 때문에 강의 내용을 주의 깊게 듣고 교수님이 강조하는 것을 잘 체크해 두는 것이 필요하다.

- 학교 수업을 잘 들었을 때의 장점

수업을 잘 들었을 때 얻을 수 있는 다른 장점들은 또 무엇이 있을까?

3 경청기술

1) 경청하기 연습

2명씩 짝을 지어 다음 주제 중 하나를 골라 자유롭게 논의해 보자.

- 최근에 인상 깊게 봤던 영화
- 자신만의 취미
- 기억에 남는 여행 장소
- 최근의 고민

청자와 화자 역할을 1번씩 수행한다. 화자는 너무 길지 않은 문장으로 자유롭게 설명하면 된다. 청자는 한 문장이 끝날 때마다 화자가 했던 말을 최대한 똑같이 따라 한다. 총 10개의 문장을 시도해 보자. 화자는 청자의 듣기 능력을 한 문장당 10점씩 총 100점으로 점수를 준다. 정확하게 듣는다는 것이 무엇인지 경험해 보도록 하자.

문장 1	0 – 10 – 20 – 30 – 40 – 50 – 60 – 70 – 80 – 90 – 100
문장 2	0 – 10 – 20 – 30 – 40 – 50 – 60 – 70 – 80 – 90 – 100
문장 3	0 – 10 – 20 – 30 – 40 – 50 – 60 – 70 – 80 – 90 – 100
문장 4	0 – 10 – 20 – 30 – 40 – 50 – 60 – 70 – 80 – 90 – 100
문장 5	0 – 10 – 20 – 30 – 40 – 50 – 60 – 70 – 80 – 90 – 100
문장 6	0 – 10 – 20 – 30 – 40 – 50 – 60 – 70 – 80 – 90 – 100
문장 7	0 – 10 – 20 – 30 – 40 – 50 – 60 – 70 – 80 – 90 – 100
문장 8	0 – 10 – 20 – 30 – 40 – 50 – 60 – 70 – 80 – 90 – 100
문장 9	0 – 10 – 20 – 30 – 40 – 50 – 60 – 70 – 80 – 90 – 100
문장 10	0 – 10 – 20 – 30 – 40 – 50 – 60 – 70 – 80 – 90 – 100

2) 경청기술 – 예습의 효과

TV 드라마를 보다 보면, 결정적인 순간에 '다음 시간에…'라는 자막이 뜨면서, 다음 편 예고를 짧게 보여 주는 경우가 있다. 이런 장면을 통해서 다음 회에 대한 기대를 높이고, 호기심을 유발한다. 시청자 입장에서는 아쉬움과 함께 다음 내용이 어떻게 이어질지에 대한 궁금증이 생기게 된다. 이런 '티저 광고' 기법은 이제 매우 흔하게 사용되는 것으로 궁금함이 집중을 유발하는 효과를 활용하는 것이다.

수업에 들어가기에 앞서 능동적으로 궁금해지기 연습을 해 보자. 다음 목차를 중심으로 수업이 진행된다면 어떤 의문점을 만들어 볼 수 있을까? 의도적으로 궁금해지기 전략을 사용해 보자. 최대한 다양한 질문을 만들어 보자.

〈예시〉

12장 기억전략

1) 기억이 잘되는 상황과 그렇지 않은 상황 구분하기

2) 기억력 테스트

3) 기억의 과정에 대한 이해

4) 기억의 기본적 과정과 기억의 조건

5) 이미지 기억술을 통한 기억 한계 뛰어넘기

6) 조직화 기술

7) 마인드맵핑 기술

8) 기억술 적용하기

Q1. 기억도 기술이 있는가?

Q2. 기억에는 어떤 과정이 있지?

Q3. 마인드맵이 뭐지?

3) 5분 예습 전략

예습의 가장 중요한 요령은 '**의문점이 생길 만큼만 개요 파악하기**'이다. 수업이 시작하기 전, 5분 동안 할 수 있는 간단한 예습 방법에 대해 생각해 보자.

(1)

(2)

(3)

4 신체 자세와 집중

1) 적절한 긴장감의 필요성

다음 중 긴장과 수행도 간의 관련성으로 적절한 것은 무엇인지 골라 보자.

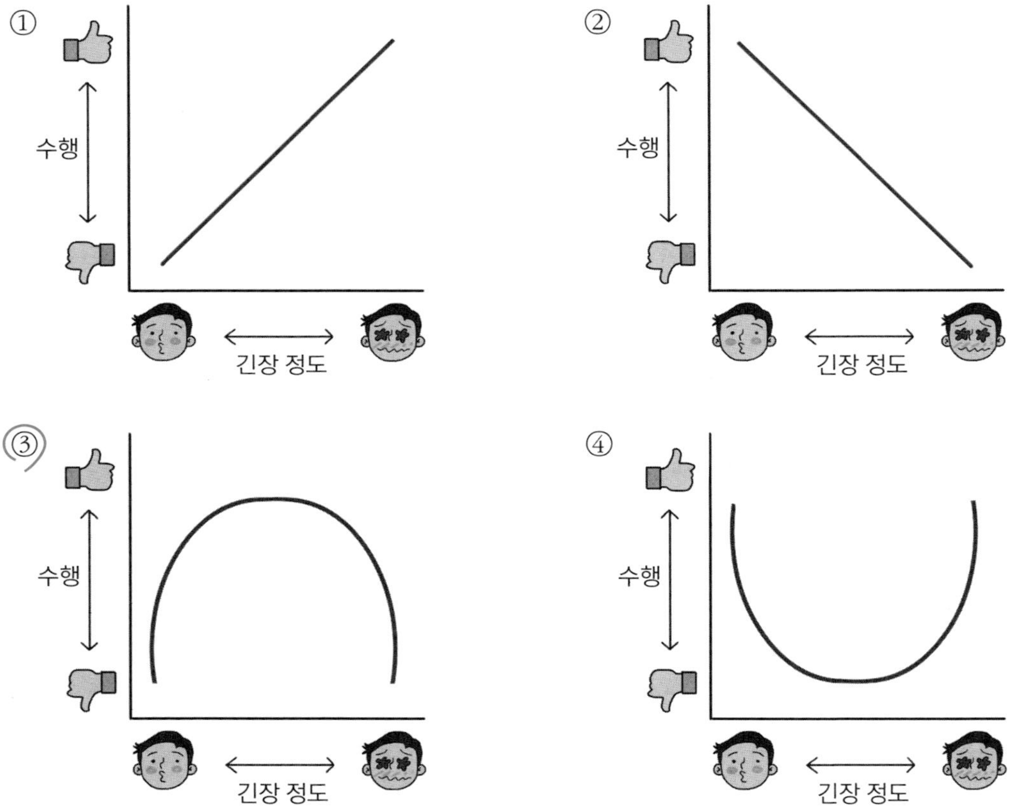

수업 중 적당한 긴장감을 유지하는 방법은 무엇이 있을지 생각해 보자.

2) 수업 자세의 중요성

주변을 한번 둘러보자. 수업을 진행하는 교수님이나 혹은 수업을 같이 듣고 있는 학생들끼리도 누가 수업에 제대로 집중하고 있는지 관찰을 통해서도 찾아낼 수 있다. 그 이유는 신체 자세가 집중과 밀접한 관련성이 있기 때문이다. 수업을 열심히 듣는 것은 마음으로만 되는 것이 아니다. 열심히 하겠다는 태도는 반드시 행동으로 드러나게 되어 있다.

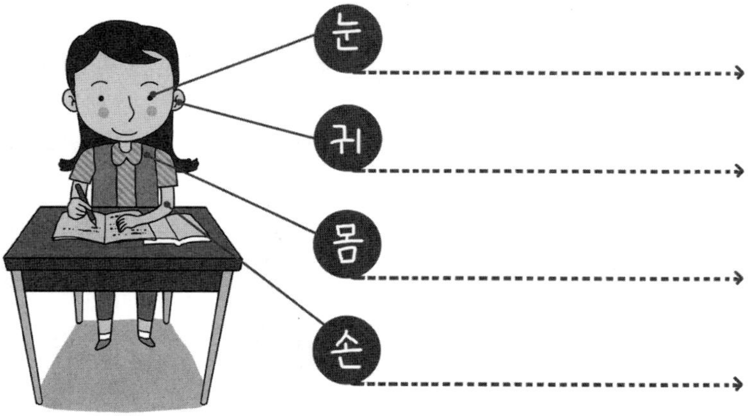

또한, 수업 중 계속 나쁜 자세로 앉아 있게 되면, 척 추 측 만 증 이 생길 수 있으므로, 바른 자세를 유지해야 한다.

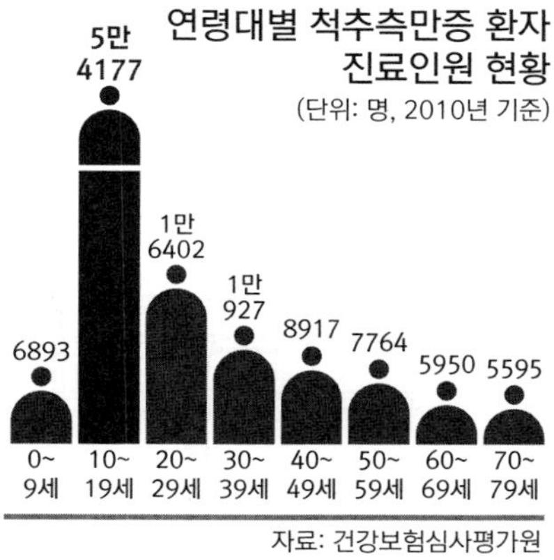

5 수업 중 핵심내용 찾기

수업을 듣다 보면 교수님의 말씀이나 행동에서 그날 중요한 것이 무엇인지를 알 수 있도록 해 주는 일종의 사인이 존재한다. 교수님이 다른 내용과 달리 특별히 강조하는 것은 그 내용이 다른 것보다 더 중요하고, 그만큼 시험에 나올 가능성이 높다는 일종의 표지판 역할을 하는 것이다. 예를 들어, '시험에 꼭 낼 거야.'와 같은 구두 표현이 있는가 하면, '목소리가 커진다.' '필기를 한다.'처럼 행동으로 표현되는 경우도 있다.

✿ 무엇이 있을까? 아래 표지판에 생각나는 만큼 적어 보고 함께 논의해 보자.

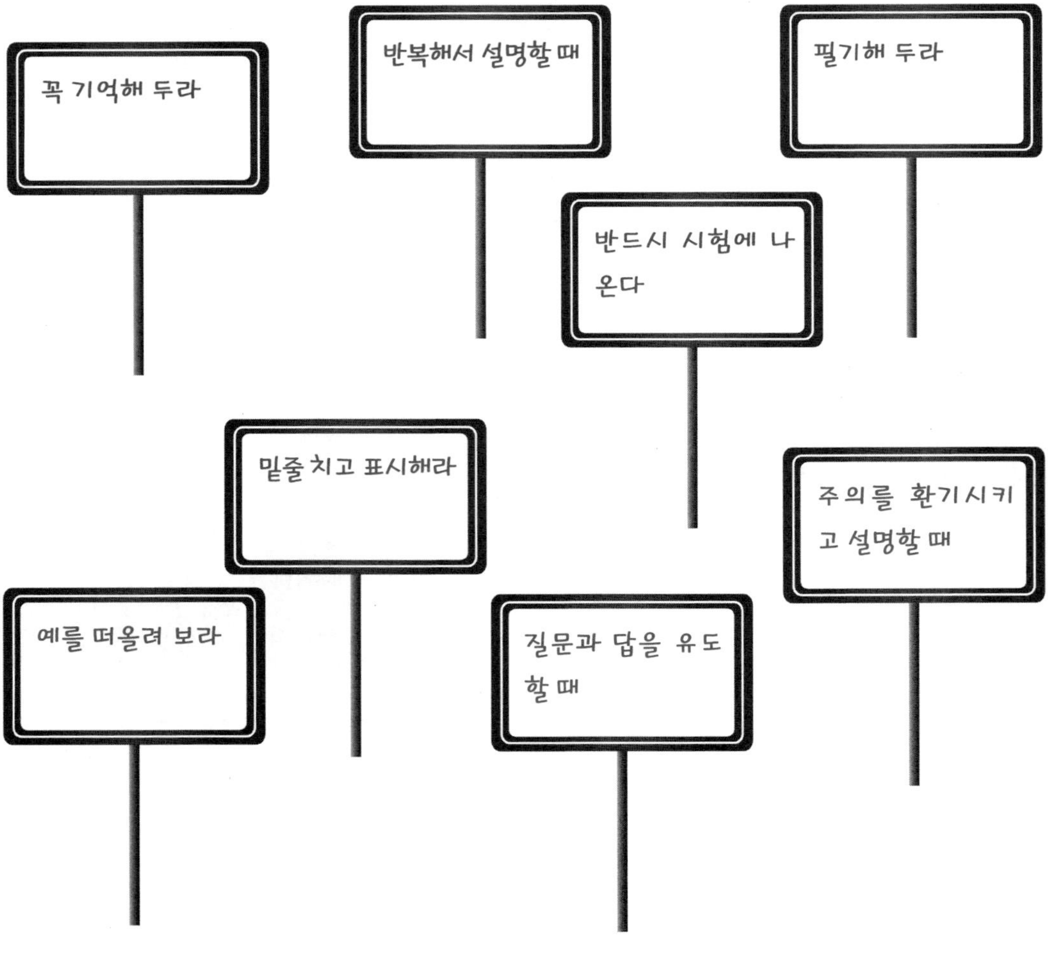

6 노트필기를 통한 집중력 높이기

수업시간에 올바른 자세를 유지하면서 수업 표지판에 따라 중요한 내용을 집중해서 들었다면, 그 내용을 중심으로 유용한 노트를 만들 수 있다.

	1. 왜 필기를 하면 집중이 잘될까?
	– 기록은 자연스럽게 경청을 유도한다.
	– 자주 생각하고 요약하게 돕는다.
	– 손놀림은 졸음을 쫓고 다양한 감각을 활용하게 한다.
	2. 노트필기의 효과
	① 수업내용을 다 [기] [억] 할 수 없기 때문에 [기] [록] 을 남겨 둘 수 있다.
	② 교수님이 강조한 내용을 따로 [표] [시] 해 둘 수 있다.

7 수업 직후 5분 복습전략

1) 복습의 방법

수업이 끝난 직후, 간단한 복습은 수업내용의 이해와 활용에 큰 도움을 준다. 다음과 같이 해 볼 수 있다.

• 의 문 점 의 답을 찾았는지 확인하기
• 이 해 되지 않은 부분 표시하기
• 핵 심 개 념 점검하기

2) 반복학습

시험 때 기억나도록 배운 것을 담아 두려면 제일 중요한 것이 반복이다. 이렇게 짧은 예습과 수업에서의 집중, 그리고 짧은 복습을 거치면 자연스럽게 수업내용을 3번 반복해서 보는 효과를 얻을 수 있다.

8 수업에 집중이 안 될 때의 해결 방법

지금까지 수업에 집중할 수 있는 방법에 대해 알아보았다. 이번에는 실제 수업에서 집중하기 어려운 이유를 생각해 보고, 해결할 수 있는 방법에는 어떤 것들이 있는지 논의하고 정리해 보자.

평소 수업에 집중하기 어려웠던 이유	가능한 해결책
1)	
2)	
3)	

적용 과제

수업 듣기 기술 연습하기

이번 주 목표과목 중 하나를 정해서 수업 전 · 중 · 후 동안 해야 할 일을 적용해 보자.

수업 중 집중력 향상을 위한 수업 듣기	
수업 전	1. 주 변 정리
	2. 수업 준 비 물 챙기기
	3. 예 습 하기
수업 중	1. 바른 자 세 유지하기
	2. 수업에 따라 내용 정 리 하기
	3. 수업 표 지 판 찾기
수업 후	1. 의문점의 답 을 찾고 노 트 하기
	2. 간단하게 복 습 하기

제**10**장

노트 필기 전략

코넬노트 필기 기술과 적용, 활용

지난 시간 내용 정리

- 수업에 집중하는 것에서 얻는 장점은 무엇인가?
- 예습의 목적과 방법은 무엇인가?
- 수업 중 적절한 긴장감을 유지할 수 있는 방법은 무엇인가?
- 수업 후 복습 방법은 무엇인가?
- 이전 시간에는 수업시간에 집중하기 위한 몇 가지 전략에 대해 살펴보았다. 수업을 전-중-후로 나누었을 때 어떤 방법을 적용해 보았고 그 결과는 어떠했는지 논의해 보자.

토론 자료

기억의 왜곡 가능성

음식을 제대로 보관하지 않고 오랫동안 그냥 두면 원래의 맛과 향이 사라지고 상하게 된다. 그런데, 음식만 상하는 게 아니다. 사람의 기억도 그렇게 될 수 있다. 기억이 상한다는 표현은 좀 어색한데, 보다 정확하게 얘기하면 기억은 시간이 지나면 '왜곡'된다.

대학생들에게 수업시간에 다음과 같은 이야기를 들려주었다. '하인츠라는 남자가 불치병에 걸린 아내를 치료하기 위해 백방으로 치료약을 찾으러 다녔다. 마침 한 약사가 그 병을 치료할 수 있는 약을 가지고 있다는 것을 알게 되었는데, 그는 파렴치하게도 다른 약보다 수십 배 높은 가격으로 그 약을 판매하고 있었다. 하인츠가 가진 돈으로는 도저히 살 수 없는 가격이었기 때문에 나중에라도 갚겠다고 사정을 했지만 들어주지 않았다. 하인츠는 절망감에 빠졌고, 한밤중에 몰래 약국 문을 부수고 들어가 약을 훔치고 말았다.'

이 이야기를 들려준 다음 한 달이 지난 후, 다음과 같은 문제를 냈다. '하인츠의 이야기를 요약해서 쓰고 그의 행동이 과연 정당한 것인지 판단해 보시오.'

비교적 정확히 이 이야기를 기억해서 쓴 학생들은 죽어 가는 아내를 살리기 위한 하인츠의 노력에 초점을 맞추어 그의 행동이 정당하다는 주장을 펼쳤다. 하지만, 일부 학생들은 너무나도 엉뚱하게 스토리를 기억하고 있었다. '하인츠가 약을 훔치기 위해 약사를 살해했다.' '약 살 돈을 구하기 위해 은행을 털었던 것 같다.' '결국 약을 구하지 못해 아내가 죽고 말았다.' 등 원래의 내용과는 거리가 먼 왜곡된 기억을 가지고 있었다. 하인츠의 딱한 사정을 제대로 기억하고 있지 못했기 때문에 그의 행동에 대해서도 '부도덕하고 잘못된' 것으로 판단하게 되었던 것이다.

기억을 왜곡했던 학생들의 공통점은 그 내용을 시험 때까지 다시 확인하지 않았던 것이었다. 그 이야기를 들으면서 느꼈던 느낌이나 연상된 내용, 그리고 한 달 동안 생활하면서 겪었던 많은 일들이 마치 곰팡이처럼 원래의 기억에 내려앉아 엉뚱한 방식으로 기억하게 만들었던 것이다.

이런 기억의 왜곡은 아주 쉽게 만들 수 있다. 예를 들어, 친구에게 '오늘 점심에 우리 생선 먹었지?'라는 질문을 한다. 실제로는 돼지고기 반찬을 먹었기 때문에 그 친구는 '아니, 돼지고기였던 것 같은데.'라고 대답을 할 것이다. 하지만, 또다시 물어본다. '정말이야? 생선 먹었던 것 같은데, 생선 아닌가? 난 역시 생선이 좋은데.'라고 말한다. 그리고, 일주일 정도 시간이 지난 다음, 다시 물어본다. '지난주에 같이 점심으로 생선 먹었지?'

아주 중요한 일이 아닌 경우, 사람들은 대충의 기억만 만들어 놓는 경향이 있다. 그리고 그 사실을 잊어버린다. 매일 먹는 반찬을 외우는 사람은 없기 때문에 대충 기억하게 되는데, 대화의 내용에서 '생선'을 반복해서 듣게 되면 결국 더 기억나는 것은 생선이 되는 것이다. 그래서 실제의 대답도 '잘 기억 안 나지만 그랬던 것 같다.'고 가짜 기억이 만들어질 수 있는 것이다. 특히, 시험처럼 혼란스러운 상황일수록 기억은 더 잘 왜곡된다.

이런 기억의 왜곡이 평소 공부할 때에도 자주 일어난다. 처음에 아예 잘못 이해해서 생긴 것일 수도 있지만, 복습을 하지 않아 기억의 정확도가 떨어지는 경우가 대부분이다. 정확한 기억이 있으려면 정확한 기록이 있어야 한다.

말은 무상하게 지나가며, 쓰여진 글은 남는다(verba volent, littera scripta manet)

- 로마의 시인 호라티우스(Horatius, BC 65-8)

토론하기

✿ 한번 들었던 수업내용이 시간이 지난 후 엉뚱하게 기억났던 경우를 떠올려 보자. 혹은 오해한 내용을 기억했다가 시험 때 실수했던 적이 있었는지 논의해 보자.

노트 기술 체크리스트

문항	✓
1. 중요한 과목별로 노트를 가지고 있다.	
2. 수업시간에 중요한 것 위주로 필기한다.	
3. 나중에 봐도 알아보기 쉽게 정리한다.	
4. 교수님이 강조한 내용은 따로 표시한다.	
5. 노트에 불필요한 낙서나 그림을 그리지 않는다.	
6. 노트를 가지고 복습에 활용한다.	
7. 중요한 부분을 알아보기 위한 나만의 기호가 있다.	
8. 내 노트를 통해 시험 문제를 예상할 수 있다.	

7 ~ 8점	우수함
5 ~ 6점	좋은 습관이 많은 편
3 ~ 4점	다소 부족
2점 이하	노트를 거의 활용하지 못하고 있음

1 자기 노트의 유형과 평가

자신의 노트를 펼쳐 보자. 노트필기를 할 때 자신이 사용하고 있는 내용과 방법을 점검해 본 다음, 내 노트에서 잘된 점과 앞으로 고쳐야 할 점에 대해 논의해 보자.

잘된 점은...

앞으로 보완해야 할 점은...

2 노트필기의 중요성

노트필기는 왜 해야 하는가? 수업을 집중해서 열심히 듣고 나면 그것을 알아볼 수 있는 '증거'가 남게 되는데, 그것이 바로 '노트'이다. 어떤 사람들은 수업을 열심히 들었다면 굳이 손 아프게 노트필기를 할 필요가 없다고 말하기도 한다. 정말 그럴까? 그렇다면 우리는 왜 노트필기를 해야 하는 것일까?

1. 우리의 [기][억]에는 한계가 많다.
   정확한 [기][억]을 위해 기록을 남겨 두어야 한다.

2. 필기를 하면 수업내용에 더 [집][중]할 수 있다.

3. 시간이 지날수록 [공][부][량]은 계속 증가한다.
   아무리 머리가 좋다고 하더라도 그 많은 내용들을 제대로 [정][리]하지 않으면 모두 기억할 수 없다.

4. 잘 정리된 노트는 [복][습]과 [시][험]을 준비할 때 최고의 도구가 된다.

3 효과적인 노트의 기준은?

1) 좋은 노트는 다음의 4가지 요소들을 포함하고 있다.

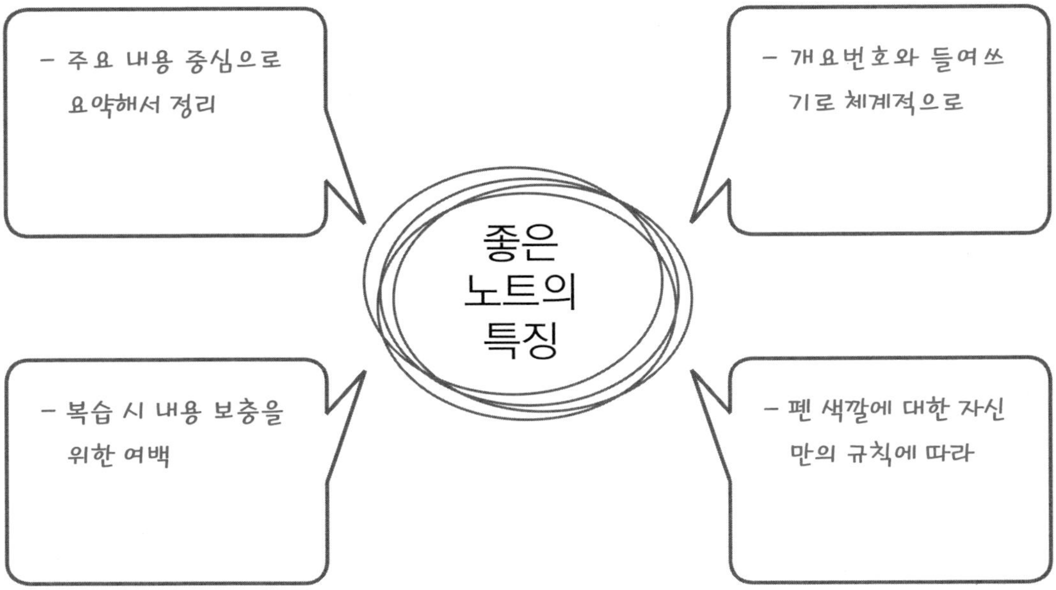

2) 직접 작성한 노트의 학습효과가 더 높은 이유는 무엇일까?

- 스스로 [요][약] 했기 때문에 더 잘 [이][해] 가 된다.
- 더 [중][요] 한 내용과 덜 [중][요] 한 내용을 구분할 수 있다.
- 담당 교수님 수업을 들으며 만들었기 때문에 더 많은 문제를 [예][상] 할 수 있다.
- 해당 과목에서 자신의 [강][약][점] 을 쉽게 파악할 수 있다.

4 코넬노트법

1) 기본 구성

핵심 단어 칸　　　　　　　　　　수업내용 정리 칸

<table>
<tr><td rowspan="2">수업내용 정리 칸에서
핵심 단어만
뽑아서 정리</td><td>[중][요][내][용]을 중심으로 수업내용을 적기</td></tr>
<tr><td>[개][요][번][호] 붙이고 [들][여][쓰][기]를 사용하면서 내용 정리하기</td></tr>
<tr><td rowspan="2">수업 직후 에 정리하고,
집에서 복습할 때
한 번 더 정리</td><td>중요한 내용에는 따로 [표][시][하][기]</td></tr>
<tr><td>복습할 때 자유롭게 내용 첨삭을 할 수 있도록 [여][유][공][간]을 비워 두기</td></tr>
</table>

코넬노트란 위에서 볼 수 있듯이 노트의 왼쪽 부분에 2~4cm 정도의 선을 그은 후 핵심 단어 칸과 수업내용 정리 칸으로 나누어 정리하는 방법이다. 수업내용 중에서 중요한 내용을 따로 정리할 수 있다는 장점이 있다. 중요한 핵심 내용과 설명 부분의 구분이 가능하기 때문에 복습에 아주 유용한 노트 형식이라고 할 수 있다.

2) 수업내용 정리 칸 작성 방법

학교 수업을 들으면서 코넬노트에 필기를 할 때, 먼저 수업내용 정리 칸에 내용을 적는다. 수업을 들으면서 동시에 필기를 하는 것이 결코 쉬운 일은 아니지만, 다음의 단계를 따라가다 보면 보다 쉽게 필기할 수 있을 것이다.

핵심 단어 칸	수업내용 정리 칸

(1) 1단계

- 가장 먼저 그날 배울 내용의 [제][목]을 눈에 잘 보이게 기록한다.
- 대단원, 중단원, 소단원 등을 구분하여 기록한다.

(2) 2단계

- 그 단원의 [학][습][목][표]를 기록한다.
- 학습목표에는 그날 수업의 가장 핵심적인 내용들이 포함되어 있으므로, 반드시 필기하도록 한다.

(3) 3단계

- 수업을 들으며 [중][요][한] 내용을 수업내용 정리 칸에 필기한다.
- 수업시간의 필기가 노트 필기의 끝이 아니므로(나중에 다시 보충해야 하기 때문에) [여][백]을 넉넉히 두면서 필기한다.

(4) 4단계

- 필기를 할 때에는 [개][요][번][호]를 붙이고, [들][여][쓰][기]를 해 가면서 적도록 한다.

(5) 5단계

- 잘못 필기한 부분은 지우지 않는다. 대신 [취][소][선]을 긋고 고친 내용을 그 위에 다시 적는다.

• 단순히 맞춤법이 틀렸거나 하는 경우에는 지우개나 화이트를 사용한다.

(6) 6단계

• 수업 중 교수님이 강조한 부분, 반복해서 설명하는 부분은 확실하게 주요 표시를 한다.

(7) 7단계

• 수업 중 중요하다고 생각되는 그림이나 그래프 등은 직접 그려 보도록 한다. 다만 꼭 수업 중에 그릴 필요는 없으며, 수업 후 복습하는 과정에서 그려 본다.

(8) 8단계

• 수업 중에 제시되는 다양한 정보와 사실뿐만 아니라 그에 대한 느낌도 필기해 본다.

3) 핵심 단어 칸 작성 방법

앞의 8단계에 따라 수업내용 정리 칸의 필기를 마치면, 핵심 단어 칸을 기록한다. 핵심 단어 칸은 수업내용 정리 칸에서 '수업내용을 떠오를 수 있게 하는 힌트'가 되는 핵심 단어를 찾아서 적는 것이 중요하다. 핵심 단어를 찾는 요령은 다음과 같다.

핵심 단어 칸	수업내용 정리 칸

• 교수님이 수업 중에 반복적으로 이야기한 단어

• 학습목표, 목차, 제목 등에 포함되어 있는 단어

• 교과서에 굵게 표시되어 있거나 강조된 단어

5 노트 연습

지금부터 코넬노트를 작성해 보도록 하자. 먼저 제시되는 예문을 천천히 읽고, '자신이라면 어떻게 노트 필기를 할까?'에 대해서 한번 생각해 보자.

1. 인구 성장과 인구 이동

1) 인구가 성장하는 과정

인구가 증가하거나 감소하는 것을 어떻게 알 수 있을까? 우선 한 국가의 인구가 증가했을 경우를 생각해 보자. 인구가 증가했다는 것은 태어나는 사람이 죽는 사람에 비해 많다는 뜻임을 쉽게 짐작할 수 있다. 이와 반대로 인구가 감소했다면 태어나는 사람보다 죽는 사람이 많은 경우일 것이다. 이처럼 인구의 규모는 기본적으로 출생과 사망에 의해 결정된다. 세계 전체의 인구 성장도 출생자 수에서 사망자 수를 뺀 값인 자연증감에 의해 결정된다. 그런데 지역 단위에서는 자연증감 외에도 인구 규모에 영향을 주는 또 다른 요인으로 인구 이동이 있다. 국제적인 인구이동에서는 이민, 국내 인구 이동에서는 전입과 전출이 있는데, 이에 의해서도 인구 규모는 커지기도 하고 작아지기도 한다. 인구 성장이나 감소는 한 국가의 생존과 관련되며 직접적으로는 생산과 소비에 영향을 미치기 때문에 사회발전과도 밀접한 관련이 있다. 따라서 증가든 감소든 지나친 인구 변화는 바람직하지 않은 현상이다.

2) 인구 성장 모형

인구 성장 모형 중 1단계는 출생률과 사망률이 모두 높아 인구가 그다지 증가하지 않는 단계로, 현재는 아프리카, 아시아, 라틴아메리카에 살고 있는 몇몇 원주민 집단에서 찾아볼 수 있다. 2단계는 의학이 발달하고 생활환경이 개선되면서 사망률이 급격히 낮아져 인구가 폭발적으로 증가하는 시기이다. 현재는 아프리카의 여러 국가들과 아시아의 개발도상국들이 이에 해당한다. 3단계는 산업화의 진행으로 여성들의 사회 참여가 일반화되면서 결혼 연령이 높아지고, 가족계획이 실시되면서 출생률이 급격하게 감소하는 시기로 인구 증가는 차츰 둔화된다. 서양에서는 19세기 중반에 나타났으며, 현재는 몇몇 개발도상국에서 나타나고 있다. 4단계는 출생률과 사망률이 모두 낮아지기 때문에 인구가 정체하는 시기로, 현재 선진국에서 나타나고 있다.

• 앞의 내용을 코넬노트 형태로 옮기면 다음과 같이 바꿀 수 있다.

핵심 단어 칸	수업(본문)내용 정리 칸
	I. 인구성장과 인구이동
	학습목표 - 인구성장과 인구이동에 대해 알아보자.
	- 인구성장모형을 이해하고 각 단계에 해당하는 예를 생각해 보자.
	1 인구가 성장하는 과정
	* 인구의 규모는 출생과 사망에 의해 결정
세계 인구증감 계산일	① 세계의 인구 증감 = 1년간 출생자 수 → 1년간 사망자 수
	▶ 이를 자연적증감이라 함 ★자연증감
국가 인구증감 계산법	② 국가의 인구 증감 = 출생자 수 - 사망자 수 ± 인구이동
	▶ 인구이동 a. 국제 인구이동 : 이민
	b. 국내 인구이동 : 전입, 전출
	③ 우리나라에서 인구 증가율이 가장 큰 지역 : 수도권
	▶ 그 이유는? 자연증가 + 전입자 > 전출자
	❓ 증가율이 가장 작은 곳은 어디일까?
인구성장모형 I~IV단계	**2 인구성장모형** ★★★
	① I단계 : 출생률과 사망률이 모두 높음 → 인구증가가 크지 않음
	ex. 아프리카, 아시아, 라틴아메리카의 원주민 집단
	① II단계 : 의학발달, 생활환경 개선 등으로 사망률 감소 → 인구 폭발
	ex. 아프리카, 아시아의 개발도상국
	① III단계 : 여성의 사회참여, 가족계획으로 출생률 감소 → 인구증가 둔화
	ex. 몇몇 개발도상국 ❓ 어떤 국가들이 여기에 해당할까?
	① IV단계 : 출생률과 사망률이 모두 감소 - 인구 정체
	ex. 선진국 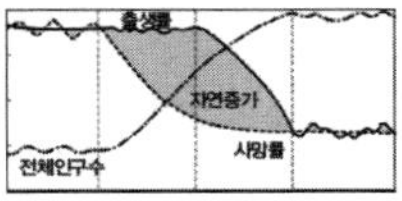 느낌! 우리나라는 3 → 4단계로 가는 중이겠지.

6 노트 적용하기

1) 먼저 아래의 내용을 꼼꼼히 읽어 보자.

<효과적인 기억전략>

가끔 우리는 지금 하고 있는 것에 대한 의식적 자각 없이 효과적으로 기억과정을 실행한다. 예를 들어, 재미있는 소설을 읽을 때 우리는 소설 속의 사건과 내 실생활의 유사사건을 자동적으로 연결시킨다. 그러나 심리학자들이 학습전략이라는 용어를 사용할 때는 특정 학습과제의 수행과정에서 하나 이상의 인지적 과정을 의도적으로 사용하는 것을 의미한다. 새로운 내용을 학습하고 기억하기 위해 사람들은 '머릿속에서' 많은 것을 한다. 그런데 특정 전략은 다른 것보다 분명히 더 효과적이다. 다음에서 이러한 효과적인 전략들에 대해 살펴보자.

(1) **유의미학습**(meaningful learning)

새로운 정보를 기존에 가지고 있던 유사하고 유관한 정보와 연합하여 장기기억에 저장하는 것을 유의미학습이라고 한다. 유의미학습은 장기기억에 이미 저장되어 있는 지식과 새로운 자료를 연결시키는 과정이며, 저장과 인출 모두를 촉진하는 것으로 나타났다. 이렇게 학습된 정보는 더 빨리 저장되고 더 쉽게 기억된다는 것이 실험을 통해서도 밝혀졌다.

(2) **정교화**(elaboration)

정교화는 사전지식을 새로운 자료를 해석하고 확장하는 데 사용하는 과정으로, 기억해야 할 항목을 추가 정보와 함께 윤색하는 것을 말한다. 새로운 정보를 받아들일 때, 거기에 가정을 하고 추론을 하는 것과 같이 자기 나름의 해석을 붙이고, 기존의 지식에 적용시켜 본다면 정교화 학습을 했다고 말할 수 있다.

유의미학습과 정교화가 비슷하게 생각될 수 있지만, 유의미학습은 새로운 정보를 기존의 정보에 연결하는 것이라면, 정교화는 새로운 정보를 학습자가 윤색하는 과정을 포함한다.

정교화가 장기기억을 촉진시키는 이유는 다음과 같다. 첫째, 정교화된 정보는 장기기억 안에 저장된 다른 유사한 정보와 혼동이 덜 된다. 둘째, 정교화는 정보가 이후에 인출될 수 있게 하는 추가된 수단을 제공한다. 셋째, 정교화는 정보 자체만으로 정확하게 회상할 수 없을 때, 그 정보가 무엇일 것 같은지를 추론하는 데 도움이 될 수 있다.

(3) **조직화**(organization)

조직화는 관련 있는 내용을 공통 범주나 유형으로 묶는 과정이다. 다양한 정보 조각들을 어떤 방식으로 서로 연결할 때, 즉 그 정보가 내적 조직화되어 학습될 때, 새로운 정보를 효과적으로 저장하고 더 완벽하게 기억할 수 있다. 학생들에게 특정의 조직화된 도식을 제공하는 것은 학생들이 더 효과적으로 학습할 수 있도록 돕는다.

2) 코넬노트로 필기하기

앞에서 배운 좋은 노트의 4가지 특징과 방금 전 배운 코넬노트의 절차에 따라 제시된 예문을 요약해 보자.

7 노트 활용 방법과 복습

1) 내용 보충하기

수업내용 정리 칸과 핵심 단어 칸에 적힌 내용들을 집중해서 읽고, 제대로 이해하지 못했던 부분이 있다면 참고 도서나 다른 사람들의 도움을 얻어서 이해하도록 한다.

1. [모][르][는] 단어, [궁][금]한 내용을 찾아서 노트에 적는다.
2. 중요하다고 생각되는 부분에 자신만의 [표][시]를 한다.
3. [핵][심][단][어] 칸을 한 번 더 정리한다.

2) 암송하기

배운 내용을 정리하고 이해하는 것만으로는 기억을 단단히 만들 수 없다. 암송은 기억을 가장 확실하게 해 주는 방법으로, 제대로 기억한 내용과 기억하지 못한 부분을 정확하게 확인할 수 있도록 도와준다.

1. [수][업][내][용] [정][리] 칸에 있는 내용들을 2~3번 정독한다.
2. 정독하면서 중요한 내용들을 [이][해]한다.
3. 수업내용 정리 칸을 가리고 핵심 단어 칸만 보면서 [암][송]해 본다.

3) 반복학습

복습을 한 번에 오래하는 것보다 짧게 반복하는 것이 기억에 도움이 된다.

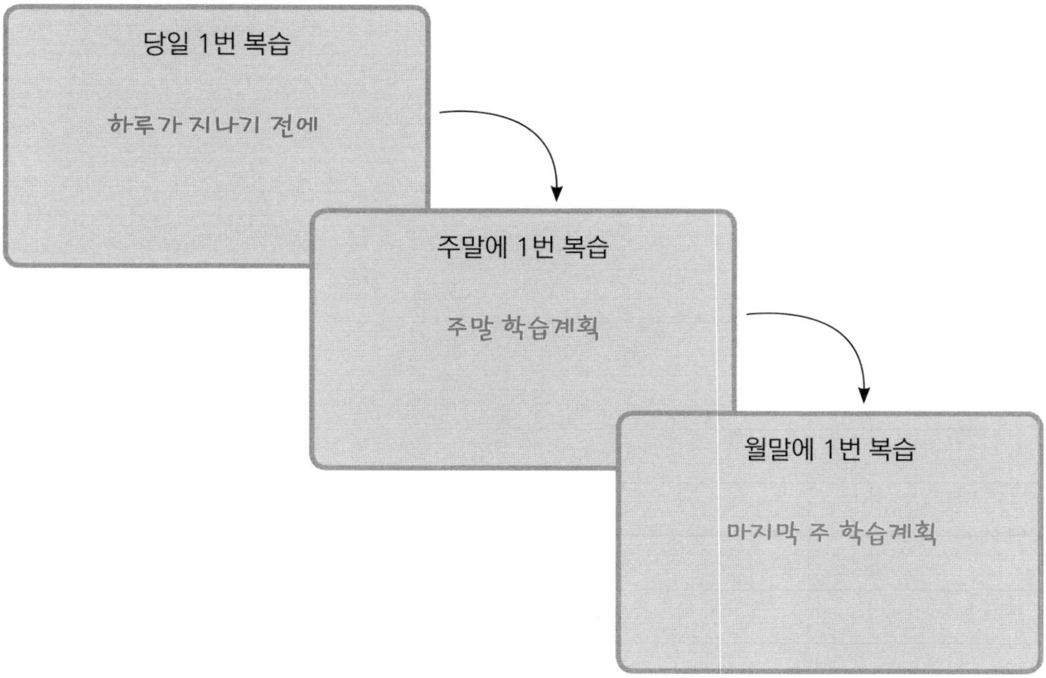

자신에게 적합한 반복 간격을 구상해 보자.

8 과제: 노트 적용하기

현재 가지고 있는 실제 교과서를 펼쳐서 코넬노트를 적용해 보자. 이미 들었던 수업도 상관없다.

적용 과제

목표과목을 노트에 필기하기

이번 한 주 동안 목표과목을 하나 정해 필기하고, 복습에 활용해 보자.

제11장

책 읽기 전략

PQ3R 기술의
이해와 적용

 학생용
p. 273

지난 시간 내용 정리

✿ 일주일간 플래너를 작성하고 실천했던 경험에 대해 함께 논의해 보자. 성취도 그래프에는 어떤 변화가 있는가? 어떤 점이 도움이 되었고 어떤 점이 어려웠는가?

✿ 효과적인 노트란 어떤 것인가?

✿ 코넬노트의 기본 구성은 무엇인가?

✿ 노트를 활용한 복습 방법이란 무엇인가?

✿ 이전 시간에 배운 노트법을 적용했던 노트를 꺼내서 작성 시 어려웠던 점과 노트의 효과에 대해 논의해 보자.

토론 자료

두뇌의 사용

과학자 윌리엄 제임스는 보통 사람은 뇌의 10%밖에 사용하지 못하며, 천재들도 15~25%만을 사용한다고 주장했다.

이러한 주장이 나오게 된 것은 뇌의 해부학적인 특징에 대해 이해하기 시작하면서부터이다. 현미경을 통해 뇌 조직을 관찰해 보면, 뉴런이라고 불리는 뇌에서 정보처리를 담당하는 신경세포를 볼 수 있다. 그런데, 초기의 학자들은 뉴런보다 크기도 작고 훨씬 숫자도 많은 어떤 세포들이 존재한다는 것을 발견했다. 뇌의 90% 정도를 차지하는 것으로 보이는 이 세포를 관찰하니 뉴런에 비해 크기도 작을뿐더러 뉴런의 기능을 하지도 못하였다. 그래서 이런 세포들을 사용할 수 없는 미성숙한 뉴런으로 생각하였던 것이다. 그 결과 뇌의 90% 이상이 방치되고 있다는 주장이 나오게 된 것이다.

그러나 현대 뇌과학에서는 이 세포들을 '아교세포'라고 부르며, 뇌에서 매우 중요한 별도의 기능을 하고 있다는 사실을 밝혀냈다. 뇌 속에서 상하좌우로 연결된 뉴런을 붙잡아 단단히 연결해 주고, 영양을 공급하고 노폐물을 청소하는 등 뉴런들이 정보를 주고받는 데 중요한 역할을 하고 있었던 것이다. 우주에서 가장 복잡하고 신비한 기관인 우리 두뇌는 생각보다 훨씬 더 잘 활용되고 있는 것이 확실하다.

하지만 이러한 사실이, 우리의 뇌가 항상 최상의 상태라는 것을 뜻하는 것은 아니다. 뉴런은 많이 사용하면 할수록 그 연결의 정도가 조밀하고 복잡해진다. 뉴런 간의 연결이 복잡하다는 것은 그만큼 많은 정보를 정교하게 처리할 수 있다는 것이다. 그런데 공부를 게을리하고 머리를 잘 사용하지 않는 사람은 그런 연결이 발달되지 않는다. 특히, 나이가 어릴수록 이런 뉴런 간의 발달이 잘 일어나기 때문에 젊은 시기에 책을 많이 읽고 생각을 넓게 키워야만 이후의 삶에서 뛰어난 두뇌를 가질 수 있게 되는 것이다.

토론하기

뇌를 적극적으로 사용할 수 있는 방법에는 어떤 것들이 있을지 논의해 보자.

책 읽기 체크리스트

문항	✓
1. 책을 읽고 나면 요점이 무엇인지 파악할 수 있다.	
2. 본문을 읽기 전에 목차를 먼저 본다.	
3. 내용이 어려울 때는 더 천천히 읽는다.	
4. 중요한 부분에 밑줄을 긋거나 따로 표시를 한다.	
5. 이해가 안 되면 여러 번 반복해서 읽는다.	
6. 표나 그림, 그래프를 빠뜨리지 않고 확인한다.	
7. 책을 다 읽고 나면 읽은 내용을 머릿속으로 정리한다.	
8. 나중에 보기 편하도록 이해한 내용을 노트나 책의 여백에 적는다.	

7 ~ 8점	매우 우수한 편
5 ~ 6점	좋은 습관이 많은 편
3 ~ 4점	고쳐야 할 습관이 있음
2점 이하	책 읽기 능력이 취약함

1 책 읽기 능력 점검하기

1) 자신은 책을 잘 읽고 있다고 느끼는가? 아닌가? 그 이유를 말해 보자.

나는 책을 잘 읽는 사람이다	나는 책을 잘 읽지 못한다
그 이유는?	그 이유는?

2) 전공 이외에 최근에 읽은 책은 무엇인가? 책의 줄거리와 이에 대한 생각을 말해 보자.

2 독서 테스트

30초 동안 다음의 글을 읽고 요지를 파악해 보자.

사람이 살아가기 위해서는 많은 것들이 필요하다. 우선 기본적인 욕구를 해결하고 환경에 적응하려면 의식주, 교통 및 통신수단과 같은 물질적인 것이 있어야 한다. 그리고 사회 전체의 질서를 지키기 위해 가족, 정치, 경제, 법, 교육 등의 사회 제도를 마련해야 할 것이다. 또한 삶을 보다 풍요롭게 하기 위해서 학문, 종교, 예술 등의 활동을 하기도 한다. 이와 같이 한 사회의 구성원들이 가지고 있는 공통의 생활모습 또는 행동양식을 **문화**라고 한다.

인간은 여러 사회화 기관에서 다른 사람과의 상호작용을 통해 문화를 **학습**한다. 따라서 졸려서 하품을 하거나, 배가 고파서 먹는 행동 등은 본능적인 것이기 때문에 문화라고 하지 않는다. 한 사회의 문화는 말과 글을 통해서 한 세대에서 다음 세대로 계속 전달되면서 오랫동안 **축적**된다.

이렇듯, 인간이라면 누구나 음식을 먹고 언어를 사용하며 종교 및 예술활동을 한다. 이러한 인간의 공통적인 생활모습으로 인하여 어느 사회에서나 **보편**적인 문화 현상이 나타난다. 하지만 각 사회의 구성원들은 주어진 특수한 환경과 상황에 적응하면서 나름의 생활방식을 개발해 왔다. 이와 같이 지역마다 생활모습이 다르기 때문에 문화는 다양하게 존재하는 것이다.

어느 사회에서든지 볼 수 있는 보편적인 생활양식이 있지만 각 지역마다 다양한 생활모습이 나타나기 때문에 우리는 문화를 서로 비교할 수 있다. 각 사회의 문화를 서로 비교하여 공통점과 차이점을 명확히 구별하면 그 사회의 문화를 보다 잘 이해할 수 있다. 문화를 비교할 때 주의할 점은 문화 간에 우열을 가려서는 안 된다는 것이다. 각 사회의 다양한 문화는 고유의 가치와 의미를 가지고 있기 때문에 어떤 절대적인 기준에 의해 판단될 수 없다.

대부분의 사람들은 자신에게 익숙한 생활모습이 옳고 좋은 것이며, 다른 사회의 낯선 생활모습은 그르고 나쁜 것이라고 생각하는 경향이 있다. 이처럼 자신의 문화를 기준으로 삼아 다른 사회의 문화를 부정적으로 평가하고 자신이 속한 문화를 가장 우수하다고 믿는 태도를 **자문화 중심주의**라고 한다. 반대로 어떤 사람들은 다른 사회의 문화만을 가치 있는 것으로 여겨 자신이 속한 문화를 무시하거나 낮게 평가하기도 하는데 그러한 태도를 **문화 사대주의**라고 부른다.

자문화 중심주의나 문화 사대주의와 같이 문화의 다양성과 상대성을 인정하지 않는 태도로 **문화 제국주의**가 있다. 문화 제국주의란 사회가 그들의 문화를 다른 사회에 강요하는 것을 말한다. 오늘날 선진국이 영화나 음악, 음식 등 새로운 문화상품을 가지고 개발도상국에

진출하여 그 지역의 가치관과 생활양식에 영향을 주는 것도 문화 제국주의라 할 수 있다.

한 사회의 문화는 독특한 자연환경과 사회적 상황에 맞게 발전해 온 것이기 때문에 나름대로 가치와 의미가 있다. 따라서 어떤 문화가 더 좋고, 나쁘다는 평가를 내릴 수는 없다. 다양한 문화를 바르게 이해하기 위해서는 한 사회의 문화를 그 사회의 입장에서 바라보고 판단하려는 **문화 상대주의**적 태도가 필요하다.

앞의 글을 가린 후 요지와 핵심을 아래에 적어 보자.

아주 짧은 시간 동안 주어진 지문을 처음부터 끝까지 다 읽기가 어려웠을 것이다. 짧은 시간 안에 글의 요지를 파악하려면 어떤 방법을 써야 할지 논의해 보자.

3 책 읽기에 대한 이해

제대로 책을 읽기 위해서는 책에 있는 모든 단어를 다 읽어야 한다. ○ ⊗

책은 중요한 내용과 중요하지 않은 내용으로 구성되어 있다. 중요하지 않은 내용은 생략하고 읽는 것이 더 효과적이다.

책 읽기에서 제일 중요한 것은 '얼마나 많은 책을 읽느냐'이다. ○ ⊗

다독보다는 나에게 맞고 중요한 책 한 권을 골라 그 내용을 완전히 이해하는 것이 오히려 효율적이다.

책은 한 번만 집중해서 읽으면 된다. ○ ⊗

한 번 읽어 기억하기는 불가능하다. 최소 3번의 정독이 필요하다.

소리 내어 글자만 읽어도 많은 부분을 기억할 수 있다. ○ ⊗

소리 내어 읽기는 이해 및 기억과는 아무 상관이 없다.

책은 항상 깨끗하게 봐야 한다. ○ ⊗

다시 읽을 때 시간을 줄이기 위해 중요한 부분을 찾아 밑줄을 긋고 표시한다.

4 PQ3R 기술의 이해

효과적인 독서 방법은 광범위한 연구를 통하여 얻어진 결과로, 최종적으로 요약하면 다음과 같은 5단계의 순서이며, 이를 'PQ3R법'이라고 한다.

1단계 훑어보기 (Preview)	• 책을 읽기 전에 책 읽는 목적 생각하기 • 머리말을 읽으면서 지은이가 이 책을 쓴 이유에 대해서 생각해 보기 • 전반적으로 책을 가볍게 훑으면서 책에 있는 내용들을 파악하기
↓	
2단계 질문하기 (Question)	• 책을 훑어보면서 모르는 단어나 내용이 있다면 표시하기 • 책에 대해서 스스로 의문점 만들기
↓	
3단계 읽기 (Reading)	• 핵심 단어를 찾으면서 읽고, 찾은 핵심 단어들을 연결하여 핵심 문장(주제)을 만들어 보기 • 책에 있는 그림, 도표, 사진 등과 본문 내용을 관련지으면서 읽어 보기
↓	
4단계 암송하기 (Recite)	• 책을 덮고 방금 전 읽은 내용을 머릿속에 떠올려 보기 • 생각나지 않는 내용은 책을 펴서 잠깐 확인한 후 다시 떠올려 보기
↓	
5단계 복습하기 (Review)	• 읽고 암송한 내용을 정리, 기록, 복습하기

5 훑어보기와 질문하기

책을 읽는다는 것은 그 안에 담겨 있는 지식들을 이해하고 생각하고 기억하기 위한 과정을 말한다. 앞에서 살펴보았듯이, 책을 '잘' 읽는다는 것은 '많이' 또는 '빨리' 읽는다는 것이 아니며, 무조건 읽고 외우는 것도 효과적이지 않다.

우리가 어떤 사람을 만날 때를 생각해 보면, 그 사람의 전체적인 인상이나 옷차림, 머리 모양처럼 겉으로 드러나는 특징을 살펴보게 된다. 책을 볼 때도 마찬가지로 이렇게 전체적으로 훑어보면서 인상을 형성하는 과정이 있다.

1) 훑어보기(Preview)

누가 먼저 정상에 도달할까?

✿ 교과서를 활용한 훑어보기 방법은 다음과 같다. 빈칸에 해당하는 단어들을 아래 상자에서 찾아 적어 보자.

> 핵심 단어, 목차, 본문, 그래프, 단원소개, 제목,
> 그림, 지도, 머리말, 추측, 이해, 암기, 알고 있던

- [단][원][소][개], [목][차], [머][리][말] 등을 읽고, 전체적인 흐름을 [추][측]해 본다.
- [그][림], [지][도], [그][래][프] 등을 간단히 살펴본다.
- 진하게 표시된 [핵][심] [단][어]를 읽어 본다.
- 훑어보기 후에 [알][고] [있][던] 내용을 떠올린다.

2) 질문하기(Question)

✿ 사람들은 다음 중 어떤 광고에 더 흥미를 보일까?

〈제품에 대한 길고 복잡한 설명〉

〈기계를 수중에서 작동하는 실험장면〉

✿ 책을 읽으며 질문을 만드는 3가지 요령은 다음과 같다.

큰제목과 소제목을 [의] [문] [문] 으로 만들기

단원 [소] [개] 나 학습 [목] [표] 를 읽으며 질문거리 만들기

[훑] [어] [보] [기] 를 하며 자유롭게 질문거리 만들기

3) 훑어보기와 책 읽기 연습

✿ 앞에서 배운 내용을 떠올리며, 아래의 목차를 살펴보자. 궁금한 내용이나 잘 모르는 단어에는 나름대로의 표시(☆, ?)를 해 본다.

차례

• 이 책에는 어떤 내용이 있을 것이라고 예상할 수 있을까?

____

____

____

____

• 나만의 의문점을 만들어 보자. 가능한 한 창의적인 질문을 만들수록 좋다.

____

____

____

____

6 본문 읽기(Reading)

1) 읽기의 목적과 요령

읽기의 목적과 요령은 다음과 같다. 퍼즐이 맞춰지면 완성된 그림을 볼 수 있듯이, 4가지 전략을 적용하여 본문을 읽으면, 책의 전체 내용을 한눈에 볼 수 있다.

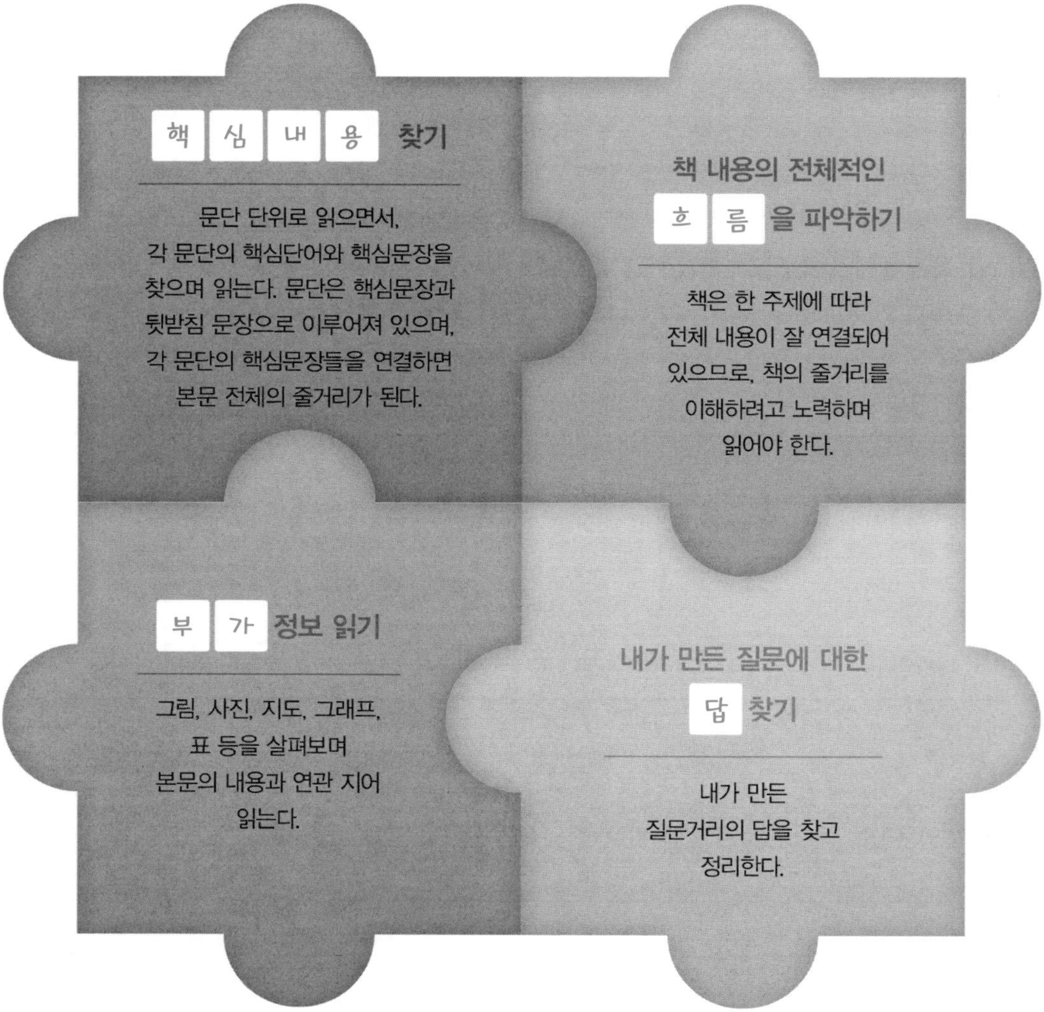

2) 읽기 연습

다음은 '심리학개론'의 일부이다. 문단별로 핵심 단어를 찾아 표시하며 읽어 보자.

<스트레스 이론>

① 스트레스는 인간이 심리적, 신체적으로 감당하기 어려운 상황에 처하게 되었을 때 느끼게 되는 불안과 위협의 감정을 말한다(Lazarus, 1993). 스트레스라는 말의 어원은 'stringer' 혹은 'strictus'라는 라틴어이다. 이들 단어들은 '팽팽하게 조인다'는 뜻으로, 스트레스를 느낄 때 경험하는 답답하거나 긴장된 몸과 마음의 상태를 나타낸다.

② 스트레스는 인간의 삶의 모든 영역에 존재하기 때문에 누구도 스트레스를 피할 수 없다. 스트레스는 인간이 적응해 나가야 할 어떤 변화를 의미하기도 한다. 그 변화는 신체적 질병이나 사고를 당하는 것과 같은 부정적인 것에서부터 열렬한 사랑에 빠지거나 오랫동안 원하던 바를 성취하는 것과 같은 긍정적인 것에 이르기까지 그 범위는 넓고 다양하다. 예를 들면, 가족의 사망, 결혼, 이혼, 실직 등과 같은 인생의 주요 사건들(major life event)은 인간에게 강한 스트레스를 유발하는 원인이 될 수 있으며, 친구와의 다툼, 교통 체증, 식당 앞에서 줄서기와 같이 일상에서 흔히 겪을 수 있는 사소하고 성가신 일들도 스트레스를 느끼게 한다.

③ 그러나 인생의 주요 사건에 의하여 스트레스를 느끼든, 일상의 작은 걱정거리가 쌓여 스트레스를 느끼든 간에 중요한 것은 스트레스에 대하여 어떻게 대응하느냐 하는 것이다. 스트레스에 대한 대응 방식은 스트레스가 인간에게 미치는 효과를 결정하게 된다. 따라서 스트레스에 적절히 대응하여 스트레스의 효과가 긍정적이 될 수 있도록 하는 것이 중요하다. 스트레스에 대한 많은 연구는 스트레스를 크게 세 가지 범주로 구분하고 있다.

④ 첫째, 스트레스를 자극으로 보는 것이다. 자극으로서의 스트레스 모델은 개인의 신체적, 심리적 안녕(well-being)을 위협하는 환경적 자극이나 조건을 밝히는 데 초점을 둔다. 이 모델의 대표적인 연구는 사회적 재적응 척도를 개발한 홈스와 라헤의 연구이다. 스트레스를 유발시키는 자극인 스트레스원(stressor)은 전쟁과 테러, 질병, 지진 혹은 홍수와 같은 재난에서부터 실직이나 이혼 및 사별 등의 중요한 생활사건, 교통 체증, 지각, 친구나 가족과의 다툼 등과 같은 일상의 골치 아픈 일에 이르기까지 다양하다.

⑤ 둘째, 스트레스를 반응으로 정의하는 것이다. 반응으로서의 스트레스 모델은 스트레스 상황에서 유기체가 경험하는 신체적 적응 반응과 스트레스와 신체적 질병과의 관계를 밝히는 데 연구의 초점을 둔다. 셀리에의 연구가 대표적인데, 그는 스트레스 자극에 대하여 유기체가 신체적으로 반응하는 과정을 경고, 저항, 소진의 세 단계로 나누어 설명하고 이를 일반적응 증후군이라고 불렀다.

⑥ 셋째, 스트레스를 개인과 환경과의 상호작용으로 보며, 스트레스에 대한 개인의 해석과 평가를 강조하는 관점이다. 즉, 스트레스 사건 자체보다는 그 사건에 대한 개인의 해석과 스트레스에 대한 대처를 더욱 중요시하며, 생활사건이 스트레스를 일으키기보다는 스트레스 상황에 대한 개인의 주관적인 인지적 평가와 그에 대한 대처양식에 따라 스트레스 정도가 달라진다는 입장이다.

- 자신이 찾은 핵심 단어를 다른 사람과 비교해 보자. 공통점과 차이점은 무엇인가?

- 이번에는 핵심 단어를 모두 이어서 하나의 문장으로 바꾸어 보자. 어떤 문장이 만들어졌는지 다른 사람과 비교해 보자.

7 암송하기(Recite)와 복습하기(Review)

1) 암송하기

책을 읽고 있을 때는 그 책을 잘 이해하고 있고 앞으로도 전부 기억할 것 같은 느낌이 들지만, 사실은 그렇지 않다. 방금 전 읽은 내용을 잘 알고 있는지를 확인하기 위해서는 그 내용을 암송해 보는 것이 가장 효과적이다.

일반적인 암송 방법은 다음과 같다.

책을 덮고, 읽은 내용을 [자][기][말]로 표현해 보는 것

2) 복습하기

인간의 기억력에는 한계가 많기 때문에 이미 읽고 배웠던 내용이라도 일정한 간격을 두고 반복적으로 복습하는 것이 기억 향상에 필수적이다.

복습하는 방법은 다음과 같다.

복습은 일정 [간][격]을 두고 읽은 내용을 확인하는 것

책은 한 번만 읽어서는 기억할 수 없기 때문에, 복습을 통해 다시 한번 읽을 필요가 있다. 책을 제대로 읽었다면 다시 읽을 때는 처음 읽은 시간의 [5][0]%도 걸리지 않는다.

3) 암송하기와 복습하기 연습

• 앞에서 읽은 내용을 다시 한 번 자기말로 정리하고 말해 보자.

• 만일 제대로 기억나지 않는다면 다시 그 부분을 찾아서 읽는다.

8 이번에는 다른 교과서를 꺼내 보도록 하자. 최근에 배우고 있는 부분을 펼치고 이번 차시에 배웠던 책 읽기 기술을 적용해 보자.

1단계 P: 훑 어 보 기	• 책을 읽기 전에 책 읽는 목적 생각하기 • 머리말을 읽으면서 지은이가 이 책을 쓴 이유에 대해서 생각해 보기 • 전반적으로 책을 가볍게 훑으면서 책에 있는 내용들을 파악하기

↓

2단계 Q: 질 문 하 기	• 책을 훑어보면서 모르는 단어나 내용이 있다면 질문하기 • 책에 대해서 스스로 의문점 만들기

↓

3단계 R: 읽 기	• 핵심 단어를 찾으면서 읽고, 찾은 핵심 단어들을 연결하여 전체 흐름(주제)을 만들어 보기 • 책에 있는 그림, 사진, 그래프 등과 본문 내용을 관련지으면서 읽어 보기

↓

4단계 R: 암 송 하 기	• 책을 덮고, 방금 전 읽은 내용을 머릿속에 떠올려 보기 • 생각나지 않는 내용은 책을 펴고 잠깐 확인한 후 다시 떠올려 보기

↓

5단계 R: 복 습 하 기	• 읽고 암송한 내용을 정리, 기록, 복습하기

적용 과제

✿ 읽기 전략을 적용할 수 있는 교재를 한 권 골라 다음 전략을 적용해 보자.

훑어보기(Preview)	• 내가 책을 읽는 이유는? • 책의 전체적인 내용은?
질문하기(Question)	• 궁금하거나 잘 모르는 내용은?
읽기(Reading)	• 본문의 중심내용은? • 내가 만든 의문점의 답은?
암송하기(Recite)	• 본문의 중심내용을 요약하면? • 책을 덮고, 이해한 내용을 암송해 보자.
복습하기(Review)	• 관련 문제를 풀어 보자.

제12장

기억전략

기억의 기본 전략과 기억술 적용하기

지난 시간 내용 정리

✿ 일주일간 플래너를 작성하고 실천했던 경험에 대해 함께 논의해 보자. 성취도 그래프에는 어떤 변화가 있는가? 어떤 점이 도움이 되었고 어떤 점이 어려웠는가?

✿ 책 읽기의 절차인 PQ3R이란 무엇인가?

✿ 이전 시간에는 책 읽기 기술 PQ3R에 대해 배워 보았다. 자신의 교과에 적용했던 것은 무엇이고, 그 결과는 어떠했는지 논의해 보자. 그리고 그 내용을 지금도 기억할 수 있는지 확인해 보자.

토론 자료

HM과 S의 사례

HM이라고 불리는 남자는 뇌수술의 후유증으로 새로운 기억을 만들어 내는 능력을 잃고 말았다. 단기 기억이 장기 기억으로 넘어가는 과정에서 핵심적인 역할을 하는 뇌해마가 수술 과정에서 손상되었기 때문이다. 주치의는 HM을 만날 때마다 매일 새로운 사람을 만나는 것처럼 소개를 해야 했다. 퇴원 후 집에 가는 길도 기억하지 못하기 때문에 누군가의 도움을 받지 않으면 집을 찾아갈 수 없었다.

20세기 초, 러시아에서 태어난 S라는 사람은 거의 모든 것을 기억할 수 있는 기억 능력을 가지고 있었다. 듣거나 본 내용을 똑같이 기억할 수 있기 때문에 메모를 전혀 하지 않았다. 보통 사람의 단기 기억 용량은 5~9개이지만 S의 단기 기억 용량은 거의 무한대에 가까웠다. 심지어 70개가 넘는 숫자나 글자를 한 번만 보고도 외울 수 있었고, 순서를 반대로 말할 수도 있었다. 더 놀라운 것은 그 내용을 몇 년 후에 물어봐도 순서대로 기억할 수 있었다는 것이다. S는 사람들의 말소리나 기억한 내용이 머릿속에서 모두 그림으로 인식되었다고 한다. 이것은 일종의 기억술인데, 장면을 생생하게 상상하면 내용이 훨씬 잘 기억되는 것과 같은 이치이다. 보통은 연습하고 훈련해야 할 수 있는데 S는 어쩐 일인지 이것이 자동적으로 이루어졌다. 그의 가장 큰 고통은 사람을 기억하지 못하는 것이었다. 모든 것을 너무 정확하게 기억하기 때문에 다음 번에 스타일이 조금이라도 바뀌면 알아볼 수 없었던 것이다. 결국 그에게 있어 무한대의 기억은 축복이기도 했지만 한편으로는 저주이기도 했다.

토론하기

✿ 기억을 만들어 내지 못하는 것과 모든 것을 기억하는 것 중 여러분이라면 무엇을 선택하겠는가? 그 이유는 무엇인가?

기억전략 체크리스트

문항	✓
1. 한 번에 몰아서 공부하기보다 조금씩 자주 공부하는 편이다.	
2. 암기 과목은 그날그날 복습한다.	
3. 외워야 할 내용이 있으면 먼저 요약해 본다.	
4. 공부한 내용이 시험에서도 잘 기억난다.	
5. 무작정 외우기보다는 먼저 이해하려고 노력한다.	
6. 공부할 때 제대로 외워졌는지 눈을 감고 떠올려 본다.	
7. 등하교길에도 영어 단어나 수학 공식을 암기한다.	
8. 나만의 효과적인 기억 방법을 가지고 있다.	

7 ~ 8점	기억전략이 우수함
5 ~ 6점	기억전략이 양호함
3 ~ 4점	기억전략이 다소 부족함
2점 이하	기억전략이 비효율적임

논의: 체크리스트를 통해 확인한 자신의 강점과 약점은?

1 기억이 잘되는 상황과 그렇지 않은 상황 구분하기

1) 기억이 잘될 때? 안 될 때?

기억력이 언제나 똑같이 발휘되는 것은 아니다. 어떤 경우에는 사소한 것까지 잘 기억이 되는 반면, 어떤 때는 중요한 일들도 깜박할 때가 있다. 공부할 때도 마찬가지이다. 기억이 잘되는 과목들도 있지만 반대로 이상하게 잘 외워지지 않는 과목도 있다. 아래의 칸에 나는 어떤 경우에 더 기억을 잘하는지, 왜 그런 차이가 생기는 것 같은지 정리해 보자.

기억이 잘 나는 상황 혹은 과목

기억이 잘 나지 않는 상황 혹은 과목

둘 간에는 어떤 차이가 있는가?

2 기억력 테스트

아래 그림을 30초간 살펴보라.

• 자취방에 도둑이 들어 물건을 훔쳐갔다. 사라진 것들은 무엇인지 찾아보자.

3 기억의 종류

1) ○○ 기억

✿ 부르는 단어를 잘 듣고, 기억나는 대로 아래 빈칸에 적어 보자.

인형, 액자, 장작, 사공, 모래, 연탄, 연필, 얼굴, 담요, 우유, 구두, 정원, 양파, 철망, 도로

✿ 단기기억은 다음과 같은 특징이 있다.

보통 [0] ~ [30] 초 정도 기억되고
[5] ~ [9] 개의 단위로 기억된다.

2) ○○ 기억

인간에게 단기기억만이 존재했다면 어떻게 되었을까? 다행히 우리에게는 장기기억이 있어 많은 정보들을 머릿속에 저장하고 필요할 때 언제든지 떠올릴 수 있다. 우리가 언어를 마음대로 구사할 수 있는 것도 수많은 단어와 문장들, 문법의 규칙이 장기기억 속에 안전하게 저장되어 있기 때문이다.

✿ 그렇다면 장기기억은 어떤 특징을 갖고 있을까?

기억 용량이 [무][한] 하고
[평][생] 기억된다.

✿ 장기기억의 예를 들어 보자.

예) 한국어 어휘, 예전에 살던 동네의 모습, 내 주민등록번호

4 기억의 과정에 대한 이해

1) 기억의 과정

① 입력 ② 저장 ③ 인출

받아들이기	가지고 있기	불러오기
공부한 내용, 즉 기억해야 하는 내용들이 '머릿속으로 들어오는 단계'	받아들인 정보를 '머릿속에 저장해 두는 단계'	머릿속에 저장된 내용들을 시험이나 수행평가 시 '불러오는 단계'

2) 기억의 정의

배운 내용을 일정 시간 동안 머릿속에 저장해 두었다가 필요할 때 인출해 내는 것

5 기억의 한계

1) 기억이 잘 나지 않는 이유

공부한 내용이 잘 기억나지 않는 이유는 무엇일까?

연구 결과에 따르면 한 번 학습한 내용은 10분 후부터 망각되기 시작하며, 1시간 뒤에는 [5][0]%를, 하루 뒤에는 약 [7][0]%를 망각하게 된다.

에빙하우스 망각곡선

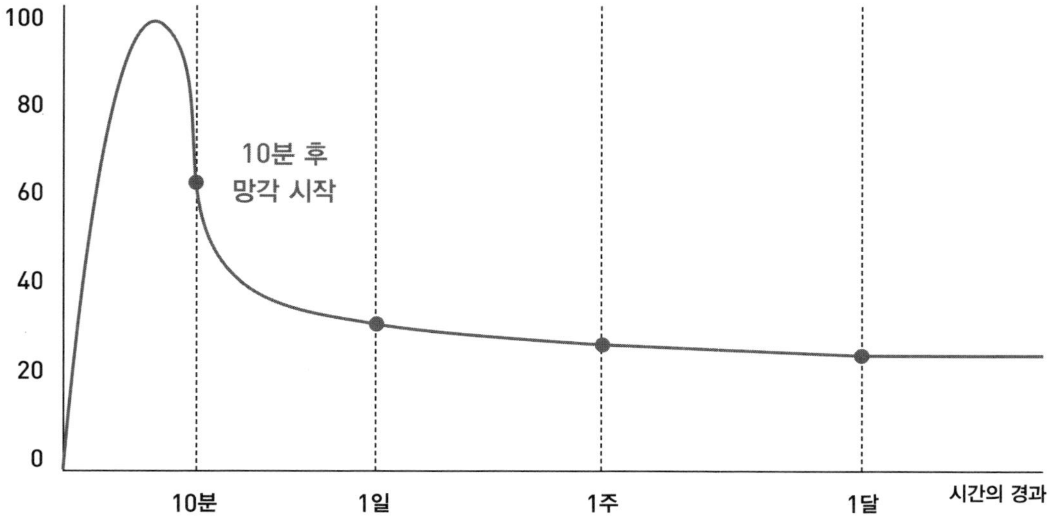

아무리 열심히 집중해서 들은 내용일지라도 [1] 시간이 지나면 약 [4][0]% 정도만 기억나게 된다. 따라서 공부한 것을 잊어버리는 것은 당연한 것이다.

2) 기억을 잘한다는 것은?

앞서 실험에서 살펴보았듯이 시간에 따라 인간이 잊어버리는 속도는 정말 빠르게 일어난다. 우리의 기억력이 이 정도밖에 안 된다는 사실에 실망할 수도 있다. 하지만 이것은 모든 사람에게 적용되는 사실이다.

몇 가지 전략을 사용하면 망각률을 낮출 수 있다. 그중 가장 기본적인 방법은 바로 '반복'이다. 기억을 잘 한다는 것은 단기기억 속에 들어 있는 방금 배운 내용을 여러 번 반복해서 장기기억으로 잘 넘겨주는 것이라고 말할 수 있다.

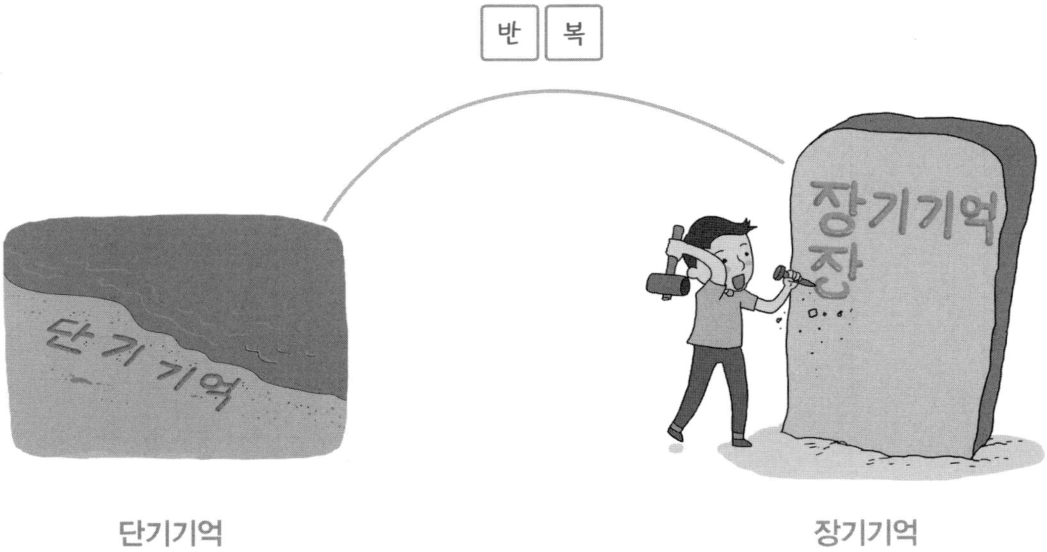

6 기억의 효율을 높이는 5단계와 기억습관

앞서 기억을 잘하기 위해서는 여러 번 반복해야 한다는 것을 설명했다. 그러나 무작정 반복만 하는 것은 전혀 학습 효율에 도움이 되지 않는다. 아래와 같이 5단계를 거쳐 공부하게 되면 많은 내용을 정확히 기억할 수 있다.

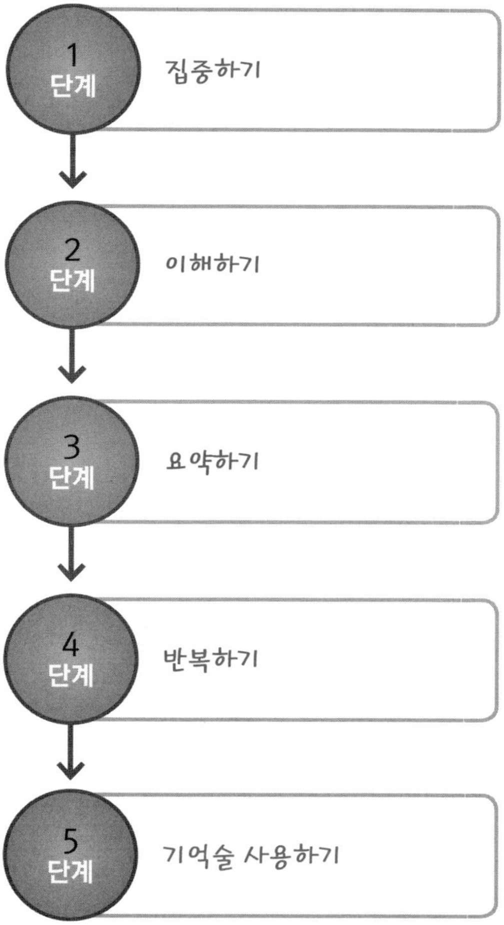

1) 1단계: 집 중 하기 / "들어오지 않으면 나갈 것도 없다"

기억력을 향상시키는 가장 첫 번째 단계는 '집중하기'이다. 집중은 모든 학습에서 기본이 되는 요소이다.

(1) 다음 문제를 듣고 답해 보자.

문제: 버스에 10명의 승객이 타고 있다. 다음 정류장에서 2명이 내리고 다시 3명이 탔다. 또 다음 정류장에서는 3명이 내리고 2명이 탔다. 다음에 5명이 내리고 8명이 탔다. 또다시 6명이 내리고 9명이 탔다. 그 다음에 4명이 내리고 10명이 탔다. 그리고 종점에서는 전원이 내렸다. 자, 버스는 종점까지 합해서 몇 개 정류장에 멈춰 섰을까? [정답: 6개의 정류장]

(2) 기억에서 집중이 중요한 이유

집중은 정보의 통 로 를 열어 주는 것!
집중하지 않은 내용은 기억되지 않는다.

(3) 우리가 알고 있는 집중 전략을 정리해 보자.

	전혀 사용하지 않는다 ——— 자주 사용한다
1. 뚜렷한 목표 수립	1 - 2 - 3 - 4 - 5
2. 우선순위와 골든타임을 고려한 시간계획 세우기	1 - 2 - 3 - 4 - 5
3. 자신의 집중길이를 고려한 시간계획 세우기	1 - 2 - 3 - 4 - 5
4. 수면과 컨디션 조절	1 - 2 - 3 - 4 - 5
5. 공부환경 정리하기	1 - 2 - 3 - 4 - 5
★ 나만의 전략:	1 - 2 - 3 - 4 - 5

2) 2단계: [이][해]하기 / "처음에 잘못 배우면 엉뚱한 내용만 기억난다"

✿ 다음 문장을 1분 안에 외워 보자.

먼저 물건들을 여러 종류로 구분한다. 기계가 없을 때는 다른 곳으로 가야 하지만 기계가 있다면 준비는 거의 다 된 것이다. 한 번에 너무 많이 하는 것보다는 한 번에 좀 적다고 생각될 정도로 하는 것이 더 낫다. 처음 이 일을 시작할 때는 이런 절차가 복잡해 보일 수도 있지만 곧 생활의 일부가 될 것이다. 이 절차가 끝나면 물건들을 여러 종류로 나누어서 정돈한다. 그 다음에는 물건들을 적절한 장소에 집어넣는다. 이 물건들은 결국 다시 한 번 사용되고, 사용된 다음에는 이 절차가 다시 반복된다.

✿ 위 글의 주제는 [세][탁]이다. 주제를 기억하며 다시 한 번 읽어 보자.

- 기억에서 이해가 중요한 이유

정확한 이해는 기억을 더 [쉽][고], [단][단]하게 만들어 준다.

- 이해가 되었다는 것은 어떻게 알 수 있을까?

- 내용을 다 보고 난 후 [아][하] 하는 느낌이 온다.
- 책을 덮고 대략의 내용을 [자][기][말]로 설명할 수 있다.
- [핵][심][단][어]를 뽑아 낼 수 있다.
- [예]를 들어 설명할 수 있다.

- 연습해 보자.

3) 3단계: 요 약 하기 / “마구잡이로 섞어 놓으면 찾아낼 수 없다”

전체 내용 중 가장 핵심적인 부분만 정리하는 것을 요약이라고 한다. 요약이 왜 중요하고 어떻게 하는 것인지 살펴보자.

✿ 다음 중, 원하는 것을 찾기 쉬운 방은 어디일까? 그 이유도 생각해 보자.

• 요약이 중요한 이유

많은 정보 중 요 점 만 추려 내기 때문에 기 억 용량의 부담을 줄인다.

• 요약하는 방법

- 교과서 목 차 활용하기
- 교과서 단 원 소 개 , 학 습 목 표 활용하기
- 노 트 활용하기

4) 4단계: 반 복 하기 / "망각을 이기는 반복의 힘"

앞에서 설명하였듯이 내용을 100% 암기했다 하더라도 하루가 지나면 그 기억 중 50% 정도는 잊어버리게 된다. 이런 '망각' 현상을 막을 수 있는 최선의 방법은 복습이다.

복습의 효과

한 번만 공부하고 끝내는 것은 전혀 공부하지 않은 것과 큰 차이가 없다. 에빙하우스의 실험에서 발견한 또 한 가지 중요한 사실은 복습의 중요성이다. 아래의 그래프를 살펴보면, 주기적으로 복습해 줄 때마다 기억이 유지되는 양이 많아지는 것을 알 수 있다.

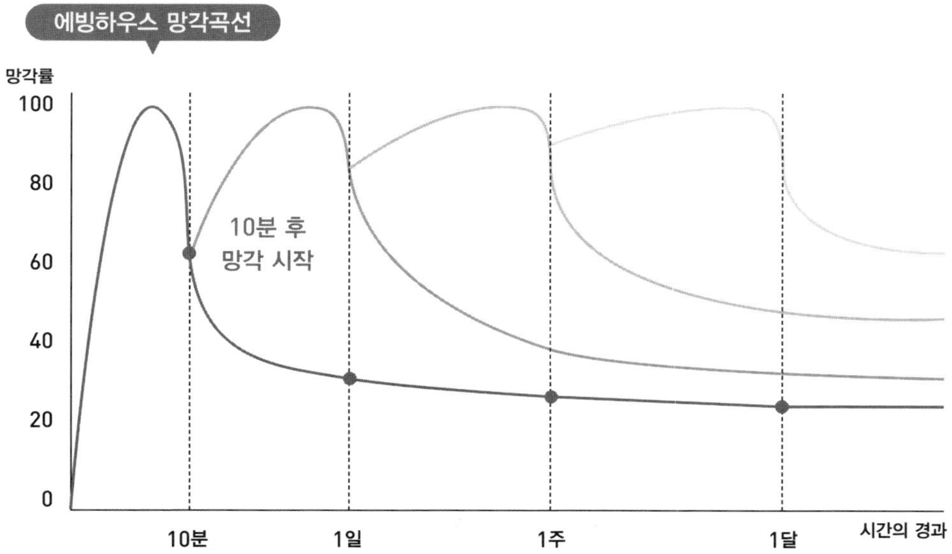

적당한 반복의 시기

7 기억술 사용하기

과학시간 원소기호나 조선시대 왕의 이름을 순서대로 외울 때 잘 외워지지 않아 어려움을 겪었던 경험이 있을 것이다. 때로는 외워야 할 것들을 노래나 재미있는 문장으로 바꾸어서 기억하는 방법을 사용해 보기도 했을 것이다. 기억술은 이처럼 외국어로 된 낯선 단어들이나, 문법규칙, 철자법 등과 같이 난해한 자료를 학습하고 회상하는 데 도움을 주는 장치라고 할 수 있다.

- **장소법**
  암기해야 할 정보들을 이미 내가 잘 알고 있는 장소와 연결시켜 기억하는 방법

- **패그워드(pegword)법**
  일련의 익숙한 단어들에다가 기억해야 할 사항을 결합시키는 방법

- **조직화 기법**
  기억해야 할 내용을 하위 개념으로 묶어서 기억하는 방법

- **머리글자 암기법**
  머리글자만 따서 외우는 암기법

- **연속으로 이어서 외우기 방법**
  외워야 할 내용들만 가지고 어떤 연상이나 이야기를 만듦으로써 기억하는 방법

1) 기억술의 적용 – 장소법

장소법이란, 암기해야 할 정보들을 이미 내가 잘 알고 있는 장소와 연결시켜 기억하는 방법이다. 가령, 여러 개의 단어들을 외워야 할 때, 각각의 단어들을 친근한 장소와 짝짓는 것이다. 이렇게 장소와 단어들을 연결시켜 놓으면, 나중에 그 단어들을 기억해 낼 때, 마음속에서 그 장소를 걸으면서 그 장소에 연결되어 있는 단어들을 찾아내면 되는 것이다. 다음 단어들을 장소법을 사용해 기억해 보자.

"김밥, 휴대폰, 건포도, 구두, 송아지, 액자, 명함, 반지, 모자, 화분"

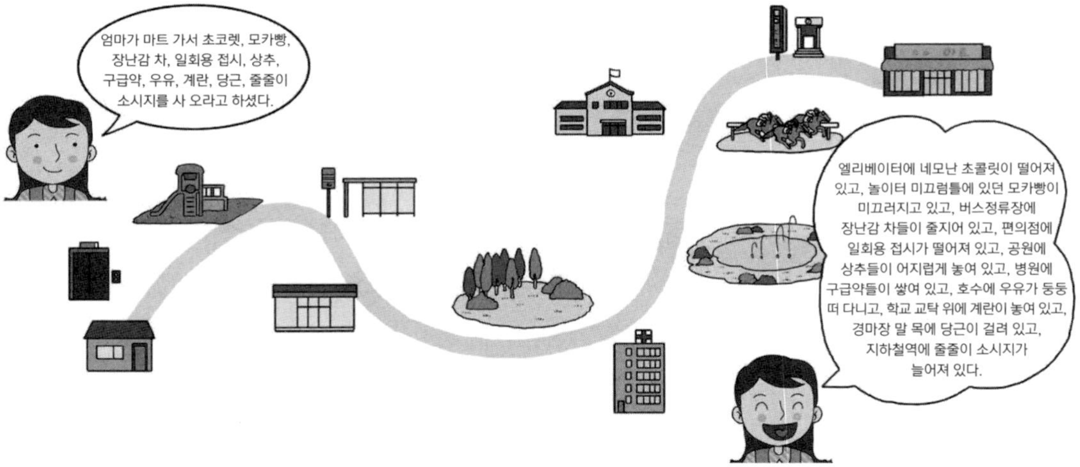

2) 기억술의 적용 – 조직화 기술

어떤 특징이나 규칙도 없이 한곳에 뒤엉켜 있는 내용들을 기억하는 것보다는, 일정한 기준에 따라 구분되어 있는 몇 개의 덩어리를 기억하는 것이 훨씬 더 쉽다. 예를 들어, 아래와 같은 몇 개의 숫자들을 기억해야 하는 경우,

4 1 9 6 2 5 7 1 7 8 1 5

이 숫자들을 아래와 같이 3개씩 끊어서 기억하는 것이다.

419/625/717/815

조직화 기법을 활용하여 다음에 나오는 광물들을 외워 보자.

백금, 알루미늄, 청동, 사파이어, 석회석, 화강암, 에메랄드, 강철,
구리, 은, 금, 납, 놋쇠, 다이아몬드, 대리석, 석판, 루비, 철...

3) 기억술의 적용 – 마인드맵 기술

인간의 뇌는, 글자보다는 그림이나 사진을 더 잘 기억한다. 따라서 외워야 할 내용들을 그림으로 만들어 내면 기억하기가 훨씬 쉬워진다. 이것이 바로 이미지 기억술이며, 가장 대표적인 것이 마인드맵(mind map)이다.

여기서 잠깐, 사전에서 정의하는 마인드맵에 대해 살펴보자.

> "마인드 맵이란 문자 그대로 '생각의 지도'란 뜻
>
> 자신의 생각을 지도 그리듯 이미지화해 사고력, 창의력, 기억력을 한 단계 높인다는 두뇌 개발 기법이다.
>
> 간혹 어떤 문제에 대하여 창조적으로 사고하고 있을 때, 시간이 흐르거나 연속적인 사고의 연상이 진행되면서 그 사고한 내용의 일부는 잊어버리게 되고 재생하기가 어렵게 된다. 마인드맵은 유기적으로 연결되는 일련의 생각을 훌륭하게 상기시켜 준다.
>
> 마인드 맵은 영국의 토니 부잔이 1960년대 브리티시 컬럼비아대 대학원을 다닐 때 두뇌의 특성을 고려해 만들어 냈다. 부잔은 일부 사람들은 그림과 상징물을 활용해 배우는 것이 훨씬 더 효과적이라는 생각이 들어 '마인드 맵'을 고안해 냈다고 한다. 학습법과 기억력뿐 아니라 기업 업무능력 향상 등에도 효과가 있는 것으로 알려져 있는 방법이다."

마인드맵에는 특정한 형식이 없다. 아래 예시처럼 단순한 형태에서부터 상당히 복잡한 것까지 다양한 마인드맵이 가능하다.

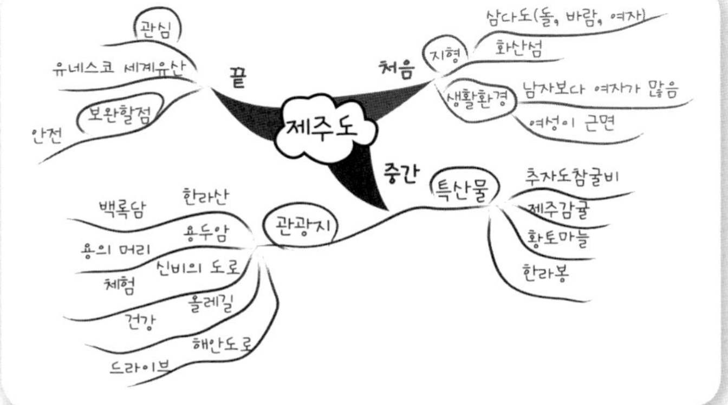

4) 단어 외우기의 핵심 – 플래시카드 기법

참고) 착지현상(Illusion of knowing)

기억해야 할 정보를 눈으로 보고 있는 동안에는 기억되었다고 착각하는 현상. 착지를 막기 위해서는 반드시 '암송'을 해야 한다.

영어단어를 외울 때 반복해서 쓰거나 읽는 것과 같은 기계적 암기는 착지를 더 쉽게 일으킨다. 이런 문제를 막기 위해서는 플래시카드를 활용해야 한다.

앞면

struggle

[strʌgl]

뒷면

1. 투쟁하다, 몸부림치다, 허우적거리다
2. 힘겹게 나아가다
3. (나쁜 상황 · 결과를 막기 위해) 싸우다

step 1. 앞면과 뒷면을 번갈아 가면서 단어를 암기한다.

step 2. 영어 단어만 보고 뜻 을 떠올려 본다.

or 뜻만 보고 앞면의 스 펠 링 을 떠올려 본다.

연습) 다음 내용을 마인드맵으로 바꿔 보자.

대기권이란, 지구의 중력에 의해 지표로부터 약 1000km 높이까지 지구를 둘러싸고 있는 공기층이다. 지표면으로부터 약 10km 높이까지의 구간은 대류권으로, 대기권을 구성하는 거의 모든 기체가 대류권에 집중되어 있는데, 대기가 불안정하여 대류 현상과 기상 현상이 나타난다. 약 10~50km까지의 구간은 성층권으로, 아래에는 찬 공기가, 위에는 더운 공기가 있어 대기가 매우 안정적이다. 다만 오존층이 있어 태양에서 오는 자외선을 흡수하므로 기온이 쉽게 상승한다. 약 50~80km까지의 구간은 중간권이라 하는데, 대류 현상은 일어나지만 수증기가 없으므로 기상 현상은 일어나지 않는다. 지구로 들어오는 유성들이 공기의 마찰에 의해 가장 많이 타는 구간이다. 열권은 약 80~1000km까지의 구간으로, 공기가 희박하나 태양 복사 에너지를 흡수하여 온도가 매우 높다. 낮과 밤의 온도차가 매우 심하며, 오로라 현상이 나타난다.

적용 과제

최근에 배웠던 교과 과정 중 암기해야 하는 내용을 하나 골라 이번 시간에 배웠던 기억술을 적용해 보자.

제13장

시험 준비 전략

시험계획 세우기,
시험전략, 불안 다루기,
전체 정리

지난 시간 내용 정리

- 기억은 어떤 단계를 거쳐 만들어지는가?
- 기억의 종류 2가지는 무엇인가?
- 인간이 가진 기억의 한계는 어떠한가?
- 기억 효율을 높이는 5단계의 기억 절차는 무엇인가?
- 기억술에 대해 떠오르는 것을 말해 보자.
- 이전 시간에 배웠던 기억전략의 적용 결과에 대해 논의해 보자. 어떤 내용에 대해 어떤 전략을 적용했는가? 그 결과는 어떠했는지 살펴보자.

토론 자료

불안할 때 더 쉽게 실수하는 이유

'불안'은 우리가 흔히 경험하는 '감정'의 일종이다. 감정은 생각과 달리 우리 몸과 마음에 체계적인 변화를 일으킨다. 심장이 빨라지고 숨도 가빠지며 생각은 자꾸만 나쁜 결과에 관련된 것으로 달음박질치게 된다. 이것은 아주 불쾌한 느낌이기 때문에 불안해지면 사람들은 거기에서 벗어나려고 애쓰게 된다.

사실 불안은 우리 조상들이 생명을 보존할 수 있게 만들어 준 아주 고마운 기능 중의 하나이다. 호랑이가 자주 나타나는 숲 근처를 지나야 할 때, 만일 '불안'이 느껴지지 않으면 과감하게 가로질러 지나가게 될 것이다. 그러다 정말로 호랑이가 나타나면 때는 늦게 되는데, 불안이 없다면 위험을 대비하지 못하게 되는 것이다. 오늘날 호랑이는 동물원에서 재미거리로나 볼 수 있는 존재로 바뀌었기 때문에 우리는 호랑이를 봐도 불안하지 않다. 하지만, 나쁜 결과가 나타날 수 있는 수많은 상황에 처하게 되면 우리 조상들과 똑같은 불안을 느끼게 된다. 학생들의 경우 시험 때가 되면 불안을 느낄 수 있는데, 그 이유는 시험의 결과가 제대로 나오지 않아 생길 수 있는 나쁜 결과를 예상하기 때문이다. 물론, 평소에 충분히 대비하고 미리 공부를 해 둔 사람이라면 불안해야 할 이유는 없다. 반면에 걱정은 많이 하면서 실제로 준비한 것이 없는 사람이라면 '나쁜 결과'의 가능성이 커지기 때문에 더 큰 불안을 느낄 수 있는 것이다.

'불안'이 비록 불쾌한 것이기는 해도, 그것이 느껴져야 앞일을 준비할 수 있기 때문에 시험 때 불안을 느끼는 것은 나쁜 일만은 아니다. 불안하기 때문에 계획을 세우고, 불안하기 때문에 평소에는 절대로 하지 않는 밤샘 공부를 해서라도 시험을 준비하게 되는 것이다. 하지만 지나친 불안은 집중력을 크게 해칠 수 있다. 사람은 불안한 상태가 되면 불안에 관련된 결과나 생각을 통제할 수 없게 된다. 9회말 동점인 상황에서 상대팀 4번 타자를 만나게 된 투수가 '만일 홈런을 맞으면 끝장이다.' '나는 패전 투수가 되고 사람들은 나를 비난할 거야.' '더 이상 야구를 할 수 없게 되면 어떻게 하지?'와 같은 불안을 일어나게 만드는 생각을 자꾸 하게 되면 투구에 대한 집중력이 떨어지기 때문에 공을 원하는 방향으로 컨트롤할 수 없게 된다. 뛰어난 선수들은 그런 상황일수록 불안을 이겨 내고 원래의 기량을 유지할 수 있는 사람들이다. 공부할 때도 마찬가지이다. 자꾸만 결과에 연연하게 되면 불안한 생각만 자꾸 들기 때문에 정작 집중해야 할 책은 눈에 들어오지 않고 쓸데없는 생각으로 시간을 허비하게 된다. 최악의 경우는 공부가 아닌 다른 일로 불안을 없애려고 하는 것이다. 잠을 자 버리거나 게임에 빠지기도 하고, 술을 마실 수도 있다. 이런 행동은 당장의 불안은 잊게 하지만, 문제를 실제로 다루지 않았기 때문에 안타깝게도 우려했던 결과가 실제로 일어나게 된다.

이렇게 지나친 불안은 집중력을 떨어뜨리고 할 수 있는 일조차 제대로 하지 못하게 만든다. 최선의 방법은 불안해지지 않도록 계획을 통해 미리 준비하는 것이다. 또한, 자신을 불안하게 만드는 생각과 알 수 없는 결과에 연연하지 말고 '할 수 있는 일'에 최대한 집중하도록 노력해야 한다.

토론하기

시험을 앞두고 불안에 시달렸던 경험이 있다면 논의해 보자. 만일 불안하지 않았다면 그 이유도 함께 이야기해 보자.

시험전략 체크리스트

문항	✓
1. 시험 전날 꾀병을 부린 적이 있다.	
2. 시험 주간만 되면 몸이 아프다(두통, 소화불량).	
3. 시험 성적이 두려워서 부모님에게 거짓말을 해 본 적이 있다.	
4. 시험 성적을 친구들과 비교하면서 절망한 적이 있다.	
5. 아무리 노력해도 성적이 오르지 않아 너무 힘들다.	
6. 성적표 받아 보는 게 끔찍하다.	
7. 시험 보는 게 너무 싫다.	
8. 시험 성적 때문에 죽고 싶은 생각을 해 본 적이 있다.	

7 ~ 8점	시험에 대한 부담감이 극심한 수준
5 ~ 6점	시험에 대한 부담감이 심한 수준
3 ~ 4점	시험에 대한 부담감이 많은 편
2점 이하	시험에 대한 부담감이 적은 편

논의: 체크리스트를 통해 확인한 자신의 강점과 약점은?

1 성공적 시험 경험, 실패한 시험 경험

1) 시험과 관련된 에피소드(episode)를 발표해 보자.

2) 시험에서 성공했다고 느껴진 때는 언제인가? 그 이유는?

3) 시험에서 실패했다고 느껴진 때는 언제인가? 그 이유는?

2 평소 시험 준비 습관 점검하기

1) 준비기간

(1) 평소 준비기간

중간, 기말고사를 준비할 때 보통 어느 정도의 기간을 가지고 시작하는지 표시해 보자.

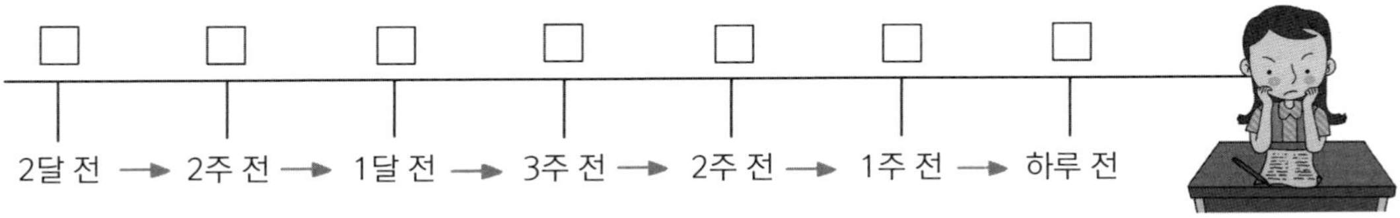

(2) 준비기간 평가

준비기간이 적당한지 논의해 보자.

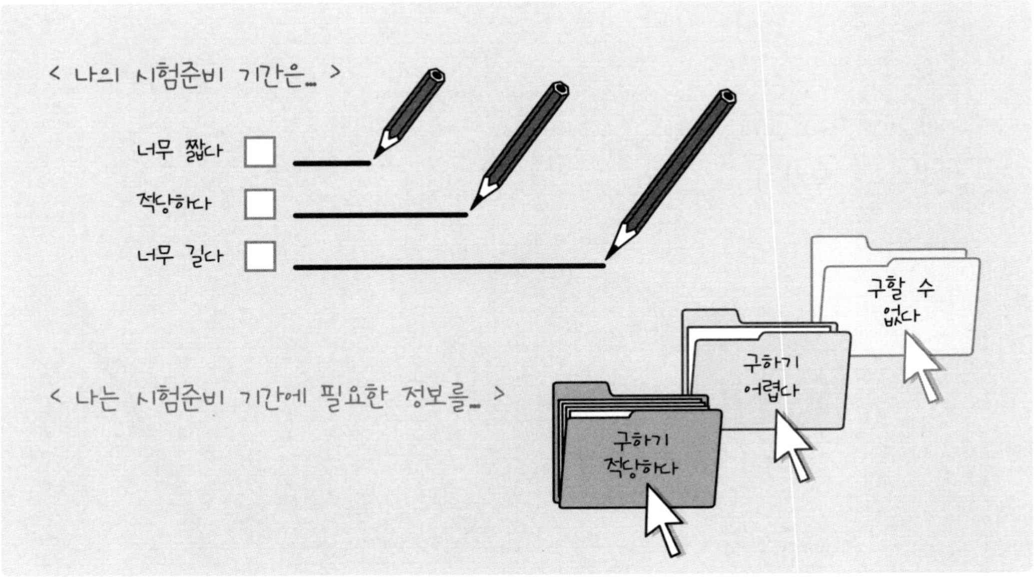

(3) 가장 적당한 준비기간은 어느 정도일지 생각해 보자.

2) 평소 시험 공부 스타일

✿ 평소에 어떤 방식으로 시험을 준비하는지 기간에 맞게 정리한 후 다른 사람들과 비교해 보자.

나의 시험공부 방법은?

초반

중반

후반

3 시험이 발표되면 해야 할 일 – 시험 정보 모으기

시험 준비 전에 꼭 알아야 할 관련 정보에는 어떤 것들이 있을까?

- 시험 범위는 어디까지인가?

- 시험 범위 중 특별히 중요한 부분은 어디인가?

- 시험 문제 유형은 어떠한가? (객관식, 단답형, 서술형)

- 총 몇 문제가 출제되는가?

- 한 문제에 몇 점씩인가?

- 어느 유형의 문제에 더 많은 배점이 주어지는가?

위의 정보들 외에 또 시험에 관한 어떤 것들을 알고 있으면 좋을까?

4 시험계획의 원칙

여러분은 시험이 다가오면 스트레스와 불안 때문에 우왕좌왕하며 제대로 공부를 시작하지 못할 수 있다. 이런 상황에서 계획을 제대로 세워 놓지 않으면 결국 '벼락치기'를 하게 되어 결과도 만족스럽지 못할 뿐 아니라, 시험에 대한 스트레스는 더욱 가중된다. 그럼 지금부터 시험계획을 효과적으로 세울 수 있는 전략에 대해서 알아보자. 시험계획을 세울 때 꼭 잊지 말아야 할 원칙 두 가지가 있다.

1) 분산학습

분산학습은 **한번에 몰아서 하지 않고 나누어서 공부하는 것**을 의미한다. 예를 들어, 하루에 한 과목의 시험공부를 모두 끝내려는 것은 몰아서 공부하기에 해당된다. 벼락치기가 바로 그런 것이다. 그럼, 왜 몰아서 하는 것보다 나누어서 공부하는 것이 좋을까?

- 한번에 많은 양을 공부하면 [집][중][력]이 떨어지기 때문이다.

운동을 할 때, '오늘은 팔운동만 해야지.' 하고 계속해서 팔만 사용하면 얼마 못 하고 지치게 되듯이, 비슷한 내용을 오랜 시간 붙들고 있으면 뇌가 훨씬 쉽게 피로해진다. 수학을 일정 시간 공부하고 잠시 쉰 다음 국어를 공부하고, 그 다음에는 과학을 공부하는 식으로 서로 성질이 다른 과목을 골고루 섞어서 공부하면 같은 양이라도 훨씬 잘 집중할 수 있다.

- 몰아서 공부하면 [기][억]이 잘되지 않기 때문이다.

하루 세 끼에 나누어 먹어야 할 음식을 한번에 먹게 되면 소화가 되지 않듯이, 한번에 많은 양의 정보가 머릿속에 들어오면 장기기억으로 넘어가지 않는다. 자주자주 나누어 넣어줘야 알맞게 소화할 수 있다.

2) 반복학습

반복학습은 **같은 내용을 여러 번 공부하는 것**을 말한다.

- 분산학습이 공부의 '양'에 대한 것이라면 반복학습은 공부의 [횟][수]에 대한 것이다. 한번 공부한 내용은 시간이 지나면 조금씩 머릿속에서 사라진다.
- 오래 기억할 수 있는 유일한 방법은 공부한 내용이 사라지기 전에 다시 [반][복]하면서 기억을 단단하게 다지는 것이다.
- 적어도 [3]번 정도는 반복해서 공부해야 외우려는 내용들이 안전하게 시험 때까지 머릿속에 남게 된다. 또 이렇게 공부하면 시험이 끝난 후에도 기억할 수 있다.

5 시험계획 세우기 6:3:1 전략

6 : 3 : 1 전략

시험일까지 남아 있는 기간을 6:3:1의 비율로 나누어 준비하는 것을 의미한다. 우선, 시험 보기 전날에는 최종정리를 하는 시간을 가져야 한다. 따라서 시험 보기 전날까지는 시험 범위 전체를 두 번 정도는 볼 수 있도록 시험계획을 세우는 것이 좋다. 아래 예시와 같이 처음에 최종정리 계획을 시험 보기 전날에 세운다. 그리고 6:3:1 정도의 비율에 맞춰서 시험범위 전체 공부하기와 한번 공부한 것을 반복하도록 시험계획을 세운다.

✿ 예시) 범위가 90페이지 정도인 시험 A와 B 과목의 6:3:1 분배의 예시

전반 60%			중반 30%		후반 10%	
D-6	D-5	D-4	D-3	D-2	D-1	
과목 A 1~30 과목 B 1~30	과목 A 31~60 과목 B 31~60	과목 A 61~90 과목 B 61~90	과목 A 1~40 과목 B 1~40	과목 A 46~90 과목 B 46~90	과목 A 1~90 과목 B 1~90	시험

6:3:1 기간별 학습전략

시험 전 남아 있는 기간	해야 할 일	공부 재료	공부방법
60%	시험범위 전체를 정리하여 [이][해] 및 [요][약]을 한다.	1 [노][트] 2 [전][공][서][적] 3 [참][고][자][료]	[정][독]하기, [요][약]하기
30%	요약 및 정리된 문서를 다시 읽고, [암][기] 한다. [문][제][풀][이]를 통해 제대로 학습된 것인지 확인한다.	1 [노][트] 2 [문][제][집] 3 [교][과][서]	[암][송]하기, 문제풀이 [오][답][정][리]
10%	암송 및 암기, [최][종][정][리]	1 [노][트] 2 [오][답][노][트]	틀린 부분이나 중요한 부분만 확인하기, 암송하기

6 시험계획 세우기 실습

6:3:1 원칙과 공부방법을 바탕으로 시험계획을 세워 보자. 만일 시험범위가 다음과 같다고 가정할 때 어떻게 계획을 세워야 할지 생각해 보자.

시험일정표	첫째 날: 경영학, 영어 둘째 날: 수학, 심리학개론	
시험과목 및 범위	경영학: 1단원 ~ 3단원 영어: 1단원 ~ 2단원 수학: 1단원 ~ 3단원 심리학개론: 1단원 ~ 3단원	1 ~ 90p 1 ~ 60p 1 ~ 90p 1 ~ 60p

• 아래 제시된 계획표에 시험범위를 분배해 보자.

D-10	D-9	D-8	D-7
D-6	**D-5**	**D-4**	**D-3**
D-2	**D-1**	**시험 첫째 날**	**시험 둘째 날**
		경영학, 영어	수학, 심리학개론

7 시험계획이 밀렸을 때의 대처 방법

1) 평소 시험을 준비하면서 계획이 밀리는 이유는 무엇인지 생각해 보자.

2) 다음과 같은 경우 어떻게 대처할 수 있을지 논의해 보자.

실패하는 이유		해결 방법
무리한 계획을 세우는 경우	>	
세운 계획을 잊어버리는 경우	>	
집중도가 떨어지는 경우	>	
시험계획이 밀려서 못한 부분의 분량이 너무 많은 경우	>	
	>	

3) 시험 불안을 낮추기 위한 호흡법

호흡 훈련

우리의 신체감각, 생각, 행동은 관련이 많다. 불안과 연관된 몸의 반응 중 하나인 호흡은 불안과 긴장을 감소시키는 데 큰 효과가 있다. 따라서 호흡을 잘 조절하게 되면 과도한 긴장, 불안과 관련된 여러 가지 신체 감각들도 함께 변화시킬 수 있으며, 주의집중력을 높일 수 있어 학습능력도 좋아질 수 있다. 지금부터 선생님의 지시에 따라 호흡 훈련을 시작해 보자.

〈호흡 훈련하기〉

1  두 손을 배꼽 위에 올려놓는다.

2 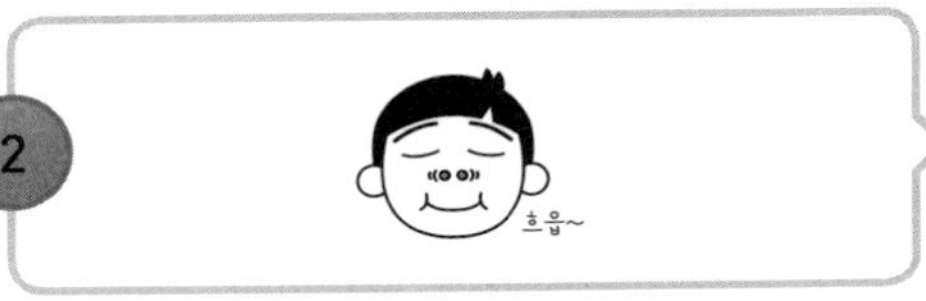 눈을 가볍게 감고 입을 다물고 깊숙이 '코'로 숨을 들이쉰다.

3  잠깐 숨을 멈췄다가 '입'으로 천천히 내쉰다.

4 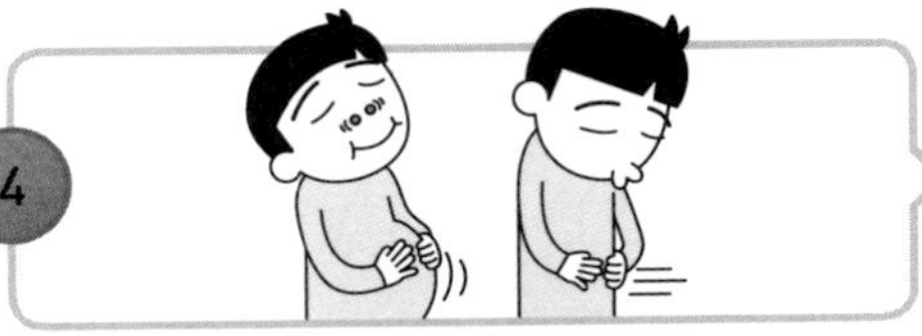 숨을 들이쉬면서 배를 풍선처럼 부풀렸다가 내쉬면서 풍선에서 바람이 빠지듯이 배를 집어넣는다. 가슴은 고정시킨다.

5  호흡을 하면서 온몸의 근육이 편안해지는 느낌을 갖도록 해 본다.

6 이 과정을 세 번 반복한다.

8 시험이 끝난 후 해야 할 일

1) 바둑에서의 복기(復棋)

바둑 경기를 볼 때 한 가지 흥미로운 점은, 바둑이 끝났는데도 기사들이 자리에서 일어나지 않는다는 것이다. 바둑기사들은 그대로 자리에 앉아, 중간의 승부처 부분을 복기를 한다. 두 기사가 마주 앉아 한 사람이 다르게 진행한다면 상대방은 어떻게 받아 줄 것인가에 대해 의견을 서로 주고받는 것이다.

복기는 다시 한 번 전체적인 흐름과 승부처, 이기거나 지고 있는 상황에서 대응할 해결책을 즉석에서 마련해 보는 좋은 습관이자 전략이다. 이렇게 힘들게 복기를 하는 이유는 무엇일까?

2) 시험 직후에 해야 할 일들

바둑에서의 복기와 같이 시험이 끝나고 나면 그 결과를 정리하는 시간을 가져야 한다.

- 시험이 다 끝나면 시험지를 [채][점] 해 본다.
- [틀][린] 문제는 반드시 다시 풀어 본다.
- [찍][어] 맞았거나 정답이 잘 [이][해] 되지 않을 때에도 다시 풀어 본다.
- 중요하거나 어려운 과목이라면 이 문제들에 대한 [오][답][노][트]를 만든다.

3) 오답노트가 필요한 문제

적용 과제

6:3:1 전략을 활용하여 기말고사 시험계획을 세워 보자.

학생용 p. 364

전체 정리

학습전략 적용하고 소감 적기

✿ 우리는 지금까지 주도적 학습에 도움이 되는 다양한 전략들을 배웠고, 과제를 통해 그 전략을 적용하고 연습도 해 보았다. 각각의 전략들을 어느 정도 적용해 보고 연습해 보았는지 평가해 보자.

학습전략	적용 정도(%)
1. 진로 목표를 기억하고 공부하는 데 적용하려 노력했나요?	0-10-20-30-40-50-60-70-80-90-100
2. 성적 목표를 세우고 이를 달성하기 위해 노력했나요?	0-10-20-30-40-50-60-70-80-90-100
3. 플래너를 통한 시간관리를 꾸준히 실천했나요?	0-10-20-30-40-50-60-70-80-90-100
4. 집중에 도움이 되도록 공부환경을 늘 정리하고 관리했나요?	0-10-20-30-40-50-60-70-80-90-100
5. 집중력 향상에 도움이 되는 전략들을 실제로 사용했나요?	0-10-20-30-40-50-60-70-80-90-100
6. 수업 전 – 중 – 후에 각각 해야 할 일들을 실천했나요?	0-10-20-30-40-50-60-70-80-90-100
7. 필요한 과목을 노트로 정리하고 복습 때 사용했나요?	0-10-20-30-40-50-60-70-80-90-100
8. 효과적인 책 읽기 전략에 따라 교과서를 읽고 정리했나요?	0-10-20-30-40-50-60-70-80-90-100
9. 기억력 향상에 도움이 되는 전략들을 실제로 사용했나요?	0-10-20-30-40-50-60-70-80-90-100
10. 체계적으로 시험을 준비하고, 시험 후 정리하는 시간을 가졌나요?	0-10-20-30-40-50-60-70-80-90-100

학습전략 전체적인 적용 점수는? ________점

✿ 앞으로 더 신경 써야 할 것은?

학습전략의 종류	어떤 점을 신경 써야 할까?

저자 소개

박동혁(Park Dong Hyuck)

아주대학교 심리학과에서 학습과 정신건강에 대한 주제로 임상심리학 석사와 박사 학위를 취득했고, 아주학습능력개발연구실(ALADIN)을 운영하였다. 현재는 심리학습센터 '마음과 배움' 원장, 아주대학교 교육대학원 겸임교수, 원광디지털대학교 심리학과 초빙교수로 재직 중이며, '학습심리' '진로상담' '행동수정' '이상심리' '심리치료' 등의 과목을 강의하고 있다. 이 외에 각급 교육청 및 상담 기관을 대상으로 학습, 인성, 진로에 대한 강연을 진행하고 있다. 대표 저서로는 『MLST 학습전략검사』(인싸이트, 2014), 『MindFit 인성건강검사』(인싸이트, 2014), 『LAMP 워크북 시리즈』(학지사, 2014), 『KMDT 진학진단검사』(인싸이트, 2012) 등이 있다.

교수용 지침서

대학생을 위한 학습전략의 실제
- LAMP WORKBOOK -
Practice of Learning Strategy for College Students (Teacher's Guide)

2018년 9월 10일 1판 1쇄 발행
2020년 9월 25일 1판 2쇄 발행

지은이 • 박동혁
펴낸이 • 김진환
펴낸곳 • (주) 학지사
04031 서울특별시 마포구 양화로 15길 20 마인드월드빌딩
대표전화 • 02)330-5114 팩스 • 02)324-2345
등록번호 • 제313-2006-000265호

홈페이지 • http://www.hakjisa.co.kr
페이스북 • https://www.facebook.com/hakjisa

ISBN 978-89-997-1594-5 03370

정가 17,000원

이 도서의 국립중앙도서관 출판시도서목록(CIP)은 서지정보유통지원시스템 홈페이지(http://seoji.nl.go.kr)와 국가자료공동목록시스템(http://www.nl.go.kr/kolisnet)에서 이용하실 수 있습니다.
(CIP 제어번호: CIP2018023455)

Page 14

감정 스티커